만다라
미술치료
워크북

만다라
미술치료
워크북

자기발견과 마음의 치유, 그리고 행복을 위한

수잔 핀처 지음 · 오연주 옮김

Mandala
Workbook

차례

옮긴이 서문 9

서문   '만다라'란 무엇인가? 15

준비하기   시작하기 전에 53

STAGE 1   공백: 휴식의 시간, 어둠 속에서 기다려라 63

어둠 속의 휴식 만다라 67 / 뷰파인더 만다라 68 / 원 그리기 만다라 69 / 원 그리기 만다라, 변형 1 69 / 원 그리기 만다라, 변형 2 70 / 자기의 경계 만다라 71 / 거미줄 만다라 72 / 땅 만다라 73 / 새로운 달 만다라 74 / 여성의 주머니 만다라 75 / 만다라 카드 1 77

STAGE 2   낙원: 빛의 흐름에 몸을 맡겨라 79

낙원 만다라 83 / 백만 개의 별 만다라 83 / 물 만다라 84 / 재탄생 만다라 85 / 아이 놀이 만다라 87 / 잠재성 만다라 88 / 위로 만다라 89 / 풍성한 잠재력 만다라 90 / 만다라 카드 2 91

STAGE 3   미로: 내면을 향하여 길을 떠나라 93

자기실현의 여정 만다라 98 / 고리 던지기 만다라 99 / 탯줄 만다라 100 / 삶의 전환점 만다라 101 / 꿈 만다라 102 / 신의 숨결 만다라 104 / 드림캐처 만다라 104 / 핑거 페인팅 만다라 106 / 미로 만다라 107 / 안으로 돌기 만다라 109 / 켈트식 소용돌이 만다라 110 / 만다라 카드 3 112

STAGE 4 시작: 따뜻한 가슴으로 새로움을 맞이하라 115

시작 만다라 119 / 성모자상 만다라 120 / 내면아이 만다라 121 / 새로움 발견 만다라 122 / 둥지 만다라 123 / 꽃 가꾸기 만다라 124 / 환영 만다라 124 / 선조 만다라 125 / 임신 만다라 127 / 만다라 카드 4 128

STAGE 5 과녁: 두려움에 맞서 자기다움을 외쳐라 131

힐데가르트 만다라 134 / 어린 나 만다라 135 / 빈두 만다라 136 / 과녁 만다라 137 / 가족 원 만다라 138 / 방패 만다라 139 / 명확한 입장 만다라 143 / 보호 상자 만다라 144 / 모순의 구 만다라 145 / 성스러운 꽃 만다라 147 / 축복의 말 만다라 148 / 신의 눈 만다라 149 / 만다라 카드 5 151

STAGE 6 용과의 투쟁: 대립을 이겨 낼 내면의 불을 지펴라 169

내면의 불 지피기 만다라 174 / 원형적인 부모 만다라 175 / 용 길들이기 만다라 177 / 청소년인 나 만다라 178 / 딜레마 탐색 만다라 179 / 하지 만다라 180 / 이름 선택 만다라 181 / 만다라 카드 6 183

STAGE 7 원 속의 사각형: 가치를 꽃피울 자신의 자리를 찾아라 185

확고한 토대 만다라 189 / 원 안에 사각형 그리기 만다라 190 / 금속성의 태양/달 만다라 192 / 신성한 결혼 만다라 193 / 자기 방패 만다라 195 / 치유의 바퀴 만다라 195 / 나무 만다라 196 / 사사분면 만다라 198 / 만다라 카드 7 200

STAGE 8

기능하는 자아: 세상을 헤쳐 나갈 능력을 발휘하라 203

기능하는 자아 만다라 207 / 빛나는 별 만다라 208 / 나는 스타 만다라 210 / 문제해결의 卍자 만다라 211 / 치유 시리즈 만다라 214 / 창조력 만다라 215 / 평화의 바람개비 만다라 216 / 만다라 카드 8 218

STAGE 9

투명화: 깨달음의 창에 깃든 보상을 받아라 221

얀트라 만다라 226 / 기본 만다라 격자 227 / 직관적인 이들을 위한 기본 만다라 격자 230 / 만돌라 만다라 231 / 팔각별 만다라 232 / 변형 팔각별 만다라 236 / 다윗의 별 만다라 237 / 숭고함의 꽃 만다라 240 / 초월적인 힘 만다라 241 / 투명화의 순간 만다라 242 / 만다라 카드 9 244

STAGE 10

죽음의 문: 상실과 이별의 시간, 다 놓아주어라 247

희생 만다라 252 / 놓아주기 만다라 252 / 불타는 바퀴 만다라 253 / 두려움의 유령잡기 만다라 255 / 신체 상실의 애도 만다라 256 / 최악의 문 만다라 257 / 상실과 이별 만다라 258 / 대면 만다라 259 / 가면 벗기 만다라 261 / 칼리 얀트라 만다라 262 / 동반자 가면 만다라 263 / 놓아주기 동작 만다라 264 / 만다라 카드 10 266

STAGE 11

분열: 혼돈의 밤, 무너짐을 두려워 마라 269

분열의 만다라 275 / 찢기 만다라 275 / 최악의 색상 만다라 276 / 무너짐의 기억 만다라 278 / 싫은 사람 만다라 281 / 어지러운 퀼트 만다라 283 / 깨진 거울 만다라 284 / 무너지기 만다라 285 / 긁기 만다라 286 / 항구적인 질서 만다라 287 / 피자 만다라 288 / 만다라 카드 11 289

STAGE 12 신성력의 무아지경: 축복의 성배를 들어라 291

축복받기 만다라 294 / 기도의 만다라 295 / 황홀경 만다라 296 / 어둠의 중심에 불 밝히기 만다라 298 / 성배 만다라 299 / 순간의 아름다움 만다라 300 / 춤 만다라 301 / 동지 만다라 302 / 마음의 눈 만다라 303 / 만다라 카드 12 305

여정의 끝 순환의 완성: 치유와 성장의 그곳, 중심으로 들어가라 307

되돌아보기 만다라 308 / 위대한 원 만다라 309 / 대립 탐색 만다라 310 / 일 년의 위대한 순환 만다라 312 / 교회력 만다라 313 / 12개의 별자리 만다라 313 / 치유의 바퀴 만다라 314 / 카드 만다라 315 / 여성의 주머니 만다라 재작업 317 / 그룹 찰흙 만다라 317 / 엔소 319

[부록 A] 만다라 견본 및 문양 만다라 325
[부록 B] 위대한 일원상을 위한 요가 343
[부록 C] 위대한 일원상을 위한 노래 373
[부록 D] 이 책을 그룹에서 활용하기 385

감사의 말 388
참고문헌 389

* 책 제목에는 겹낫표(『 』)를, 그림과 노래 제목에는 홑낫표(「 」)를 사용하였다.
* 외국어는 외래어표기법을 기준으로 표기하였지만, 고유명사는 경우에 따라 원어 발음에 가깝게 표기하였다.
* 책 중간에 16쪽(p.153~168)에 걸쳐 내용의 이해를 돕기 위한 컬러 도판을 실었다.

옮긴이 서문

삶에서 뭔가를 잃었거나 낭비였다고 생각되는 경험은 없다. 모든 사건들은 저마다 깊은 의미가 있어서 나선형 순환 중의 한 위치를 차지하거나 신비로운 전체성의 패턴을 드러낸다.
—수잔 핀처, 본문 중에서

　미술치료 현장에서 만나는 상처 입은 영혼들에게 만다라 미술치료는 놀라운 힘을 발휘한다. 끔찍한 어린 시절을 보낸 한 내담자는 원 안에 자신을 표현하고 그 안을 파스텔로 칠한 뒤 손가락으로 천천히 문지르면서 치유의 눈물을 흘리고, 새롭게 스스로 부모로서의 역할을 하기로 다짐했다. 또 우연히 알게 된 입양 사실로 괴로워하던 한 내담자는 지속적으로 원 안에 그림을 그리는 동안 힘을 얻고, 현재 자신을 길러 준 어머니와 화해할 수 있었다. 원 안에서 등장했다 사라졌다를 반복했던 촛불의 이미지는 그의 흔들리는 영혼이자 어머니를 향한 기도였다.

　이 마술과 같은 원, 즉 만다라에 대한 이론적인 배경이 궁금하던 중 수잔 핀처를 알게 되었다. 수잔 핀처는 융 학파 심리치료사이자 미술치료사로서, 자기발견을 위한 만다라 작업의 세계적인 전문가다. 한국에 먼저 소개된 그녀의 저서 『만다라를 통한 미술치료 Creating Mandala』(김진숙 옮김, 학지사)는 만다라가 얼마나 통합적이고 지혜로운 의미를 지니고 있는가를 우리에게 깨닫게 해주었다. 이러한 이론을 바탕으로 내 식의 만다라 작업을 미술치료와 접목해 나갔다. 개인적으로 사별가족을 위한 만다라 미술치료 워크숍을 진행하고 이에 관련된 논문을 작성하면서 만다라의 놀라운 치유와 성장의 힘을 경험할 수 있었다.

　그럼에도 불구하고, 위 저서의 일부에 나오는 켈로그의 '위대한 일원상'의 12단계를 좀 더 체계적이고 깊이 있게 체험하고 연구하고 싶은 갈증은 좀처럼 해소되지 않았다. 그러다 드디어 수잔 핀처의 새 책, 『만다라 미술치료 워크북 The Mandala Workbook』과 만나게 되었다.

　이 책은 12단계의 원형적인 위대한 일원상에 대한 다각적이고 깊이 있는 이론적 설명과 사례, 그리고 이를 실제로 체험할 수 있는 다양한 만다라 작업방법을 소개하는 훌륭한 만다라 워크숍 안내서다. 저자에 의하면, 원형적인 12단계란 "개인적인 자기실현의 완전한 순환"을 상징한다. 각 단계는 의식과 감정, 생산성과 발달과업에 따라 다른 에너지와 리듬을 형성하게 된다. 각 단계는 '공백(휴식의 시간, 어둠 속에서 기다려라) → 낙원(빛의 흐름에 몸을 맡겨라) → 미로(내면을 향해 길을 떠나라) → 시작(따뜻한 가슴으로 새로움을 맞이하라) → 과녁(두려움에 맞서 자기다움을 외쳐라) → 용과의 투쟁(대립을 이겨 낼 내면의 불을 지펴라) → 원 속의 사각형(가치를 꽃피울 자신의 자리를 찾아라) → 기능하는 자아(세상을 헤쳐 나갈 능력을 발휘하라) → 투명화(깨달음의 창에 깃든 보상을 받아라) → 죽음의 문(상실과 이별의 시간, 다 놓아주어라) → 분열(혼돈의 밤, 무너짐을 두려워 마라) → 신성력적인 무아경지(축복의 성배를 들어라)'라는 발달과업의 반복적이고 치유적인 나선형의 형태를 이룬다. 이를 실제로 깊게 체험할 수 있도록 저자가 고안한 만다라 연습과제들은 문양 칠하기, 그리기, 콜라주 작업, 조각하기 등의 미술활동에서부터 춤이나 요가, 노래, 걷기 등과 같은 동작 만다라에 이르는, 흥미롭고 광범위한 활동들로 구성되어 있다. 이를 따라 체험하다 보면 저자의 영적이고 창의적인 접근 방식에 놀라게 될 것이다. 이 같은 창의적인 만다라 만들기 과정은 무의식과의 대화를 통해 자신과 통합되고 만다라의 변형된 힘을 발견하는 새로운 방법이 될 것임을 믿는다.

이 책을 만날 즈음에 나는 큰 수술을 해야 했고, 번역하는 기간 중에 멀리 떠나왔다. 좌절과 외로움의 순간이었다. 이 책을 번역하고 책에 나와 있는 과정대로 만다라를 그려 나가는 동안, 나는 이 위대한 일원상의 나선형 순환을 수없이 반복하고 또 반복했다. 그러면서 위로를 받았고, 이제는 담담히 현실을 받아들이게 되었다. 책 속에 나온 저자의 "삶에서 뭔가를 잃었거나 낭비였다고 생각되는 경험은 없다"는 말이 정말로 큰 힘을 주었다. 이 책을 읽는 독자들도 만다라가 지닌 '자기 치유의 힘'을 경험함으로써 자기발견과 균형, 행복에 이르게 되기를 기원한다.

개인의 워크북 활용 방법

개인이 이 책을 가지고 혼자 작업을 해보고 싶다면 당신은 지금 무언가 인생에서 재난을 겪고 있거나 전환기에 있을 가능성이 크다. 그렇다면 바로 거기에서 만다라를 시작할 수 있을 것이다. 개인이 이 워크북을 활용하는 방법에는 두 가지가 있다.

첫 번째 방법은 책 전체를 읽어 보고 자신이 처한 과정과 가장 비슷하다고 느껴지는 단계를 다시 읽어 본 다음, 그 단계에 소개된 연습과제들을 차례로 수행해 보는 것이다. 한 예로, 원인 모를 두려움과 공포에 휩싸인 채 삶의 재미를 느끼지 못하고 안으로만 파고드는 남성 내담자가 있었다. 이 책에서 10단계의 죽음과 11단계의 분열이 자신의 경험과 비슷하다고 느낀 그는 나와 함께 이 단계의 연습과제들을 수행해 보기 시작했다. 죽음과 어둠의 과정을 체험하는 동안 그는 어머니의 죽음에 대해 애도하지 못했음을 인정하게 되었고, 그 다음 빛의 단계로 넘어가면서 삶의 활력을 되찾을 수 있었다. 특히 거울 깨기 만다라 작업이 전환점이 되어 그는 지금 활발하게 사회생활을 하고 있다. 그는 "너무도 힘든 과정이었지만 이것을 이겨 내는 일이 바로 어머니가 나에게 원하는 바라는 사실을 알게 되었어요. 앞으로 또 이런 좌절이 찾아올 수도 있겠지만 다른 단계로 넘어서는 과정을 체험했기 때문에 두렵지 않아요"라고 말한다.

두 번째 방법은 먼저 원을 그리고 눈을 감은 채(이때 명상음악이 도움이 될 것이다) 마음에 집중해 마음에 떠오르는 이미지를 그린 다음, 그 그림을 이 책에 소개된 그림들과 대조해 단계를 찾아가는 것이다. 한 예로, 결혼에 대한 거부감과 불안감으로 연애생활에 위기를 맞이한

한 여성 내담자가 있다. 그녀의 만다라에는 반복적으로 작은 점이 등장했고, 이 점 그림을 나와 함께 만다라 단계와 대조해 보다가 그녀는 4단계의 시작 그림과 자신의 그림이 비슷함을 발견하게 되었다. 그 점이 자신의 낙태 경험을 반영한다는 사실에 그녀는 경악했고, 그에 관한 애도 작업이 필요했음을 인정하게 되었다. 이 작업을 통하여 비로소 그녀는 새롭게 시작된 자신의 삶을 받아들이고 축복할 수 있었다. 그녀는 "죄의식이 이토록 강하게 남아 있었는지 몰랐어요. 늘 피하고만 싶었는데, 인정하고 나니까 살만하네요. 행복할 자격이 없다고 생각해 왔는데, 이제 저한테도 기회를 주고 싶어요"라고 말한다.

그룹의 워크북 활용 방법

그룹이 모여 이 책에 나오는 작업을 하고 싶다면 아마도 그룹의 구성원들이 공통적인 어려움에 처해 있을 가능성이 크다. 그룹이 이 워크북을 활용하는 방법에도 두 가지가 있다.

첫 번째로, 만일 그룹의 목적이 자기발견이나 치유에 있다면 이 책의 순서에 따라 단계 단계를 그룹이 함께 해나가는 것을 권하고 싶다. 각 단계별로 가장 적당하다고 생각되는 작업을 한, 두 가지씩 정해 수행해 보자. 한 예로, 나는 한부모가정의 어머니들이 모여 어려움을 나누고 함께 격려하는 그룹 워크숍을 이끌었다. 우리는 이 책의 소개에 따라 매주 한 개씩 총 12개의 만다라 작업을 했다. 짤막하게 요가 동작을 한 다음, 명상음악을 들으면서 마음에 집중하는 시간을 가졌다. 주로 마음을 기울인 것은 이 어머니와 그 자녀들의 관계였고, 이와 관련된 이미지를 가지고 자유 만다라 작업을 수행하였다. 정말 신기하게도 그 안에서 단계에 따라 공통적인 주제(임신 시기의 심리적인 고통)나 색(사랑을 상징하는 분홍색이나 분노를 상징하는 검정 혹은 남색)이 발견되었고, 우리는 함께 공감하며 끈끈한 연대의식을 형성할 수 있었다. 모두들 부모의 상처로 인하여 더 심하게 고통을 받은 자녀들을 다시 배

안에 품고 다시 낳아 기르는 것과 같은 체험이었다고 입을 모았다. 한 어머니는 "이 과정은 신기하게도 내가 겪어 온 인생 여정과 너무나 닮아 있어요. 작업을 통해서 다시 살아 내는 동안 우리 아이에게 힘이 될 수 있도록 흔들리지 않을, 내 중심을 찾게 된 것 같아요"라고 말한다.

두 번째로, 그룹의 작업 주제에 따라 자유 만다라로 시작하는 것도 괜찮을 것이다. 한 예로, 내가 진행한 상처 받은 내면아이를 치유하는 그룹 워크숍의 종결 과정에서 우리는 각자의 내면아이를 지켜 줄 만다라 공간을 그리는 작업을 하였다. 어려운 삶의 과정을 그룹 안에서 재경험하고, 그 과정을 극복해 보는 체험을 한 이들의 만다라에서는 12단계 신성력적인 무아지경의 빛이나 무지개 등이 많이 발견되었다. 어머니의 지나친 간섭 때문에 힘들어했던 한 참가자는 "내 공간이 침범당하지 않도록 단단하게 지켜 줄 곳이 바로 만다라고, 이 만다라가 정말로 내 안에 있다는 것이 느껴져요. 이 무지개를 통해야만 나의 공간에 들어갈 수 있어요. 내면아이에게 '너는 정말 멋진 아이야'라고 말하는 소리가 울려 퍼지는 곳이지요"라고 말한다.

그 외에도 이 책의 후반부에 나오는 찰흙 만다라나 피자 만다라 작업은 그룹의 역동을 볼 수 있는 좋은 주제라고 생각된다. 한 사람씩 개인이 만든 찰흙 만다라 만들기를 하거나 개인의 찰흙 만다라를 모아 그룹 조각품을 만들어도 좋고, 책에 나오는 것처럼 뱀 형상의 만다라를 함께 만들어 봐도 좋을 것이다. 피자 만다라와 같이 조리나 시식 과정을 통하여 승화를 경험할 수 있는 만다라도 삶을 바라보는 시각을 바꿀 수 있는 좋은 기회가 될 것이라고 생각된다. 이처럼 '만다라'라는 원의 공간 안에서 그룹으로 함께 작업을 하다 보면 그룹 안에서 발생하는 갈등과 아픔이 만다라에 반영되고, 이를 통해 결과적으로 훨씬 성숙해진 인간관계를 이루게 될 것이다.

이와 같이 개인이나 그룹 작업을 통해 찾아낸 원형적인 자기의 에너지가 당신의 깊은 진실을 드러내고 당신의 삶을 더욱 풍요하게 하리라 믿는다. 저자 역시 "만다라를 통해 우리는 우리 자신을 발견하고 성장하게 되며, 자신의 만다라에 감사할 줄 아는 것은 앞으로 자기Self의 깊은 지혜를 통해서 좀 더 나은 선택을 하는 데 도움이 된다"고 강조한 바 있다.

참고로 조앤 켈로그가 지칭한 12단계에 대한 명칭은 수잔 핀처의 『만다라를 통한 미술치료』(학지사)에서 번역된 용어를 수용했음을 밝히며, 이 책의 지표가 된 좋은 책을 먼저 소개해 주신 번역자 김진숙 교수님께 감사를 드린다. 끝으로 이 책의 출판을 적극적으로 주선해 주신 윤병무 시인, 책을 품격 있게 출간해 주신 이음의 주일우 대표와 편집자께 감사의 말씀을 전하고 싶다.

서문

'만다라'란 무엇인가?

> 일반적으로 원은 둘레로 가로막혀 밀폐되어 있지만 완전한 균형의 형태를 지닌 완성perfection이라는 종교적인 이미지로 인식되어 왔다. 원은 개별적인 특징이 거의 없지만 모든 형태의 기반이 되는 가장 일반적인 형태다.
> **루돌프 아른하임**

만다라Mandala는 "마술적인 원magic circle"을 의미하는 산스크리트어로, 기본적으로는 "원circle"을 뜻한다. 만다라는 성스러움의 표상 기제로서, 많은 문화권에서 고대로부터 성스러움을 집중적으로 담아내고 표현하는 강력한 역할을 해왔다. 암각화에서 성당의 아치형 천장, 의식춤, 달력의 순환주기 등에 이르기까지 형태도 다양하다. 어떠한 형태로 존재하든 간에, 만다라는 우리 자신의 내면적인 실재를 살펴보고 여기서 생긴 이해를 육체적인 자신과 통합함으로써 더 큰 우주와 연결될 수 있는 심오한 방법을 우리에게 제시한다.

이 책에서 만다라는 우리 정신의 무의식적인 영역에서 자아로 메시지를 전달하는 비언어적인 도구로 사용될 것이다. 원은 상징적인 이미지를 체계화하고 이를 안전하게 담아내는 역할을 한다. 따라서 만다라 만들기는 무의식과의 대화를 통해 우리의 의식적이고 사려 깊으며 분별력 있는 부분(자아ego)을 지원한다. 또한 우리가 균형감을 갖거나 회복할 수 있는 안전한 공간도 제공할 것이다.

이 책에서 이루어지는 만다라 만들기는 춤이나 그림, 상상 등 어떠한 방법을 활용하더라도 건강과 행복에 도움이 될 것이다. 우리의 만다라는 마음과 몸 사이의 소통을 활성화한다. 또한 만다라는 자신의 신체 이미지와 언어를 사용하기 이전에 갖게 된 자아상, 그리고 그동안 인식하지 못했던 인식 너머의 육체적인 감각 등 우리 자아의 뿌리를 강화시킨다. 이 모든 것들은 다 상징에 의해 이루어진다. 상징은 다양한 층위의 의미를 담을 수 있기 때문에 만다라는 우리가 생애 초기에 지녔던 정체성에 대한 인식을 드러낸다. 이것은 우리가 현재의 경험을 통합하고 마음을 열어 미래의 성장을 도모하는 데 도움이 될 것이다.

존중하는 마음으로 만다라를 지켜본다면 그 메시지를 점차 의식할 수 있을 것이다. 그때 얻어진 정보는 융이 '개성화individuation'(남들과 구별되는 고유한 자신을 찾는 과정—옮긴이)라고 일컬은, 점진적인 과정을 통해 우리의 자아에 수월하게 통합될 수 있다. 또한 만다라 안에 담긴 메시지를 판독하게 되면 정신의 진정한 중심인 자기Self의 심오한 내면적인 안내에 대해서도 더 많이 알 수 있게 된다. 이것을 통해서 우리는 무언가를 결정할 때 자신의 바람과 욕구에 대한 더 많은 정보를 얻게 된다.

만다라 만들기를 통해 우리는 자신에 관하여 더 잘 알 수 있는 창의적인 방법을 발견하게 될 것이다. 자기발견은 1년에 걸쳐 이루어진 만다라 그룹에서 내가 만났던 여성들의 목표이기도 했다. 이 그룹에서 했던 많은 작업들이 이 책에 나오는 연습과제들의 원천이 되었고, 여기서 만들어진 만다라는 [도판 9]~[도판 33]에서 볼 수 있을 것이다. 이 책에 나와 있는 연습 과정에 들어가기 전에 만다라의 역사적이고 심리학적인 의미에 관하여 좀 더 깊이 살펴보도록 하자.

만다라와 성스러움

가장 오래된 만다라로 알려진 것은 석기 시대로 거슬러 올라가서 볼 수 있는, 돌에 새겨지거나 그려진 암각화다. 이것들은 남아프리카에서 스칸디나비아 반도 지역, 또는 미국 남서부에서 오스트레일리아에 걸쳐 광범위하게 흩어져 있다.

> 세상의 산과 네 방위, 그리고 쉼 없이 돌고 있는 천체들과 마찬가지로, 모든 곳에는 정확히 측정될 수 있는 하루나 달, 년, 영겁과 같은 시간적인 질서가 존재한다.
> **조셉 캠벨**

이러한 고대의 만다라는 특정한 공간이나 시간, 혹은 활동을 초월적이거나 성스러운 것으로 차별화하는 데 주로 사용되었다. 한 예로, 1만~1만 2천 년 전에 지어진 것으로 추정되는 만다라 신전이 지금도 인도에 건재해 있다. 이 신전은 베이지색 사암 재질의 원형 연단으로 이루어져 있는데, 이 연단은 붉은색 삼각형 기둥들을 받치고 있다. 이것은 인도의 대모신 숭배와 관련되는 것으로 추정되며(자야카르, 1990), 원형의 연단은 그녀의 영광을 축원하는 의식의 중심 역할을 한 것으로 보인다.

신성한 공간을 나타내는 만다라에 대한 이러한 인식은 물리적인 공간 그 자체에 대한 단순한 표현이 아니라 물리적인 구조가 어떻게 사용되었는가를 말해 준다고 할 수 있다. 예를 들어, 일본의 순례자들은 이른 새벽 깊은 어둠 속에서 후지 산의 화구구(화산에서 분출된 용암이나 파편이 퇴적된 산—옮긴이) 쪽으로 느릿느릿 걷기 시작한다. 그들은 상서로운 해돋이를 보기 위하여 정상을 향해 정진하는 중이다. 몇 세기 전에 일본 불교의 한 분파인 진언종에서는 후지 산과 그 주변 지역을 '만다라'라고 언명하였다. 따라서 산허리를 가로질러 올라가는 순례자들은 만다라의 중심인 정상에 이르는 동안 신성한 에너지에 흠뻑 젖어들 수 있다고 믿었다.

또 다른 만다라 장소로는 부처의 깨달음의 장소인 인도의 보드가야를 들 수 있다. 순례자들은 부처의 자취가 남아 있다고 알려진 사찰을 걸어서 순회한다. 인도네시아의 보로부두르 사원의 공간 배열도 이와 유사한데, 그곳의 크지만 나지막한 돔은 통로와 계단, 울타리, 조각상 등으로 둘러싸여 있다. 이곳 역시 순례자들을 위한 성스러운 만다라 공간이다.

신성한 산과 같이, 중동과 유럽에서 만다라 공간이 종교적인 의식을 위해 헌정된 건물의 내부 공간으로 변형된 것이 돔이다. 이러한 공간이 어떨지 느껴 보고 싶다면 화창한 하늘 아래 펼쳐진 넓은 초원 위

[그림 1]
a 고대의 만다라, 덴마크
b 추링가 스톤, 오스트레일리아
c 그림문자, 미국
d 암벽화, 미국(좌) 스페인(우)

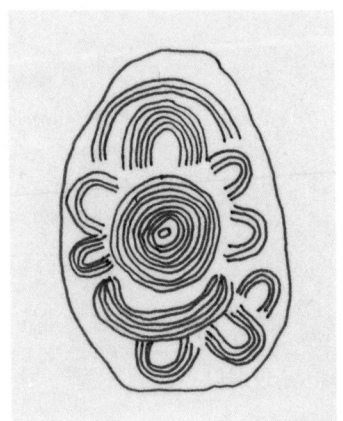

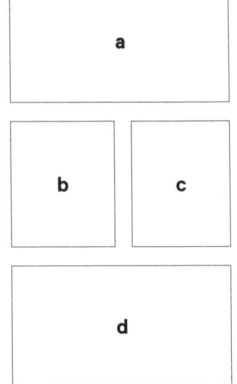

에 서 있다고 상상해 보자. 주변을 돌아보면 머리 위의 하늘이 마치 파란색을 띤 커다란 볼bowl과 같음을 알아차리게 될 것이다. 볼의 가장자리는 지평선에서 지구와 만나 자신을 중심으로 우리 주변에 완벽한 원을 형성한다. 이러한 광활한 느낌은 돔이라는 공간이 우리에게 주는 것이다. 돔은 하늘을 향한 우리의 관심을 드높이고, 올려다보면 뒤쪽에 무한한 공간이 존재함을 자연스럽게 드러낸다. 초기 기독교 교회와 이슬람 사원은 이러한 돔의 건축적인 속성을 활용해 장엄한 영적 공간을 창조했다. 유명한 이슬람 돔 양식의 예로, 1616년경에 지어진 이스탄불의 블루모스크 사원[도판 1] 참조이 있다. 상상 속에나 나옴 직한 고상한 꽃문양이 새겨진 파란색과 흰색, 황토색 타일이 내부 벽면을 장식하고 있다. 여기에 금색 서체와 파란색과 황토색, 상아빛을 띤 미묘한 아라베스크 문양이 머리 위의 돔을 더 돋보이게 한다. 선명한 패턴은 표면을 묘하게 만드는 경향이 있는데, 이러한 구조를 보다 보면 누구나 마치 얇은 천이 내부와 무한한 공간 저편을 분리하는 것 같은 인상을 받게 된다.

앞에서 묘사된 구조들 중에는 전통적인 동양사상의 우주적인 만다라를 근간으로 하는 성스러운 공간들도 있다. 이곳에서 우주는 만다라로 상징되는데, 이때 만다라는 그 중심에 신의 거처가 있는 거대한 원의 형태를 띠고 있다. 그 밖에 원의 공학적인 힘과 아울러 만다라의 원형적 공간 능력을 활용하여 지어진 건물들도 있다. 이때 만다라는 '안전한 울타리'라는 느낌을 준다. 이러한 건물은 영적인 감수성을 촉진시킨다. 지금도 여전히 시선을 위로 끌어 올려 신의 영역을 향하게 하는 장치로 원을 활용하는 건축물들이 지어지고 있다. 이러한 건물은 물리적인 구조를 넘어서 심지어 성스러운 존재를 시사하기도 한다.

이렇게 신성한 공간을 창출하는 데 활용될 뿐만 아니라, 만다라는 신성한 에너지를 표현하고 담아내며 그 힘을 조절하는 데 활용되기도 한다. 원 이미지는 전기변압기와 같이, 신성한 힘을 인간이 안전하게

[그림 2]
19-20세기 무렵에 잉크로
그린, 중국에서 가장 오래된
잉크 만다라(브라우엔, 1997)

[그림 3]
불교의 몸과 만다라
(브라우엔에게서 영감을
얻음)

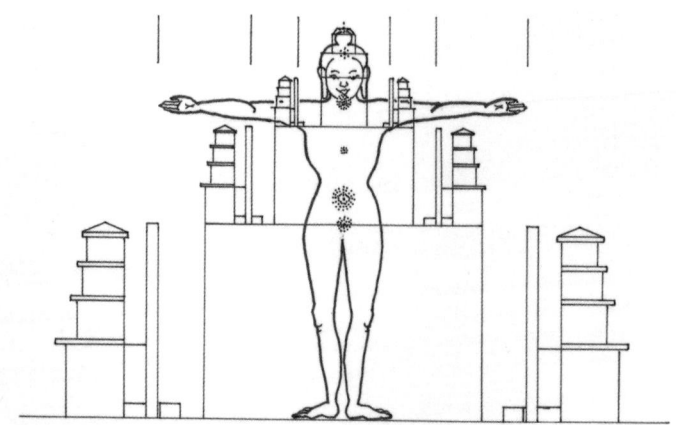

취할 수 있는 형태로 변형시키는 역할을 한다. 우리는 종교의식적인 만다라가 제의 중에 신이나 여신, 조상들의 주의를 끌고 관심을 얻는 데 도움이 된다고 믿어 왔다. 직접적으로 성스러움을 경험한 신비주의자들 중에는 원 이미지가 그들이 참되게 만나고자 하는 존재를 묘사하는 최고의 방법이라고 깨달은 경우도 종종 있다.

15세기에 독일에 살았던 기독교 신비주의자 힐데가르트 폰 빙겐은 "신이란 하나의 원, 하나의 바퀴, 하나의 전체"(폭스, 1985)라는 종교적인 환상을 체험한 바 있다. 이러한 영적인 실체의 심연을 들여다보는 동안 그녀가 경험했던 것은 만다라였다.

자신이 경험한 영적인 실체를 만다라로 가장 잘 표현한 신비주의자는 힐데가르트뿐만이 아니다. 유대교 신비주의자들도 인간이라는 존재의 신비에 대하여 연구하고 생각한 결과, 카발라Kabbalah를 발전시켰다. 카발라는 영적인 사고와 수행에 대한 복합적인 체계로, 오늘날에도 여전히 많은 이들의 삶을 풍성하게 하고 있다. 그들의 전통적인 원형의 그림은 신의 천지창조에 대한 카발라식 해석을 담고 있다. 그림에는 10개의 빛으로 형상화된 신의 발산(신으로부터 흘러넘쳐 나온 영적인 상태를 가리키는 말—옮긴이)이 존재하는데, 이것이 세상을 창조했다고 본다. 그림은 중심을 향하는 동심원 10개로 구성되는데, 이 동심원은 그 사이를 가로지르는 하나의 선과 교차된다. 이 선은 10개의 모든 발산 속으로 신이 관통하는 것을 상징한다.

성화에서 볼 수 있는 후광을 필두로 기독교에서는 신성한 존재를 나타내기 위하여 원을 활용한다.[도판 2] 참조 파리의 노트르담 성당과 같은 유럽의 큰 가톨릭 성당들은 원형의 커다란 스테인드글라스나 장미 무늬 창문에 관심이 많다. 장미는 동정녀 마리아의 상징이다. 따라서 창문은 그녀를 담는 꽃병을 연상시킨다. 반면에 장미 무늬 창문의 중심에는 언제나 그녀의 아들, 예수가 있다. 예수는 그의 비범함을 부각하고 경험을 환기할 만한 보석 빛깔의 소용돌이 패턴에 감싸 안겨 있다. 보

[그림 4]
힐데가르트 폰 빙겐이 그린 중세의 세계관

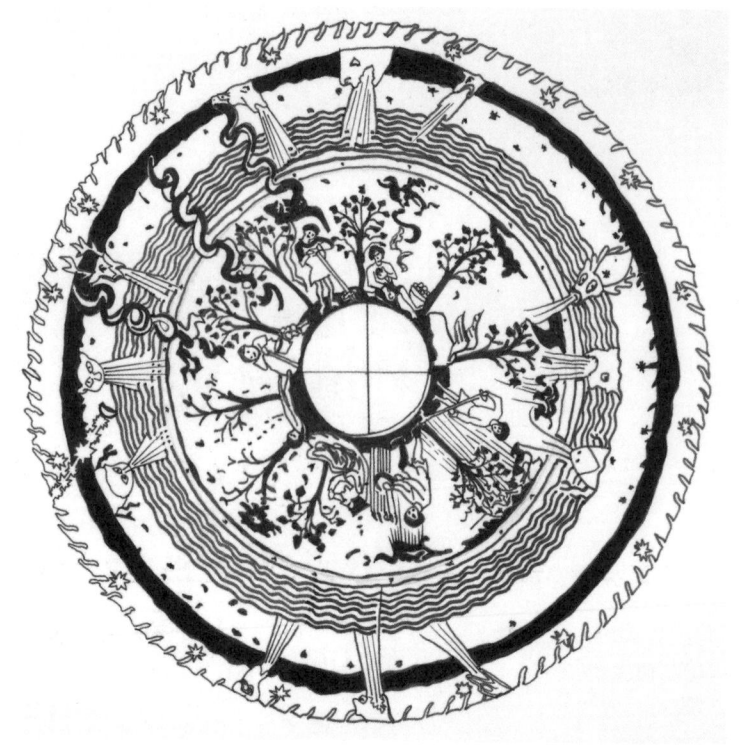

는 사람의 관심은 자연스럽게 이러한 율동적이고 반복적인 패턴을 통해 중심과 그 주변 사이를 넘나들게 되는데, 이러한 패턴이 주는 느낌은 명상적이고 평화로우며 편안하다.

한편, 티베트 불교 승려들의 의식은 주로 모래 만다라 제작부터 시작된다. 이러한 제의적인 만다라는 신의 형태 안에 신성한 에너지를 불러와 담기 위한 것이다. 불교에서는 이러한 성스러운 에너지의 존재가 명상이나 가르침, 의식에 큰 도움이 된다고 믿고 있다. 수행 작업이 끝나면 모래 만다라는 의식상 파괴된다. 형형색색의 모래들은 가까운 시냇가에 버려지거나 참가자들 사이로 뿌려진다. 이것은 수행을 통한 축복을 개인이 소유하기보다는 공공의 선을 위해 내어 놓는다는 의미를 담고 있다.

서문 | '만다라'란 무엇인가?

[그림 5]
카발라를 통해 영감을 받은 그림

[그림 6]
나바호의 은총 의식과 관련된 새의 모습을 한 사람과 사계절 그림

      이와 유사한 특별한 수행 방법으로, 미국 남서부 나바호 부족을 이끄는 지혜의 수호자들은 행사 때 의식의 하나로 만다라 모래 그림을 그린다. 은총의식으로 행해지는 이 작업에서 옥수수가루와 꽃가루, 말린 꽃 등이 모래가 부드럽게 깔린 바닥이나 동물의 말린 가죽 위에 뿌려진

다. 만다라 그림은 "나바호 부족이 신적인 존재와 조화를 이룸으로써 건강과 부, 행복을 보장받는"(클럭혼과 레이턴, 1962) 은총의식의 중심적인 역할을 한다. 이 나바호 모래 그림 역시 티베트의 '모래 만다라'와 마찬가지로, 의식이 끝나면 정중히 흩어지게 된다.

이처럼 성스러운 에너지를 창조하거나 끌어내고, 이를 응축시켜 담아내는 데 만다라를 사용한 사례들은 이 밖에도 수없이 많이 있다.

만다라와 동작

만다라는 물리적인 상징으로 국한되는 것이 아니어서 동작을 통해서도 만들어질 수 있다. 만다라 만들기는 그림을 그리고 무언가를 조각하거나 조립하는 작업뿐만 아니라, 걷고 춤추고 상상하는 것에 의해서도 가능하다. 만다라 동작을 경험함으로써 우리는 몸의 중심을 인식하고 균형을 잡게 된다. 일단 균형을 잡게 되면, 우리는 육체의 중심과 조화를 이루면서 몸을 움직이고 지탱할 수 있게 된다. 균형을 잡고 서거나 팔을 뻗는 일, 원형의 공간에서 도는 단순한 움직임들도 동작 만다라 movement mandala로 볼 수 있다.

고대인들의 춤에서 볼 수 있는 원형으로 도는 동작은 상징적으로 볼 때 달과 해, 별의 움직임에 동참하는 것이다. 마리아-가브리엘 오지엔은 "인간은 원형으로 움직이는 천체의 움직임을 모방함으로써 우주적인 원무에 참가하고, 중심을 돌고 있는 질서를 있는 그대로 경험하게 된다"고 설명한다.

고대인들은 일단 중심에 맞게 균형을 잡고 나면 육체적 존재인 인간이 신성한 중심 공간인 만다라를 창조할 수 있는 중간매개자이자 신성한 에너지의 전달자가 된다고 믿었다. 이러한 믿음은 수피교도의 회전명상춤이나 요가 동작, 혹은 결연한 침묵 속에서 만다라 그림 작업에 전념하는 승려의 동작 만다라 안에 살아 있는 듯 보인다.

수피교도들은 시인 루미의 추종자들이 만든 이슬람 신비주의파에 속한다. 그들은 희고 긴 스커트 예복을 입고 긴 밤색 펠트 모자를 쓴 채 기도하듯 경건한 마음으로 헌신적으로 돈다.[도판 3] 참조 달과 행성이 자전축을 중심으로 도는 동시에 태양 주변을 도는 것처럼, 수피교도들도 스스로 회전하는 동시에 공간을 원의 형태로 돈다. 그들은 신과 하나가 되기 위하여 이러한 명상적인 춤을 춤으로써 자신의 몸을 신성한 질서에 양도하는 것이다.

또 다른 예로, 요가는 힌두교도들이 동작 만다라를 만드는 데 어떻게 접근하는지 그 방식을 보여 준다. 균형 잡힌 자세로 이루어지는 스트레칭은 유연성과 편안함, 집중력을 기르기 위해 수행된다. 인도의 요가 수행자들은 머리가 수천 개 달린 신화 속의 뱀을 상상하면서 머리를 땅에 대고 안정된 균형을 이룬다. 한편, 움직임과 명상을 통해서 자신의 몸을 수직·수평적으로 조절하는 여성 요가 수행자들도 있다. 이러한 움직임과 명상작업을 통해 이 여성들의 몸은 균형 잡힌 침묵의 공간, 즉 하나의 만다라를 이루게 된다. 이 공간에서는 육체적으로 불편해서 생기는 산만함 따위는 사라진다.

유럽에도 동작 만다라에 대한 훌륭한 역사가 남아 있다. 고대의 거대한 돌 위에 새겨진 나선 문양은 제의 때 춤추는 사람들이 걸어가는 통로를 상징한다고 볼 수 있다. 고대로부터 전해진 민속춤을 살펴보면 원형이나 소용돌이 형태의 동작이 지속적으로 활용된 것을 볼 수 있다. 이러한 춤들은 중심과 원 사이의 관계를 강조한다. 또한 춤추는 이, 공동체, 그리고 우주 사이의 연결성까지 환기한다. 초기에는 단순하게 시작되었으나, 점차 더 견고한 춤과 동작 만다라로 발전되었다. 오지엔은 "선사시대의 지하 성소 주변으로 추정되는 미로는 최고의 종교적인 만다라 길"이라고 설명한다.

만다라 길mandalic road은 오늘날 미국의 기독교 교회에 있는 미로에

> 신을 받아들인다면 그와 하나가 된다. 이는 마치 다른 중심과도 일치되는 원의 중심과 같다.
> 플로티노스

서도 볼 수 있다. 이러한 미로는 많은 부분 샤르트르 대성당의 미로에 기초한 것이다. 미로를 통해서 신자들은 만다라를 경험할 수 있게 된다. 만다라는 신자들이 원의 중심에 이르렀다가 밖으로 나가게 되는, 우회적이지만 믿음직한 통로로 구성된다. 미로의 중심을 향해서 걷는다는 것은 신에 이르는 영적인 여행의 상징이 될 것이다. 이 통로를 통해 신자들은 자신의 중심과 접촉하고 내면적으로 성스러움을 경험하게 된다. 로렌 아트리스에 따르면, "미로는 우리가 신을 직접적으로 체험할 수 있는 신성한 공간"이다.

한편, 발 구르기나 전통적인 노래 부르기를 비롯하여 호흡의 박자와 심장의 고동소리, 악기 연주가 만들어 내는 특별한 소리들은 신성한 춤과 관련된다. 특히, 박자감 있는 소리는 춤추는 이가 자신의 생명력을 창의적으로 발현하는 데 도움이 된다. 북과 딸랑이, 박수 소리에는 춤의 속도, 즉 자라나는 사물의 생생한 생명주기가 담겨 있다. 미국 조지아 해안과 노스캐롤라이나의 흑인들은 아프리카에서 들어온 제의적인 수행방법의 하나인 원무 링 샤우트ring shout를 춘다.

> 링 샤우트는 주고받는 노래와 박수, 타악기, 정확한 박자의 탭댄스, 그리고 노래에 걸맞은 리듬감 있는 동작 등으로 구성된다. 여성 샤우터는 보폭은 좁지만 시계 반대 방향으로 점차 빨리 움직이며 노래를 부르게 된다. 이때 결코 발이 엇갈려서는 안 된다. 때로는 팔로 노래 가사를 뜻하는 동작을 하기도 한다.
> (시리아크, 2003)

미국의 흑인 교회에서는 섣달 그믐날이나 신년미사 때 이 춤을 자주 춘다고 한다. 링 샤우트의 춤과 노래, 리듬감 있는 박수는 해가 바뀌었음을 암시한다. 링 샤우트는 "제의적인 동작이 이루어지고, 이를 통해 얻어진 에너지와 힘을 담아내는 밀폐된 성스러운 공간이 창조되었음"

(자야카르, 1990)을 보여 준다. 이것이 바로 만다라다.

만다라 동작을 이야기하면서 완전한 정지 동작을 포함하는 것이 이상하게 들릴지도 모르겠다. 그러나 정지된 상태와 동작은 '원의 중심과 그 둘레'가 지닌 의미와 맥을 같이 한다. 완벽히 멈추었다는 것은 중심점을 점유했다는 것을 뜻하며, 반면에 움직임은 균형 잡힌 중심점에서 멀어져 외곽으로 퍼져 나가고 있음을 뜻한다. 그러므로 티베트 승려가 보여 주는 만다라 명상작업 역시 만다라 동작의 한 형태라고 볼 수 있다.

티베트 승려는 명상 자세로 앉아서 자신 앞에 커다란 만다라를 현시하기 위해서 상상력을 동원한다. 상상 속에서는 흔히 부처상이 장엄한 옥좌의 가운데 놓인다. 상징적인 이미지들로 만다라를 채우기 위해 점점 자잘한 요소들이 덧붙여진다. 비록 상상이지만 시각적으로 완성된 것을 보면 만다라의 각 요소들이 중심의 부처상과 체계적으로 어우러져 있다. 이것은 만다라의 요소들이 승려의 정수리를 통해서 몸으로 흘러들어 시각화되었음을 의미한다. 이렇게 부처 만다라는 승려의 몸 안으로 흡수되어 그 일부가 되는 것이다.

이러한 예들은 동작이 만다라의 큰 부분을 차지한다는 것을 보여 준다. 명상적인 회전춤은 성스러움에 대한 직접적인 경험을 이끌어 낸다. 미로를 걷는 일 역시 명상적인 내면 여행에 도움이 된다. 함께 원으로 둘러서서 추는 춤도 공동체를 다시 활기차게 만드는 만다라다. 심지어 내면적인 만다라의 명상적 변형단계라 할 수 있는 정지 자세까지도 만다라라고 할 수 있다. 이러한 몸 만다라는 우리가 육체적으로 얼마나 균형을 잡을 수 있느냐에 달려 있다. 앞으로 우리는 춤추고, 걷고, 마음의 눈으로 만드는 만다라 만들기가 얼마나 세심하게 몸을 담아내는지 보게 될 것이다.

만다라와 순환

산스크리트어인 만다라에는 "시간적으로 이루어지는 완전한 순환"이라는 뜻도 들어 있다. 고대 문화에서 만다라는 자연과 인간사에서 일어나는 질서정연한 변화, 즉 시간 그 자체의 공전을 상징하기도 했다. 그중에서 가장 많이 알려진 순환의 만다라 중 하나가 12궁도다. 태양년의 반복적인 순환, 그리고 별과 행성의 가현운동(객관적으로는 움직이지 않는데도 움직이는 것처럼 느껴지는 심리적 현상—옮긴이)이 12궁도의 기본을 형성한다. 12궁도는 별자리에 따라 1년을 열두 부분으로 나눈다. 이 만다라는 수천 년 전 메소포타미아 지역의 성직자가 고안해 낸 이래 지금까지 정보와 예견의 보고 역할을 해오고 있다.

12궁도와 마찬가지로, 미국 원주민의 '치유의 바퀴' 역시 완전한 순환의 만다라다. 치유의 바퀴는 중심점과 동, 서, 남, 북을 가리키는 바큇살 4개 주변에 원 모양으로 세워진 돌로 구성된다. 바큇살 4개는 공간과 시간의 시작점으로서, 사계절과 하루 네 번의 순간(일출, 정오, 일몰, 자정)을 상징하기도 한다. 하이에메요스츠 스톰은 치유의 바퀴가 "변화와 삶, 죽음, 탄생, 배움을 뜻하며, 모든 것의 순환을 가리킨다"고 설명한다.

한편, 순환을 기록하기 위하여 만다라가 만들어지기도 한다. 그럴 때 만다라는 시간의 자취를 기록하고 중요한 사건에 대한 예견을 가능하게 하는 달력 역할을 할 수 있다. 영국 제도에 사는 고대인들은 돌로 수많은 원들을 만들었는데, 이것은 태양과 달과 별의 계절적인 순환과 관련이 있어 보인다. 가장 크고 제일 복잡한 원들 중의 하나가 스톤헨지인데, 기원전 2,200년경에 만들어진 것으로 추정된다. 원 안의 특정한 돌들과 떠오르는 태양이 일직선상에 있는 것을 보면 하지임을 명확히 알 수 있다.

멕시코의 아스텍인들은 비슷한 동기에서 영감을 받아 조각이 수

서문 | '만다라'란 무엇인가?

[그림 7]
아스텍 문명의 '태양의 돌'은 하나의 정교한 달력이다.

없이 많이 새겨진 달력 만다라를 만들었다. 5백 년 전에 아스텍족은 지금의 멕시코시티 주변에 사는 작지만 강력한 집단이었다. 그들은 검은 현무암을 세공하여 지름이 3.7m에 이르는 커다란 원반 형태의 '태양의 돌'을 만들었다. 태양의 돌이 묘사하고 있는 개념들이 너무나 복잡해서 아직까지는 그 의미가 완벽히 다 밝혀지지는 않았지만, 아스텍 문명의 시작과 진화, 그리고 불가피한 종말에 관하여 이야기하고 있다고 추정된다. 태양의 돌은 아스텍인들을 지켜주고 지원하고 있는 것처럼 보인다. 그 지원은 속세적인 일뿐만 아니라 자신들의 신이 주재하는 우주적인 시간의 흐름 안에서 그들의 위치가 어떠한지에 대한 규정과도 관련이 있다.

[그림 8]
불교의 윤회사상

　　시간의 자취를 표시하는 것은 기독교 수도원의 공동체에서도 중요한 일이다. 시간을 계산하는 체계를 가지게 되면 수도원 생활에서 이루어지는 수행과정을 조정할 수 있기 때문이다. 이 필요성은 '기도의 시간'이라는 또 다른 만다라를 만들어 냈다. 기도 시간은 일출 전, 일출, 오전 6시, 오전 9시, 정오, 오후 3시, 일몰, 일몰 직후를 가리킨다. 그들은 기도하고, 일하고, 휴식하는 활동의 질서를 잡기 위하여 하루를 이와 같이 8개의 시간으로 세분했다. 결국 이런 식으로 시간을 살피는 것은 하루를 24시간으로 균등하게 쪼개는 현재의 개념으로 진화되었다.

불교의 윤회사상은 순환에 관한 만다라의 또 다른 예가 될 것이다. 이 만다라 그림은 신자들을 교육하는 법당 입구 근처에서 흔히 볼 수 있다. 만다라 바깥 부분을 둘러싸고 있는 12개의 탱화는 불가피하게 고통을 겪을 수밖에 없는 인간 존재의 반복적인 단계를 묘사한다. 불교 신자는 자신이나 타인 모두가 이러한 반복적인 윤회에서 자유로워지기 위해서 해탈하려고 노력한다.

삶이 반복적으로 순환한다는 것과 유사한 관점은 중동 지역의 고대로부터 전해지는 이야기들의 근간을 이룬다. 초기의 농업을 기반으로 하는 문화에서는 삶의 생장주기가 매우 중요하다. 여기서 기인한 이야기의 모티프는 실비아 페레라가 **자연의 위대한 순환** great round of nature 이라고 규정한 것에서 알 수 있다. 이러한 도식에서 각 단계는 씨를 심고, 싹을 띄우며, 곡식을 키워 추수를 하는 농업 활동을 기본으로 한다. 그 다음에는 탈곡하고, 씨를 가려내고, 곡식으로 음식을 만드는 과정이 뒤따른다. 이 순환주기는 다음 씨를 심으면서 또다시 시작된다.

신이나 여신에 관한 이야기들도 살펴보면 이 위대한 순환과 관련된 것들이 많이 있다. 이 이야기 속에서 신이나 여신은 풍요롭고, 밝고, 활기찬 삶을 떠나 어둠이나 추방, 죽음의 나락으로 떨어져야만 하는 운명을 지닌다. 시간이 흐른 다음 그들은 기적적으로 되살아난다. 그들이 삶으로 되돌아온다는 것은 지혜를 되찾아 모두를 위해 삶을 개선시킬 수 있는 변형된 존재가 된다는 의미를 내포한다. 이난나(수메르), 아이시스와 오시리스(이집트), 드미테르와 페르페포네(그리스) 신화들이 자연의 순환 만다라, 즉 이러한 위대한 일원상의 인식체계에 딱 들어맞는다.

시간과 장소, 관습에 가로막힌 사람들은 신성한 에너지를 조절하고 자연의 반복적인 순환을 나타내는 신성한 공간을 고안하는 데 원을 사용했다. 인간의 깊은 관심에서 우러나는 원과 원형의 움직임, 그리고 만다라에 대한 이러한 광범위한 의존은 원이 우주적인 호소력을 지니고 있다는 사실을 여실히 보여 준다. 이제 원이 인간의 경험을 조직화하는 데도 특별히 유용하다고 할 수 있을지 살펴보자.

만다라와 자기 이해

모두가 다 그런 것은 아니지만, 만다라의 근본은 주로 인간이 자신에 대하여 알고 싶어 하고, 조화를 경험하며, 우주 안에서 자신의 위치를 찾고 싶어 하는 열망에서 비롯되었다. 자연의 질서 안에서 자기 자각과 자신의 공간에 대한 이해가 발전해 나가는 과정은 어린 시절부터 자연스럽게 시작된다. 심지어 태어나기 전의 아기에게도 어머니의 자궁이라는 둥근 공간에 담겨 있는 동안 얻게 된 회전 경험이 각인되어 있다. 그 아기는 산도를 회전하며 태어나게 되고, 어머니와 서로를 사랑스러운 눈으로 응시하며 어머니의 둥근 젖가슴에서 나오는 모유를 먹는다. 이때 어머니의 둥근 얼굴은 원이기 때문에 아기에게 더 잘 각인된다.

인간의 발달단계에 대해 연구하는 과정에서 원이 육체적인 존재로서의 자신에 대한 감각, 즉 몸의 이미지가 발생되도록 뒷받침해 주는 기준점이라는 사실이 발견되었다(캐시와 프루진스키, 2002). 신생아는 요람에 누워 있는 동안 자신의 몸 대부분을 볼 수 있는 능력을 갖게 된다. 신생아의 눈은 구형이기 때문에 시야 역시 둥글다. 자신의 시각적인 인지능력을 사용하여 신생아는 (자신의 둥근 시야 안에서) 지금 보이는 만큼의 몸에 대한 정보를 갖게 된다.

그 다음의 발달은 걸음마 시기의 유아가 자라서 자신의 육체적이고 사회적인 환경을 탐색해 감에 따라 이루어진다. 모든 것이 순탄하게

> 가운데로 집중되는 이미지는 원형적인 것이다. 이는 모든 부분에서 전체를 느끼기 위함이다.
> **M.C. 리처즈**

서문 | '만다라'란 무엇인가?

[그림 9 a~e]
6개월 간격으로 만들어진 네 살 소녀의 그림 시리즈. 만다라에서 인물의 형태가 나오기까지 그림의 정상적인 발달 형태를 보여 주고 있다.

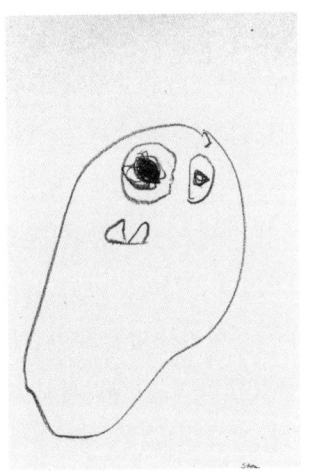

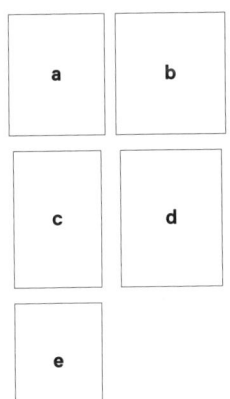
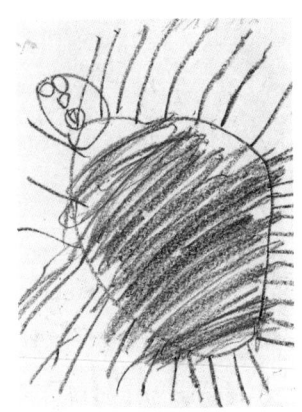

진행되면 유아는 결의에 찬 목표지향적인 행동의 근원이 자신임을 인식할 수 있는 능력을 갖게 되며, 의식의 정신적인 중심 역할을 하는 자아상self-image이나 자아ego도 발달시키게 된다. 그러므로 존슨이 『마음 속의 몸the Body in the Mind』(1987)에서 설명한 것처럼, 생애 초기에 생기는 몸의 이미지에 대한 근간은 자기 자각의 뿌리로 남게 된다. 아동의 그림들이 이것을 말해 준다.

아동은 두 살 정도부터 그림 그리기를 시작하는데,[그림 9a-e] 참조 초기에 그린 그림을 보면 원이 많다. 그 다음에는 빛나는 태양과 같은 만다라가 출현한다. 세 살에서 다섯 살이 되는 다음 단계의 그림을 보면 아동들은 원에 팔과 다리를 붙여서 사람을 묘사한다. 아동의 둥근 시야 내에서 이루어지는 초기의 관찰에다 사회적·운동감각적 자각이 높아지면서 이러한 형태가 나타나는 것이다.

사람의 몸과 관련된 원형의 구조는 우리의 경험과 지각의 형태를 구성한다. 이러한 구조는 유아기의 동작과 시각, 영양 등과 관련된다. 개인적인 정체성을 형성하는 자기인식 능력과 관련된 생애 초기의 경험을 통해서 몸 이미지가 만들어진다. 정체성은 몸의 육체성뿐만 아니라 느끼고, 움직이고, 보고, 생각하고, 자기를 표현하는 잠재력을 기초로 만들어진다. 이러한 초기의 경험을 통해 자아상이 만들어지는데, 이는 아동의 자아 발달의 기초가 된다. 아동의 자아는 정신적인 구조로서, 중요한 타인과의 관계 안에서 더욱더 모양새를 갖추게 된다. 아동 자아상의 발달은 자신이 만든 만다라에 그대로 반영된다.

성인의 경우 만다라 만들기를 통해 자아상에 대한 통찰을 지속적으로 수행할 수 있다. 예술가들의 작품에 대한 연구에서 보면, 그들은 복잡한 개인적·문화적·역사적인 의미에 대한 깨달음과 관련하여 원 문양을 광범위하게 사용하는 것으로 나타났다. 조슈아 로즈는 자신의 원 문양[도판 4] 참조에 대하여 다음과 같이 언급하였다.

> 우리의 의식은 그 자체로 만들어지는 것이 아니다. 미지의 심연에서 솟아난다. 무의식 상태에 깊이 잠들어 있던 의식은 어린 시절에 점차 깨어나기 시작해서, 삶 전체를 통해 날마다 깨어난다.
> C. G. 융

원은 태양과 달, 기하학적 완벽성, 서양의 합리주의, 동양의 신비주의, 윤회, 영원불멸의 사랑, 마음의 저장고, 소박함과 자연스러움, 일본식 불교의 상징 "경지", 거울, 우주, 전부 혹은 전무, 공空, 바퀴, 윤회, 깨달음 그 자체의 상징이다. 나는 나의 세상을 점유하고 있는 명료성과 혼돈, 이 경쟁적인 두 가지 개념과 생각을 담아내는 수단으로 원을 활용한다. 이러한 작업을 통해서 나는 원을 내 것으로 만들려고 노력하는 것 이상으로 저마다의 방식으로 원을 활용한 것이나 활용한 사람들에게 경의를 표하게 되었다.

빈두
점
방울
기원과 회귀점
응축된 에너지의 핵
의식
팽창
후퇴
무한한 형태
존재
돈 쿠퍼

도널드 쿠퍼는 아시아 남부를 여행하는 동안 그곳의 그림이나 조각에 중심점이 자주 등장하는 것을 발견했다. 산스크리트어로 빈두bindu라고 알려진 이 점은 "기원과 회귀를 위한 신성한 씨앗"을 의미한다. 이러한 개념에 영감을 받은 쿠퍼는 이제 이 중심점, 즉 빈두를 가지고 그림을 그리기 시작했다.[도판 5] 참조 그는 다음과 같이 말했다.

이 점에서 동심원이 방사형으로 뿜어져 나오는데, 이는 우주의 생성과 소멸이라는 끝없는 순환과 전체성에 연결되는 것을 뜻한다. 이러한 작업을 하는 과정은 제의적이기도 하면서 동시에 명상적이다. 이 작품들이 보는 사람에게도 비슷한 경험을 하도록 영감을 주었으면 하는 것이 나의 바람이다.

쿠퍼의 빛나는 만다라를 바라보면 고요한 기쁨이 느껴지면서 우리가 마치 중심에 존재하는 것 같은 경험을 하게 된다.

킹 색스톤도 살아 있는 동안 약 80점의 만다라를 만들었다. 처음의 만다라는 단순한 형태로 시작되었지만, 시간이 지나면서 점점 더 복잡한 형태를 띠게 되었다. 조너선 러너는 색스톤에 대하여 "잡지에 나와 있는 후기 만다라를 보니, 만다라에는 그가 무엇을 하고 어떤 고난을 넘어섰는지에 대한 이미지로 가득 차 있었다"라고 언급한 적이 있다.

시간을 갖고 색스톤이 적어 놓은 만다라 저널을 자세히 관찰해 본 결과, 만다라는 그에게 심오한 의미가 있었다.[도판 6) 참조] 그는 자신의 삶의 여정에서 드러난 것들이 반영된 눈부신 이미지들을 유산으로 남겼다.

처음부터 프란시스코 로아의 「모래꽃 Sands Flowers」을 만다라로 인식하기는 쉽지 않을 것이다.[도판 7) 참조] 그는 그림에서 시들어가는 꽃을 깨진 유리병 속에 꽂아 놓았다. 이 유리병은 녹슬어 버린 금속 원 문양 앞에 있는 선반 위에 놓여 있다. 여기에는 자연의 위대한 일원상의 순환에서 따라올 수밖에 없는 단계인, 혼돈의 아름다움에 대한 찬사가 들어 있다. 금속 원이 이 꽃다발의 틀을 형성하여 그 주변부와 분리를 시켜 주고 있으며, 삶 그 자체를 상징하는 꽃다발을 받치고 있다. 작가는 삶의 모든 덧없는 순간의 아리따움에 감사하도록 우리를 초대한다. 이 그림은 깨달은 사람이 균형의 미묘한 순간을 찬양하는 만다라다.

주디 시카고는 여성 화가들의 작품에 대하여 연구하는 과정에서 그들이 구성한 다수의 작품들이 원의 가운데 부분을 중심으로 하는 구성 형태를 띠고 있으며, "여성 화가의 몸과 중심부에 자리한 이미지 사이에 함축적인 관계가 있다"는 사실을 발견했다. 그녀의 '위대한 여성' 시리즈는 작품의 가운데에 자리한 원형 이미지의 예들을 보여 준다. 이 작품들은 여성들의 원을 활용한 확실한 자기표현 방식을 보여 주고 있는데, 슬프게도 작품 속의 어머니들은 유산을 경험한 사람들이다. 그들의 작품에 나타나는 독보적인 이미지에는 "원과 타원, 부드러운 내장의 형태가 많이 포함되어 있는데, 이러한 형태들은 그들이 임신기간 동안 품고 관심을 주었던 존재를 나타낸다"(세프텔, 2006).

현대의 화가들은 개인적으로 인간 존재의 신비함과 마주치는 것에 대한 반향으로 미적인 원의 형태, 즉 만다라를 탐구했다. 중심이 있는 원은 특별히 여성의 자기표현이라는 견지에서 볼 때 몸의 감각과 관련

> (만다라의 영적인 배경은)
> 원초적인 의식을 도와 영원에
> 이르는 길을 찾고자 하는
> 갈망이라고 할 수 있다.
> 원초적인 의식은 온전함을
> 회복하는 데에 기본이 된다.
> **투치**

되는 것으로 나타났다. 화가들은 원 만들기를 여유 있고, 명상적이며, 편안함을 주는 작업이라고 자주 묘사한다. 게다가 만다라를 보는 일은 화가뿐만 아니라 그것을 보는 다른 사람들에게도 긍정적인 경험이 될 수 있다. 로베를 앙리는 이에 대하여 다음과 같이 지적한 바 있다.

> 모든 미술 작품 배후에 자리한 진정한 목적은 어떠한 존재 상태를 경험하는 것이다. 미술작품은 그러한 존재 상태의 흔적이나 족적이다. 이렇게 얻어진 결과물은 작품을 만든 화가들에게도 점차 소중한 것이 될 것이다. 왜냐하면 미술작품은 화가가 즐기고 되찾고 싶어 하는 존재 상태의 기록이기 때문이다. 이것들은 작품을 보는 타인들에게도 흥미를 주기는 마찬가지다. 미술작품에는 더 나은 존재 상태의 잠재성이 알아볼 만큼은 드러나기 마련이기 때문이다. (골드워터와 트레베스, 1945)

이러한 화가들의 작품을 통해서 우리는 원이 우리를 품어 주고, 자신에 대하여 알 수 있는 공간을 만들어 주며, 그곳에서 자리를 잡는 데 도움을 준다는 사실을 알 수 있다. 이것이 바로 아동뿐 아니라 성인도 원과 만다라 작업을 시작해야 하는 이유다. 융의 생각은 이러한 질문을 더 깊게 탐색하는 데 도움이 될 것이다.

만다라와 융

스위스의 정신과 의사 융은 원 모양의 그림이 진정한 개성화가 진행되는 과정에서 매우 중요하다고 지적하였다. 융은 환자의 작품에 대한 연구뿐 아니라 자신의 창의적 자기표현 작업을 통해 다음과 같은 결론을 얻었다. 즉, "인간은 형태와 색상으로 가득 찬 원을 구성하고 싶어 하는 자연적인 욕망을 지녔다"는 것이다. 그는 이 원 모양의 그림이 아시아의 영적인 예술품들에서 발견된 만다라를 연상시킨다는 이유로 이것들을 '만다라'라고 부르기 시작했다. 정신에는 정신 기능을 질서 있게 유지하고 필요할 때 안정성을 회복하는 기능을 지닌 자정 체계가 들어 있는데, 융은 만다라야말로 이러한 정신의 자정 체계의 발로인 것 같다고 분석하였다. 융은 다음과 같이 기록하였다.

> 원의 이미지에 담긴 강렬한 문양은 정신 상태의 무질서와 혼돈을 보상한다. 이것은 자연이 만든 자기 치유의 시도임에 틀림없다. 이는 의식적인 반영이 아니라 본능적인 충동에서 비롯된 것이다.

> 내가 그린 모든 만다라는 내가 누구인지를 발견하게 해주었다.
> 로리 다운즈

융은 경험을 통해 만다라가 전체성을 향해 성장해 나가는 인간의 생래적인 충동과 연관된다고 믿게 되었다. 여기서 전체성이란 한 개인이 잠재력을 완전히 다 발휘한 상태라고 규정할 수 있다. 이러한 성장과정은 각자 우리 모두에게 있는 정신적인 중심이 관장하게 되는데, 융은 이러한 중심을 '자기self'라고 칭하였다. 도토리가 어떻게 상수리나무가 되는지 아는 것처럼, 우리 모두에게는 자신의 전체성을 위한 패턴이 숨어 있다. 또한 자기는 융이 **개성화**라고 언급한 성장과정에서 우리의 잠재력을 실현하려고 하는 충동과 관련된다. 우리가 즉흥적으로 만드는 만다라는 자기의 역동성 안에서 그 근원을 찾을 수 있을 것이다. 만다라에는 전체성을 향한 우리의 성장, 그리고 정신을 생성하는 구심점인 자기에 대한 수용이 반영되어 있다.

만다라는 다양한 형태로 우리에게 온다. 만다라는 미술 매체나 춤, 혹은 꿈을 통해서도 만들어질 수 있다. 융은 무궁무진한 만다라의 표현 범위에 대하여 알고 있었다.

환자 중에 만다라를 그림으로 그리는 대신 춤으로 표현하는 여성 환자의 케이스들이 발견되었다. 춤을 추는 모습은 그림과 똑같은 의미들을 표현한다. 그들은 저도 모르게 춤을 통해 표현을 하게 되었고, 그것이 주관적인 정신 상태에 영향을 준다는 점을 깨달았다.

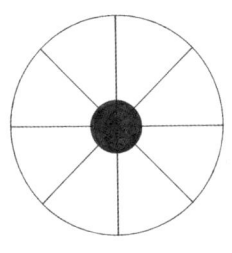

[그림 10]
모자가 벽에 부딪히는 만다라 꿈의 이미지(융, 1974)

융은 환자들의 꿈에서 만다라를 종종 접하곤 하였다. 그는 만다라가 다음과 같은 것들로 출현하는 꿈 시리즈에 관하여 기록했다. 즉, 꿈꾸는 사람 주변을 선회하는 뱀이나 벽에 부딪히는 모자, 원 주변을 도는 노란 공들, 안개로 인해 앞이 잘 보이지는 않지만 중심에서 8개의 빛이 뿜어져 나오는 태양과 닮은 노란빛, 그리고 계절을 상징하는 네 방위의 그림 사이를 순회하는 반짝이는 원이 등장하는 꿈이었다.

예술가인 메인라드 크레이그헤드는 가족 변화 관련 프로그램을 경험하던 중 어린 시절부터 반복적으로 꾸었던 꿈에 관한 글을 썼다. 이 꿈에는 만다라 이미지가 풍성하게 들어 있다. 다음은 그녀의 꿈 일부이다.

> 점차로 땅과 하늘이 분리되고 지평선에 까만 얼룩 같은 물체가 나타난다. (하얀색 강아지와 나는) 그 물체를 향하여 걸어가고, 우리가 다가갈수록 그것은 점점 커진다. […] 나무와 바다가 동시에 저들이 누구인지 말을 한다. 땅은 바다 앞에서 끝이 나고, 나무는 바다 끝자락에서 자라고 있다. 우리는 커다란 소나무 쪽으로 계속 걸어가서 나무 속으로 들어간다. 어둠 속에서 강아지가 사라지지만, 그리 슬프지 않다. 나는 각 나이테 안에서 움츠리기도 하고 나이테를 따라 나이를 먹기도 하면서, 나무 중앙의 수많은 나이테를 순회한다. 마침내 회전이 끝난다. 나는 근원적인 작은 검정색 점에 도착한다. 이 가장 안

쪽에 있는 점을 만질 때 나는 내 자신이 이미 거기에 있었다는 것을 깨닫는다. 나는 내가 존재하는 곳을 향해 여행 중이었던 것이다.

크레이그헤드의 이야기에서 알 수 있듯이, 꿈속의 만다라와 만다라를 만들고자 하는 충동은 스트레스가 많은 시기에 더 심해진다. 융은 만다라가 자연적인 치유 반응의 하나라고 주장한다. 암에서 회복된 로리의 만다라가 그러하다. 치료를 받는 동안 즉흥적으로 시작된 만다라 작업을 그녀는 몇 년 동안 계속해서 이어갔다. 만다라 작업은 그녀에게 자신이 암 환자 이상의 존재라는 확신을 심어 주는 긍정적인 방법이 되었다. 그녀는 만다라가 "내가 누구였고 어디에서 왔는지 그 이상을 발견하도록"(핀처, 1991) 도왔다고 말했다.

비슷한 예로 레이철 노먼트는 유방암 방사선 치료를 받는 도중에 만다라를 그려야겠다는 생각이 들었다. 몇 달 후에 그녀는 그림에 대한 생각을 발전시켜서, 상징적인 구성과 색상을 활용해 치료가 성공적으로 이루어지는 동안에 무슨 일이 벌어졌는지를 표현하였다[도판 8] 참조.

치료가 단계별로 이루어지는 동안 **나는 치유적인 에너지가 크라운 차크라**crown chakra(명상이나 마사지 등을 통해 정수리 부분의 에너지를 활성화하는 치료 방법—옮긴이)**와 방사선을 통해서 나의 몸으로 들어오는 그림을 그렸다. 내 몸에서 암세포가 사라지도록 광선 빔이 남아 있는 암세포를 제거하는 모습이었다.**

이러한 예를 통해서 우리는 어떻게 만다라가 치유적인 에너지를 발산하는지 알 수 있다. 특히 위기의 순간에 만다라 작업을 하게 되는데, 우리가 삶의 여정 속에서 맞게 되는 수많은 국면마다 만다라 작업

> 만다라는 중심을 가리킨다.
> 만다라는 모든 통로의
> 집결지다. 만다라는 중심에
> 이르는 길이자 개성화에
> 이르는 통로다.
> C. G. 융

을 하게 되는 것은 지극히 자연스러운 일이다. 수레바퀴가 돌기 위해서는 중심이 필요한 것처럼 삶의 여정 또한 중심점을 필요로 한다. 쳇바퀴 돌듯이 일상이 바쁘게 돌아갈 때조차도 만다라는 우리를 우리 자신의 중심과 이어 줄 수 있다. 시간이 지나면서 우리는 융이 그랬던 것처럼, 중심의 힘, 즉 자기에 대하여 신뢰하게 될 것이다.

나는 정신의 성장 목적이 자기self라는 것을 이해하기 시작했다. 여기에서 직선형 발전은 존재하지 않는다. 오직 자기의 순행만이 있을 뿐이다. 획일적인 발전은 오직 시작에만 존재한다. 그 다음, 모든 것은 중심을 향한다.

[그림 11]
융의 환자가 그린 현대 유럽식 만다라

삶을 이러한 방식에서 바라보면 뭔가를 잃었거나 낭비했다고 생각되는 경험은 존재하지 않는다. 모든 사건들은 저마다 깊은 의미가 있어서 나선형의 순환 중의 한 위치를 차지하거나 신비로운 전체성의 패턴을 드러낸다. 자기가 원형으로 순행하기 때문에 우리의 삶은 하나의 만다라로 볼 수 있다. 이러한 만다라는 에너지가 밀려 나가고 들어오는 무한한 순간들과 정신의 중심점에 의해 규정되는 다양한 의식 상태들로 구성된다. 삶은 변화의 과정이다. 바레나 캐스트는 이에 대해, "지금 현재 유효하다고 생각되는 모든 경계들은 그 순간에만 우리를 규정할 뿐이므로 반드시 반복적으로 의문을 품고 대가를 치루기도 하면서 넘어서야 한다"고 설명했다.

융은 개인적인 성장과 관련된 만다라의 다양한 형태를 발견했다. 비록 그는 그 양상에 특별한 순서가 있다고 주장하지는 않았지만, 환자들의 작품 속에서 관찰한 만다라는 다음과 같다.

1. 원형이나 구형, 달걀 모양의 형태.
2. 꽃(장미, 연꽃)이나 바퀴 모양으로 장식된 원.

3. 태양이나 별, 십자가가 중심에 있고 빗살이 4개나 8개, 혹은 12개가 있는 형태.
4. 원형이나 구형, 혹은 십자가 형태의 물체들이 회전하는 형태(卍자).
5. 고리 모양(우로보로스의 뱀)이나 나선형(오르페우스의 달걀)으로 마치 중심을 두고 뱀이 똬리를 틀고 있는 형상의 원.
6. 원 안에 사각형을 그리거나 사각형 안에 원 형태를 그리는 경우, 혹은 그 반대의 경우.
7. 성과 도시, 정원(성역)의 모티프나 사각, 혹은 원형.
8. 눈(눈동자와 홍채).
9. 사각(과 4의 배수로 된) 형태의 물체 옆에 삼각 및 오각 형태의 물체가 있는 경우.

만다라가 인간 경험의 자연스러운 순환과 관련된다는 개념을 더 깊이 있게 연구한 사람은 조앤 켈로그다. 융의 연구에서 영감을 얻은 그녀는 만다라 문양을 수집하고 성문화해서 '위대한 만다라 일원상의 원형적 단계'라는 개념을 구축했다. 다음에서 이 개념을 더 자세히 탐색해 보자.

위대한 만다라 일원상의 원형적 단계

위대한 만다라 일원상의 원형적 단계Archetypal Stages of the Great round of Mandala(이하 '위대한 일원상')는 "심리적인 성장을 나타내는 나선형의 통로"(켈로그와 딜레오, 1982)가 되는 12단계로 구성된다. 12단계에 이르는 각 단계는 공백, 낙원, 미로, 시작, 과녁, 용과의 투쟁, 원 속의 사각형, 기능하는 자아, 투명화, 죽음의 문, 분열, 초월적인 무아지경 등으

[그림 12]
수잔 핀처가 그린 위대한 만다라 일원상의 원형적 단계(켈로그, 1978)

로 구성된다(이 용어들은 먼저 번역된 수잔 핀처의 『만다라를 통한 미술치료』에서 차용하였음—옮긴이). 켈로그는 각 단계와 관련된 원형적인 만다라를 구분했다.

켈로그의 위대한 일원상에는 의식의 중심인 자아ego와 무의식 안에 있는 전체 정신의 중심인 자기Self와의 역동적인 관계가 반영되어 있다. 위대한 일원상의 단계마다 자기로부터 흘러나오는 에너지의 흐름을 자아가 어떻게 경험하는지가 드러난다. 자아가 자기와 상당히 가까워지는 단계에 이르면 에너지는 높아진다. 반대로 자아로부터 무의식적인 과정으로 철수하게 되는 단계에서는 에너지가 낮아진다.

위대한 일원상의 12단계는 개인의 성장에 있어서 계속적이고 순환적인 형태를 묘사하는 하나의 도식이다. 시간이 흐를수록 우리는 자

만다라는 의식의 모든 내용을 담아내는 하나의 성배라고 볼 수 있다.
조앤 켈로그

연스럽게 위대한 일원상에서 묘사하는 성장의 모든 단계를 경험하게 될 것이다. 나선형의 단계를 반복적으로 경험하기 때문에 우리의 과정을 안내하는 중심점인 자기의 깨달음과 한층 더 일치된다고 느낄 수 있을 것이다. 당신이 만드는 만다라는 이러한 성장과정을 반영하고 지원한다.

위대한 일원상의 개념은 단순히 덜 성숙한 상태에서 더 복잡하고 성숙한 상태로 선형적인 발전을 한다고 상정하는 다른 많은 발달이론과는 다르다. 이 개념은, 삶이란 더 큰 지혜와 전체성을 향한 나선형의 여정이라고 규정하는, 고대로부터 내려온 생각에 근거를 둔다. 삶을 이런 방식으로 바라보면 전체성을 향한 잠재력을 성취하면 할수록 자기의 주변을 도는 순환과 관련된 당신의 모든 경험이 더욱더 의미 있게 보일 것이다. 각 단계에 대하여 좀 더 탐색해 보자.

✸ 1단계

1단계 만다라

이 단계는 겨울의 고요함과 달빛 없는 밤의 어둠 속에 있는 것을 연상시킨다. 1월에 해당되지만, 실제로는 일 년 중 밤이 가장 긴 동지 때부터 이 단계는 시작된다. 태양은 낮게 뜨고 날씨는 춥다. 모든 생물은 휴지 상태이거나 동면 중이다. 씨들은 지하에 묻혀 있어서 볼 수가 없다.

이 단계는 우리가 태어나기 전 세포에 암호화되어 있는 가장 초기의 기억을 자극한다. 우리는 어머니가 임신을 함으로써 이 초기 단계에 처음으로 진입하게 되는데, 작은 세포로 구성된 생물체에 불과한 우리는 자궁벽에 붙은 채로 거의 움직이지 않고 지내게 된다. 외형적으로도 어머니의 몸에서 임신의 징후는 보이지 않는다. 그녀의 몸 속 자궁은 깊고 어둡다. 비록 어둠 속에 존재하고는 있지만, 인간이 되는 신비로운 과정은 이미 시작되었다.

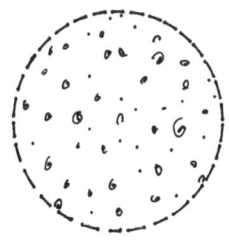

2단계 만다라

※ 2단계

이 단계는 2월, 그리고 분홍과 금빛의 새벽하늘과 상응한다. 전통적인 문화권에서는 어린 짐승들이 이 달에 태어난다. 불꽃 같은 삶에 대한 고대 의식은 성 아그네스의 날 전야의 촛불 행렬로 이어진다. 예수의 켈트족 산파인 성 브리짓은 민속적인 전통으로 존중받는다. 짚으로 만든 그녀의 인형 형상은 봄의 도착을 알리기 위해 화사하게 옷을 갈아입는다.

이 단계는 숭고한 평화의 공간으로, 그곳에서 우리는 부드러운 물의 세계로 빠져든다. 시간은 천천히 흐른다. 우리는 모두를 사랑하고 무한히 사랑받는 것 같은 경험을 한다. 이렇게 동트기 전의 나른한 체험 속에서 무언가 중요한 것, 즉 우리의 개인성을 잃어버렸다는 것을 알아차리기는 쉽지 않다. 우리에게 주어진 것은 오직 평화롭게 빛 속을 유영하는 것뿐이다.

3단계 만다라

※ 3단계

이 단계는 3월을 떠올리게 한다. 이 단계는 새로운 에너지의 시간으로, 마치 봄 날씨가 따뜻하다가 순식간에 쌀쌀해지는 것처럼 상황이 급변할 수 있다. 새순이 나오고 꽃망울이 맺히기 시작한다. 우리는 어머니의 자궁 안에서 우리의 활동이 활발해지기 시작할 때 이 단계를 처음 겪는다. 이 단계는 활발하게 **자기실현의 여정으로** 향함에 따라 자연의 생명체들이 펼치는 순환과 하나가 되는 자신을 발견하는 시기이기도 하다.

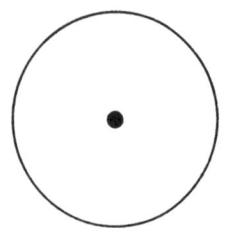

4단계 만다라

❋ 4단계

이 단계는 싹을 틔운 것들이 꽃봉오리를 터뜨리는 4월과 일치한다. 이 단계는 떠오르는 아침 해와 찬란한 빛의 약속, 그리고 서녘 하늘을 밝히는 상현달을 연상시킨다. 우리는 영아기에 보호자와 유대감을 느끼면서 이 단계를 처음 경험한다. 허리는 단단해져서 어머니의 무릎에 당당하게 앉을 수 있게 된다. 이 단계에서 우리는 삶을 새롭게 받아들이는 자신을 발견하게 될 것이다.

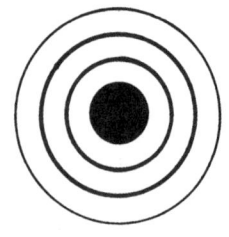

5단계 만다라

❋ 5단계

이 단계는 5월경 늦은 아침의 따뜻한 햇살이나 혹은 달—거의 다 찼지만 아직은 좀 더 차야 되는—이 빛나는 편안한 저녁나절의 고조된 에너지를 연상시킨다. 우리는 보호자에게서 독립을 주장하기 시작할 때 이 단계를 처음 경험한다. 유아일 때 우리는 싫어하는 것을 발견하면 그것을 "싫다"고 말함으로써 그 뜻을 전한다. 물론 유아는 보호자가 자신을 안아 주고 안락함을 주기를 여전히 원한다. 자기다움을 주장하는 독립을 향한 요구와 안전함에 대한 욕구의 충돌이 이 단계의 기조를 이룬다.

❋ 6단계

이 단계는 6월의 밝음으로 우리를 인도한다. 이때가 일 년 중 가장 낮이 길고, 책을 읽을 수 있을 만큼 달도 밝은 시기다. 정오의 열기를 향해 가는 따뜻하고 긴 늦은 아침과 같다. 우리는 부모님의 세계로부터

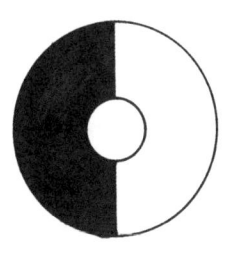

6단계 만다라

독립을 쟁취하고 독특한 존재로서의 자신을 경험하려는 청소년기에 이 단계를 처음 경험하게 된다. 개인적인 의식의 역할 덕분에 이제 우리의 자아는 어른들의 요구를 반영하는 대신 스스로 빛을 내며 빛나기 시작한다. 우리는 이 단계 중에 내면의 불을 지피기 시작한다.

※ **7단계**

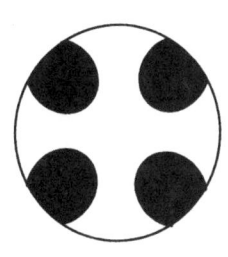

7단계 만다라

이 단계는 강렬함과 정오의 청명함, 부드러운 여름날 저녁, 환한 빛으로 땅을 응시하는 7월과 함께 한다. 이 단계는 높은 자기인식의 시점을 반영하고 있다. 우리는 청년기의 초입에 이 단계를 경험한다. 의식은 밝고 기민하며, 정오에 높이 뜬 태양과 같이 강렬하다. 우리는 스스로 빛나게 되며, 자신의 자리를 찾기 위하여 배우고 계획하고 서로 사랑할 수 있는 능력도 갖게 된다.

※ **8단계**

8단계 만다라

이 단계는 매년 돌아오는 성장의 계절, 그 심장부인 8월을 연상시킨다. 강렬한 정오 후의 생산 활동이 이 단계의 특징이다. 달은 아직은 완전히 다 차오르지 않았다. 이 단계는 활발하게 인생을 사는 청년기에 비유될 만하다. 이제 우리는 학교 교육을 마치고 직업을 찾을 것이며, 더 많은 기회를 향유하고 호감이 가는 사람들과 협력하게 된다. 이렇게 우리는 세상에서 잘 기능하게 된다.

9단계 만다라

※ **9단계**

이 단계는 9월에 비유될 만하다. 처음 씨를 심었을 때 소망한 것처럼 알곡이 잘 익었다. 강렬했던 태양도 늦은 오후의 황금빛으로 잦아든다. 달은 밤마다 점점 깎여 얇은 은접시와 같이 된다. 이 단계는 우리가 어른으로 성장하여 집을 사고, 생활비를 벌고, 가족을 부양하는 수십 년의 시간에 상응한다. 생활은 조화롭고 만족스러운 형태로 정착된다. 보상을 받고 있는 것이다.

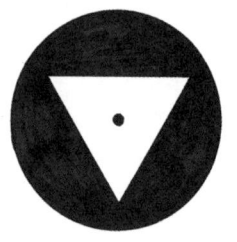

10단계 만다라

※ **10단계**

이 단계는 10월을 연상시킨다. 추수한 결과물이 모여든다. 태양은 어느 정도 불타오르다 서녘에 낮게 걸려 있다. 이 단계의 달은 시들어서 반도 안 되게 크기가 줄어든다. 이 단계는 30대에 경험하거나 80대에 경험하거나 상관없이 중년의 위기에 상응한다. 부모로서의 책임은 이제 덜 강제적이고, 더는 중요한 프로젝트로 인해 바쁘지도 않다. 혹은 바쁜 일에서 은퇴했을지도 모르겠다. 이제 **놓아줄** 시간이다.

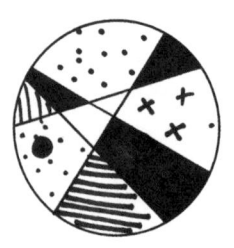

11단계 만다라

※ **11단계**

이 단계는 모든 것이 삭아 없어진 들판에 그루터기만 남는 11월과 같다. 태양은 지평선에 희미한 잔재만 남기고 저 너머로 넘어가 버렸다. 이 단계의 달은 가느다랗고 작은 초승달이다. 북쪽에서 불어오는 차가운 바람이 초대도 받지 않고 찾아온다. 이 단계는 나뭇잎이 낙엽이 되어 바닥에 뒹굴고 눈이 내려 오솔길을 보기 힘든 시기다. 마치 우리가 무너진 것처럼 느껴질 것이다.

12단계 만다라

* **12단계**

이 단계는 우리에게 일 년 중 밤이 가장 긴 12월을 안겨 준다. 태양은 그림자 같은 잔광으로 우리 시야에서 멀어진다. 달은 가장 자리만 남아서 마치 얇은 은빛 디스크조각처럼 보인다. 인생의 후반기에 얻을 수 있는 지혜, 그리고 마음의 평화가 이 단계에 찾아온다. 이제 전체성의 패턴 안에 모든 경험을 담고 있는 중심을 경험하기 시작한다. 축복을 받고 있는 것이다.

부록에 나와 있는 색칠용 문양 만다라는 위대한 일원상의 각 단계에 맞춰져 있다. 각 단계는 성장과 발전을 위한 도전과 기회를 담고 있다. 각 단계 중에 우리는 특별한 느낌과 인식을 갖게 되고, 근육의 움직임이나 현실을 바라보는 새로운 방식까지도 경험하게 될 것이다. 에너지의 수준은 한 단계에서 그 다음 단계로 넘어갈 때마다 달라진다. 1단계에서 12단계로 옮겨 가는 동안, 처음에는 조용히 시작되었으나 점차 에너지가 고양되면서 우리는 원하는 것을 이루게 될 것이다. 마침내 12단계에 이르면 에너지가 잦아들고 의미 있는 해결이 이루어짐으로써 순환이 자연스럽게 종결된다는 사실을 인식하게 된다.

단계는 한 번이 아니라 여러 번 돌아 재방문할 수 있는, 하나의 살아 움직이는 주기로 구성된다. 우리가 그 단계로 다시 되돌아왔다는 것을 알아차리게 되면, 지난 번 이 단계를 방문했을 때 일어났던 모든 일들이 다시 떠오를 것이다. 떠올린 것들을 바탕으로 재작업을 한 다음, 현재의 시각에서 과거의 경험을 다시 되돌아본다. 그렇게 함으로써 미래의 새로운 가능성을 열게 될 조화로운 패턴 안에 과거와 현재를 엮어

넣을 기회를 갖게 될 것이다.

고대의 만다라는 그림이나 춤, 꿈, 건축 등으로 이루어졌다. 이 시기의 만다라는 강렬한 영적 감정을 표현하기 위한 장소이자 우주와 공동체, 그리고 개인과의 연결을 중시하는 신성한 공간으로 조성되었다. 오늘날의 만다라는 아동들, 그리고 예술가나 어른들에 의해서 만들어진다. 아동들은 인간 존재로서의 자신에 대한 감각이 발달됨에 따라 즉흥적으로 만다라를 만든다. 예술가들은 중심과 속성을 탐색하는 만다라를 만든다. 그리고 어른들은 자기 자각과 창의적인 자기표현, 그리고 치유를 위하여 만다라를 만든다.

만다라는 전체성을 향한 우리의 성장과정과 함께하는 표현인 동시에 하나의 움직임이다. 만다라는 중심인 자기와의 연결성을 깨닫게 되면서 의식과 무의식 사이의 소통을 촉진시키고 자아를 지원한다. 이러한 과정에서, 우리는 자아가 고정된 실체가 아니라 성장과정의 자연스러운 일부로서 다시 규정되어야 하는 실체임을 알게 될 것이다.

위대한 만다라 일원상의 원형적인 단계에는 자아와 자기의 영속적인 관계 안에서 발생하는 변화가 반영된다. 의식과 감정, 생산성과 발달과업의 측면에서 생기는 단계별 차이점은 자연스러운 리듬으로 드러날 것이다. 삶이란 하나의 흐름이며 모든 단계는 똑같은 가치가 있다는 사실을 받아들이는 것은 무언가를 잃거나 시간을 낭비하는 경험은 없다는 것을 의미한다. 자신의 만다라를 내면적 경험에 대한 외부적인 징표로서 인식하는 법을 배우는 것은 자기 자신에 대하여 아는 능력을 배가시킨다. 앞으로 우리는 자기Self의 깊은 지혜를 통해서 좀 더 나은 선택을 할 수 있게 될 것이다.

이 책을 통해서 당신은 연속적으로 만다라를 만들어 가는 경험을 하게 된다. 고대나 현대에 나온 여러 접근법들과 신중하게 조율을 거듭하여 고안된, 책 속의 만다라 연습과제들은 창의적인 자기표현에 영감을 주고 당신의 개인적인 성장에 도움이 될 것이다. 만다라와 관련된 가이드라인은 만다라로부터 오는 개인적인 의미를 유추하는 데 귀중한 자원이 되리라 믿는다. 이 책은 당신의 자기발견의 과정을 돕기 위해 만들어졌다.

준비하기

시작하기 전에

이 책은 시작부터 마칠 때까지 창작의 순환에 동참하게 만드는 하나의 만다라 그 자체다. 앞으로 1~12장에 걸쳐 조앤 켈로그의 '위대한 일원상'[서문의 설명 참조]에서 영감을 받은 각 단계에 대한 설명이 이루어질 것이다. 각 단계에는 무의식의 특성과 에너지의 수준, 발달과업, 그리고 개인적인 성장을 위한 도전과 기회 등이 포함되어 있다. 각 단계마다 그 특성을 탐색해 볼 수 있는 만다라 연습과제들이 나오게 되는데, 많든 적든 원하는 만큼 선택하면 된다. 만다라마다 연습과제의 목적과 재료 목록, 순서가 나와 있다. 이 만다라 작업들은 원래 개인에 초점을 맞추어 고안되었지만, 그룹 활동[부록 D 참조]에도 적절할 것이다.

  차례로 각 장들을 탐색하다 보면 위대한 일원상을 따라 체계적으로 움직여 가게 될 것이다. 전체 주기를 완성하게 되면 자연의 굴곡을 인생의 일부로 받아들이는 데 도움이 되리라 믿는다. 전체 주기를 움직여 가면서 다양한 경험을 하다 보면 덜 익숙한 단계에 처했을 때 필요한 삶의 기술도 발달시킬 수 있다는 사실을 깨닫게 될 것이다. 현재 느끼고 경험하고 있는 것과 관련된 단계부터 시작하는 것이 좋겠다. 지금 탐색하고 있는 단계 안에서 질서를 잡으려는 자신의 본능을 믿고 따라가 보자.

  "주기를 완성하는" 마지막 장에서는 모든 단계에서 경험한 것들의 통합을 촉진시킬 수 있는 작업들이 소개될 예정이다. 이 마지막 장의 연습과제들은 만다라 단계들 사이의 연결을 강화시키고, 이 책에 기술된 만다라 만들기 과정 전체에 대한 만족스러운 결론을 제시해 줄 것이다.

만다라 연습과제

만다라를 만드는 일은 단순하지만 창의적이며 풍성하게 자기를 표현을 하는 작업이다. 만다라를 만드는 방법에는 옳고 그름이 존재하지 않는다. 그러므로 나는 당신이 만들 만다라를 존중하는 태도를 기르라고 말하고 싶다. 이 책에 나와 있는 만다라 연습과제들은 치료의 대체물이 아니며, 자기발견과 개별적인 성장, 그리고 창의적인 자기표현을 도우려는 의도로 만들어졌다.

시작 전에 미술재료와 작업일지 등을 준비하자. 이 책에서 다루고 있는 대부분의 만다라 작업에 필요한 기본 미술재료는 57~58페이지에 나와 있다. 특별한 만다라 연습과제를 위해 부가적으로 필요한 재료가 있다면 만다라 만드는 순서를 이야기하기 전에 그 목록을 제시할 것이다. 물론 자신이 가지고 있는 재료들을 활용해도 좋다. 자신의 창의적인 작업에 어떤 재료가 알맞을지는 자신의 직관을 따르도록 한다.

먼저 만다라를 만들 개인적이고 편안한 공간을 찾아보자. 만다라 과제를 탐색하기 위해서 특별한 시간—적어도 한 시간 정도—을 따로 확보해 놓는 것이 좋을 것이다. 일상적인 생활과는 분리된 장소나 시간임을 표시하기 위하여 초나 향을 밝혀도 좋다. 몸을 이완시키고 마음을 집중시키는 사전 작업을 한 이후에 만다라 만들기를 시작하기 바란다.

[부록 B]에 수록되어 있는 단순한 요가 동작들이 도움이 될 것이다. 요가는 만다라 각 단계의 특성에 맞추어 에너지를 조절할 수 있도

록 세밀하게 구조화된 것이다. 각 단계의 경험을 더 극대화시키는 방법으로, 모린 셀턴이 부른 독창적인 노래 가사와 악보를 참조해도 좋다. 이것은 [부록 C]에서 찾을 수 있다. 이 노래들을 부르는 일은 창의적인 자기표현에 도움을 줄 즐거운 사전 작업의 하나가 될 것이다. 셀턴이 부르는 노래들은 그녀의 웹 사이트 www.mandalaCD.com에서 들을 수 있다. 그녀의 목소리는 순수한 치유의 소리다. 우선 곡조가 기억하기 쉽다. 그리고 만다라 공간 밖에 있던 당신이 점차 신성한 위대한 일원상의 각 단계로 들어가 머물도록 마음을 다잡는 데 도움을 줄 것이다.

일단 공간을 만들고 만다라 만들기를 시작했다면, 당신의 만다라와 관련된 다음의 기술들을 활용해 보자.

만다라를 만드는 동안 일어나는 내면적인 대화에 마음을 열자. 만다라에 무언가를 덧붙이고 일어나는 반응을 살펴보자. 무엇을 할지말지 갈팡질팡하는 생각들이 오히려 더 유익하고 의미가 있을 수 있다. 만다라는 우리의 관심을 받을 가치가 충분히 있다. 이 점을 상기하면서 만다라를 조심스럽게 다루자. 일단 만다라가 완성되면 위쪽이 어딘지 이리저리 돌려 보자. 위가 정해지면 작은 t자로 표시한다. 이제 만다라를 앞에 걸어 놓고 살펴보자. 판단 없이 볼 수 있도록 마음의 문을 연다. 보다 보면 전에 알지 못했던 중요한 세목을 발견하고 놀라게 될지도 모른다. 그것이 당신에게 중요한 무언가를 이야기할 것이다.

자신의 무의식에서 더 많은 정보를 취할 수 있는 방법의 하나로 만다라에 제목을 달아 보자. 만다라를 보고 처음에 떠오르는 단어를 제목으로 정한다. 만다라 앞이나 뒷면에 제목을 적는다. 그리고 어떤 만다라 연습과제였는지도 기록한다. 이름이나 이니셜, 날짜를 덧붙인다.

만다라에 대한 작업일지를 적어 보자. 예를 들어, 특별히 왜 이 만다라 연습과제를 선택했는지—재미있어 보여서? 아니면 현재 하고 있는 걱정거리를 자극해서?—를 기록한다. 만다라를 만드는 과정—좋아하는 색상을 선택했는가? 아니면 싫어하는 색상을 선택했는가? 왜 그런 선택을 했는가?—도 기술한다. 만다라를 보면서 보이거나 느껴지는 것—바라보는 데 불안감을 느끼는지 혹은 편안함을 느끼는지—이 있으면 기록한다. 만다라에서 이러한 느낌들과 가장 강하게 연결되어 있는 부분이 어디인지도 기록한다.

더 하고 싶으면 만다라 속의 색상과 형태의 목록을 만들고 각각 떠오르는 것들을 자유롭게 기록한다. 만다라를 지켜보는 동안 마음에서 일어나는 것이 무엇이든 그저 종이 위에 적어 보자. 생각이 흐트러지는 것 같으면 다시 마음을 다잡고 만다라에 집중한다. 만다라 속의 선을 탐색하기 위해 앞에서와 같은 과정을 진행한다. 선이 두꺼운가, 얇은가, 파형인가, 지그재그형인가? 각 종류의 선마다 어떤 단어가 떠오르는가? 그것들과 관련해 느껴지는 감정은 무엇인가?

만드는 과정에서 어떤 만다라가 가장 쉬웠는지, 혹은 제일 재미있었는지도 기록해 보자. 이것은 아마도 위대한 일원상에서 당신에게 가장 익숙한 단계와 관련이 있을 것이다. 마찬가지로, 만들기 어려웠던 만다라는 자신의 성장점을 나타낸다. 각 단계의 만다라를 가지고 작업함으로써 경험을 통해 통찰을 얻고 각 단계가 주는 선물을 받아들이는 능력을 개발하게 될 것이다. 또한 과거에 그 단계를 방문하는 동안 마주쳤던 어려움들을 이번에는 점차로 조금씩 해결해 나갈 수 있게 될 것이다. 캐서린은 거울 만다라를 부수고 나서 부서진 잔재를 바라보는 일이 부담스럽지 않았다고 진술했다. 애도와 상실의 시기를 겪으면서 그녀가 내부적으로 느꼈던, 마치 무너진 같은 느낌과 만나라 작업을 통해 지금 밖으로 드러난 것이 딱 맞아떨어졌기 때문이다.

만다라를 보관하는 방법도 선택해 보자. 게시판에 붙이거나 파일에 끼워 넣을 수도 있다. 혹은 벽장 안 선반에 놓아두거나, 작업실에 있는 튼튼한 상자 속에 집어넣을 수도 있다. 만다라를 보관할 장소를 정하는 것은 보전의 의미만이 아니라 "주기를 완성하는", 마지막 장에서 하게 될 작업의 기쁨을 배가시키기는 일도 될 것이다.

만다라를 버릴 필요가 있다고 느껴지는 때가 되면 그 마음을 존중해서 그렇게 해보자. 그러나 만다라는 자신의 사적인 반영이므로, 이를 다룰 때는 자신을 다루는 것과 같이 긍정적으로 다루어야 한다. 친구 수잔은 자신의 만다라를 찢어서 재활용 상자에 버리는 동안 감사의 기도를 했다고 한다. 만다라를 태우거나, 땅에 묻거나, 혹은 다른 미술작업의 재료로 활용하는 사람들도 있다.

기본 미술재료:
- 미술연필, 지우개
- 사인펜, 색연필, 분필, 파스텔, 목탄
- 수채 물감, 템페라 물감, 아크릴 물감, 컬러 잉크

- 다양한 크기의 붓
- 물풀(그루건도 매우 유용하다.)
- 컴퍼스(13cm 정도는 벌어져야 지름이 25cm가량 되는 원을 그릴 수 있다.)
- 자
- 각도기 (360°)
- 가위
- 30×45cm 정도의 흰색, 검정색, 회색, 누런 봉투색 도화지
- 다양한 색상의 30×45cm 정도의 판지
- 콜라주 재료(종이, 잡지 사진, 천, 기타 원하는 물건)
- 작업일지

만다라 해석

신뢰와 비밀 보장, 직업윤리로 묶인 치료적인 관계가 아니라면 타인의 만다라를 해석하는 것은 도움이 되지도 적절하지도 않거니와 가능하지도 않다. 설령 치료적 관계에 있다 하더라도, 만다라가 이를 만든 사람에 대해서 말해 주는 것처럼 우리가 보는 것을 말하는 일 역시 우리가 어떤 사람인지 말해 준다는 중요한 사실을 잊지 말아야 한다. 그러므로 타인의 만다라에 관하여 이야기를 나눌 때에는 다음 문장으로 시작하라고 권하고 싶다. "이것이 내 만다라라면 나에게는 ____라고 말하는 것 같군요."

한편, 만다라가 주는 의미에 관하여 탐구하는 것은 자기 자각을 높여 준다. 예를 들어, 주디의 만다라는 마구 그려진 선들로 가득했다. 만다라를 받쳐 놓고 뒤엉킨 선들을 바라보던 그녀는 그동안 자신이 알고

있던 것보다 훨씬 더 심하게 스트레스를 받고 있었다는 사실을 깨달았다. 이 메시지를 이해하게 된 주디는 오후 일정을 바꾸었다. 그녀는 편안한 마음으로 산책을 나갔고, 친구를 만나 차를 마시며 대화를 나누었다. 그러자 스트레스 수준이 훨씬 낮아졌다. 만다라 덕분에 그녀는 자신을 돌볼 수 있었던 것이다.

만다라 속의 이미지들은 당신이 의도적으로 거기에 가져다 놓은 것이 아니라는 점을 알았으면 좋겠다. 당신의 만다라에 나타난 다른 것들과 마찬가지로, 이러한 이미지들은 당신의 무의식에서 온 유용한 정보라는 점을 염두에 두자. 이미지가 자신의 것임을 인정하고 받아들이고 취하게 되면, 그 의미가 무의식에서 의식으로 전환될 것이다. 이것은 자기인식을 풍성하게 하고, 우리가 더 복합적이고 통합적이며 융통성 있는 인간이 되는 데 도움이 된다.

밥은 자신의 만다라에서 꿩의 이미지를 보고 놀랐다. 2년 전에 돌아가신 마음씨 좋은 아버지가 갑자기 생각났던 것이다. "그저 최선을 다해라"라는 구절이 뇌리를 스쳤다. 비록 아버지와 같은 사냥꾼은 아니지만, 그는 그 말이 용기를 준다는 사실을 알게 되었다. 아버지가 그러셨던 것처럼, 자신 역시 교사로서의 일에서 최선을 다하면 그 결과는 저절로 이루어질 것이라는 가치를 중히 여기고 있다는 사실을 깨달았다. 만다라를 통해 얻은 이 새로운 자기인식 덕분에 그는 자신의 삶에서 아버지의 긍정적인 영향을 훨씬 더 많이 수용하게 되었으며, 동시에 자신감도 훨씬 강해졌다.

자신이 만든 만다라가 우리 자신에게 주는 저마다의 특별한 메시지를 생각해 보자. 이 메시지는 당신에게서 온 것이다. 판단하지 말고 자신의 만다라를 지켜보자. 무슨 말을 하든 받아들일 수 있도록 마음을 열자. 만다라를 만드는 과정은 느낌을 촉발시키고, 에너지의 수준을 끌어올리며, 기억을 자극한다. 만다라 안의 색상과 형태에 집중할 때 무엇을 깨닫게 되는지에 주목하라. 창의적인 경험에 관하여 작업일지를 쓰면서 만다라가 건드리는 느낌이나 감각, 혹은 기억들을 더 깊이 탐색해 보자.

시간이 지날수록 당신은 선과 상징, 색상 등의 개인적인 의미에 대해 정통하게 될 것이다. 예를 들어, 핑크색은 전통적으로는 소녀들에게 잘 어울리는 색이다. 그러나 당신에게는 질병이나 축하, 혹은 좋아하는 방을 나타낼 수도 있다. 연상되는 의미에는 제한이 없다.

만다라는 유일한 당신 자신이다. 그러면서도 당신의 인식 너머에 있는 무언가를 만드는 일이도 하다. 자신이 만든 만다라에 대하여 속속들이 전부 다 알 수는 없을 것이다. 그러나 당신이 만드는 만다라가 이 시대의 의식 발전에 무언가 기여하리라고 나는 믿는다.

현재처럼 만다라의 치유적인 힘을 필요로 하는 인류는 결코 없었다. 우리의 분열되고 무너진 세상은 지금 만다라의 위대한 힘, 즉 응집력을 갈구하고 있다. (핀처, 1991)

그러므로 만다라를 만드는 일은 당신뿐 아니라 다른 사람들에게도 이익이 될 것이다. 이 책이 당신의 자기표현과 균형, 그리고 행복에 유용한 안내서가 되었으면 좋겠다.

WHITE VOID • SPIDERWEB • RE-CREATION • TIMELESS AND ETERNAL • HEALING • PATIENT • SLOW • FORGETFUL • PRIMARY STATE BEFORE VOID • DARK SEPARATION • WOMB • BEFORE FORM • BEFORE FORM • RESEMBLES SLEEP • HIBERNATION • TRANSCENDENT STATE OF NON-DUALITY • OPEN TO NEW POSSIBILITIES • QUIET • RECEPTIVE • WEIGHTED

Stage 1

공백:
휴식의 시간, 어둠 속에서 기다려라

제니는 한동안 폐렴을 앓다가 지금 회복 중이다. 마른 장작개비처럼 여윈 그녀는 침대에 걸터앉아 창문 밖을 응시하고 있었다. 여전히 아프긴 하지만, 어제보다는 한결 느낌이 나아졌다. 일기장을 집어 들었다. 그 안에 무언가 쓰기는 너무 힘들어서 대신 작은 원을 한 개 그렸다. 그 다음, 마커를 찾아보기도 피곤해서 그냥 볼펜을 가지고 가늘고 긴 선으로 된 십자 모양을 계속 그어 원이 까맣게 되도록 채워 나갔다. 원 안에 보이는 것은 별로 없었지만, 그래도 완성된 원을 보니 희망이 느껴졌다. 일기장을 옆으로 치워 놓은 다음, 그녀는 이불 속으로 들어가 낮잠 속으로 빠져들었다.

이 상태를 보면, 제니는 위대한 일원상의 1단계를 견디고 있는 중이다. 이 단계는 휴식과 재생, 그리고 치유의 시간이다. 당신은 어머니의 자궁 안에 있는 작은 피조물로서 이 단계를 처음 맞이했을 것이다. 어머니의 몸 안에 담긴 채 당신은 비옥한 토양에서 자라는 하나의 씨앗과 같이 자랐다. 성장의 12단계 중의 첫 번째 단계인 이 기간 동안 당신은 어두운 땅에 심어진 씨앗과 같은 존재로 불리게 될 것이다. 씨앗은 수동적으로 주변의 토양과 물에서 영양분을 얻을 뿐이다. 이 시기에는 어둠의 안팎으로부터 에너지를 모으며 내재된 본성으로 깊게 침잠한다. 때로는 그렇게 참는 것이 쉽지 않겠지만, 무언가가 올 때를 기다리며 동면하기 위하여 하나의 지지망matrix과 같은 자궁 속으로 몇 번이고 다시 회귀한다.

　몸동작이나 정신적인 사고 과정, 그리고 감정이 저하되는 경향을 볼 때 1단계는 어떤 차원에서는 잠자는 것과 흡사하다. 무언가에 눌리는 것 같은 느낌이 들 수 있으며, 잘 잊어버리는 경향이 나타날 수도 있다. 삶이 백일몽처럼 느껴지고, 자신이 몽유병 환자처럼 여겨지기도 한다. 인생 여정의 후반부에 접어 든 사람이라면, 이 단계로 진입하는 것이 때로는 어둠의 나락으로 떨어지는 것 같은 체험이 될지도 모르겠다. 상징적으로 말한다면, 이것은 의식이 물질에 진입하는 지점이다. 켈로그는 이 단계를 공백Void이라고 불렀다. 만다라 그룹의 구성원 중 한 명인 다이애나 그레고리의 만다라에는 이 단계의 특징이 담겨 있다.[도판 9] 참조

　궁극적인 질서에 대한 믿음을 갖는다면 여기서 위로를 얻을 수 있을 것이다. 1단계는 위대한 모성의 공간이다. 즉, 생명을 만드는 데에 아낌이 없고 자궁으로 회귀하려는 죽음을 사랑으로 수용하는 희생적인 여성성을 연상시킨다. 미국 인디언의 전설에서 이 여성은 거미여인으로 알려져 있다. 전설에 따르면, 거미여인은 쌍둥이 영웅들이 어둡고 안개가 자욱한 그녀의 거처에 찾아온 것을 환영한다. 그녀의 안내를 통해서 쌍둥이 영웅들은 아버지의 존재에 대해 알게 되고, 삶을 제대로 바라보는 법을 배우게 되며, 진정한 삶의 목적을 발견한다. 거미여인이 그들에게 마지막으로 해준 조언은 "침잠하라"였다.

　이러한 신화적인 이야기들을 통해서 우리는 어머니의 자궁에서 처음 체험했던 평화는 결코 잃은 것이 아니며 우리 옆에 늘 존재한다는 사실을 재확인할 수 있다. 조셉 캠벨은 다음과 같이 설명한다.

　　보호적인 힘은 가슴의 성소 안에 늘 존재한다. 누구나 깨닫고 믿기만 하면 된다. 그리하면 불멸의 안내자가 나타날 것이다. 어머니와 같은 대자연이 위업을 지탱해 주시리라.

"위업"이란 내외적으로 불가사의한 존재에게 항복하고 경험을 통해 자신이 바뀌도록 하는 것이다. 과거에는 통과의례의 일부로서 이 단계와 결합된 의식 상태가 되도록 하는 전통문화들이 존재했다. 이러한 전통의식에는 단식이나 철야, 그리고 공동체로부터 떨어져 지내는 일 등이 있다.

인류학자들의 보고에 의하면, 1930년대에 호주 북부의 한 부족은 소녀가 생리를 시작하면 3일 동안 그녀를 한 오두막에 격리시킨다. 3일이 지나면 여성들이 그곳으로 가, 소녀를 목욕시킨 다음 줄을 지어 행진하며 그녀를 마을로 다시 데려온다. 거기서 소녀는 새 이름—그녀는 더는 소녀가 아니라 여성이다—으로 자신을 부르는 사람들의 환영을 받게 된다.

살다 보면 때로는 불가사의한 일을 체험하고 그것이 우리의 삶을 형성하도록 할 때가 있다. 시작은 또 다른 끝을 가리킨다. 그것이 이 단계의 역설적인 본질이다. 유충은 말 그대로 나비가 되기 전에 누에고치 안으로 녹아든다. 이처럼 이 단계 중에는 자연의 변화 과정에 자신을 맡기고 그 과정을 신뢰하는 것이 요구된다. 믿음과 신뢰, 그리고 과거에 이런 공간에서 살아남았던 경험을 떠올린다면 **어둠 속의 휴식과 같은 시간을 잘 지낼 수 있으리라** 믿는다. 그러나 생각만큼 쉽지는 않을 것이다.

1단계의 의도

만일 자신이 에너지와 효율성이 높은 수준에서 기능하기를 바란다면 이 단계를 경험할 때 당혹스러울 것이다. 이 단계의 자연스러운 리듬은 '천천히'다. 이 깊은 휴식의 선물에 감사하고 이를 받아들일 수 있다면, 이것은 환영받을 만한 경험이 될 것이다. 이 단계의 과업은 과정을 신

> 어둠은 당신과 나를 포함해서 모든 것을 품어 주고 모든 것을 수용한다.
> 다비드슈타인들-라스트

뢰하면서 따르고 기다리며 성과가 부실하더라고 참아야 하는 일이다. 어둠 속의 휴식의 단계는 자연적인 삶의 일부다. 그러나 미적거리는 상태가 수주일 이상 계속된다면 전문가의 도움을 받는 것이 좋다.

위대한 원형의 여정을 침잠하는 공간에서 시작한다는 것은 하나의 역설이다. 이러한 역설을 수용하면서 뭔가 진전되는 것을 느끼고 싶어서 자신을 움직이도록 부추기지 않는 것 또한 이 시기에 해야 할 도전 중의 하나다. 이 단계에서는 씨앗이 막 발아하기 직전에 부풀면서 부드러워지는 것과 같은, 아주 작은 변화가 생겨난다. 땅 위에서는 육안으로 성장활동을 볼 수 없지만, 그런 것을 측정하는 과학자들은 성장이 일어나고 있다고 말한다. 당신도 마찬가지다. 무슨 일이 벌어지는지조차 지각하지 못하고 있지만, 무의식 속의 숨은 에너지는 움직이는 중이다.

1단계의 만다라

> 만다라의 가장 단순한 기본 형태는 원이다.
> C. G. 융

1단계를 경험하는 동안 만들게 되는 만다라는 아마도 어둡거나 완전한 검은색일 것이다. 때로는 색이 없이 원형 그대로일 수도 있고, 크기가 작거나 형태가 없을 수도 있다. 얼마간은 이럴 터인데, 이 시기에는 그림을 그리기 어렵기 때문이다. 원은 어둠 속의 휴식을 위한 안전한 장소가 된다. 이 원은 위대한 일원상의 만다라를 탐색하는 시작점이 될 것이다.

이 단계와 관련된 만다라를 보면 경계, 그릇, 자궁, 생명의 그물망 등과 같이 원이 강조된다. 이러한 미술작업에서 중요한 것은 만들어진 **결과**가 아니라 **과정**이다. 아름다운 결과물이나 **적절한** 상징, 의미 있는 색상 선택 등에 대한 기대를 버리고 현재의 순간에 머물러 보자. 이것이 바로 창의적인 자기표현이다. 이러한 단순한 접근이 전체 만다라의 모체인 원 그 자체에 대해 크게 감사할 줄 아는 마음의 문을 열어 줄 것이다.

((연습과제))

만다라를 시작하기 전에 깊은 호흡을 하면서 이완하는 시간을 갖는다. 1단계와 관련된 요가를 하는 것도 창의적인 자기표현에 기반을 두고 집중하는 데 도움이 될 것이다. 아래에서 제안하는 만다라 작업을 할 때 기분이 어떤지에 집중해 보라. 원과 선을 반복하는 것이 편안한가? 혹은 그림을 그리는 일이 분노나 좌절감을 불러일으키는가? 작업 중에 노래를 부를 때 떠오르는 연상이나 기억이 있는가? 혹은 내면적인 대화나 짧은 이야기가 떠오르는가? 색상을 제한적으로 선택하는 것이 어떻게 느껴지나? 각각의 만다라를 따라가면서 자신이 목격하고 미술작업 경험에 반영된 것들을 작업일지에 기록으로 남기자.

※ **어둠 속의 휴식 만다라**
Mandala of Resting in the Darkness

기본 미술재료(p.57~58 참조) / 문양 만다라 1([부록 A], p.330 참조)

1단계에서 당신은 일상적인 시간을 넘어서 순간이나 내면의 세계가 완전히 뒤바뀌는 창조의 시간을 경험하게 된다. 여기서 시간을 영성적으로 비유하자면, 영적인 것이 물질로 진입하여 당신의 몸처럼 형태를 갖추는 순간을 가리킨다. '어둠 속의 휴식 만다라'는 이 단계의 경험으로 들어가게 하는 방법의 하나로 제시된 것이다. 살색과 남색, 검정색, 회색을 가지고 색칠하는 것이 어떻게 느껴지는가? 원한다면 작업일지에 색칠한 경험에 대하여 묘사해 두자.

✤ 뷰파인더 만다라
Through the Circle

기본 미술재료 / 25×25cm 정도의 딱딱한 판지

'뷰파인더 만다라'는 원으로 뷰파인더를 만드는 단순한 작업 과정을 특징으로 한다. 원을 통해 주변 환경을 관찰함으로써 원의 조정 능력을 조율할 수 있게 될 것이다. 이것이 만다라 작업을 시작하는 효율적인 시작점이다.

딱딱한 판지에 원을 그린 뒤 둥글게 오려 낸다. 오려 낸 원은 잠시 옆으로 치워 둔다. 뷰파인더와 같은 역할을 하는 판지 틀을 들어 올려, 뚫린 원 모양의 공간을 통해서 주변 환경을 관찰한다. 원이 어떻게 당신의 시각 영역을 조직화하고 윤곽을 이루는지를 살펴보자. 원의 형태로 당신의 환경을 구조화하는 것이 어떻게 느껴지는지 살펴보자. 이것은 일상적으로 세상을 보는 방법과 어떻게 다르거나 같은가? 통찰한 것을 친구와 나누거나 작업일지에 적어 보자.

변형

두루마리 종이의 심지나 결혼반지, 혹은 훌라후프 등을 자신만의 원형 뷰파인더로 활용해 본다.

※ **원 그리기 만다라**
Qualities of the Circle

기본 미술재료

'원 그리기 만다라'는 원을 허공에 그리는 육체적인 행동을 경험한 다음, 그 동작을 다시 종이에 재현하는 데 목적이 있다. 크레파스로 원을 그리기 위해서는 손동작으로 이루어진 그리기 경험이 어느 정도 반복되어야 한다. 이것은 자신을 평온하게 하는 명상 방법의 하나로, 원을 만드는 단순하고 반복적인 작업이다.

조용히 이완된 마음 상태를 유지하면서 안전한 공간을 위한 경계로서의 원의 속성에 대해 깊이 생각해 보자. 반영의 시간이 몇 분 지난 다음에는 손으로 그림재료를 쥐고, 마치 그림을 그리는 것처럼 허공에 대고 원을 그려 본다. 이제는 종이 위로 이동해서 똑같이 자유롭게 원을 그린다. 호흡과 동작을 이완된 상태로 유지하면서 계속 반복적으로 원을 그려 보자.[도판 10] 참조 15분 정도 계속한 다음, 그림 작업을 멈추고 조용히 앉아서 원을 그리는 동작과 관련된 기억을 떠올려 보자.

※ **원 그리기 만다라, 변형 1**
Qualities of the Circle, Variation I

기본 미술재료

당신은 오른손(주로 쓰는 손을 가리킴—옮긴이)으로 하고 싶은 동작을 원하는 만큼 할 수 있을 것이다. 주로 쓰는 손은 생의 초반에 결정되는데, 이는 집중적으로 오른손에 의존해 그림을 그리거나 다른 활동을 함으로써 촉진된다. 이 작업은 크레파스로 원을 그리기 위해 손과 팔의 움직임을 제어하는 능력을 발견했던 생애 초기의 그리기 경험을 조금 재경험해 보는 것이라고 할 수 있다. 이러한 단순한 그림 연습을 왼손(주로 쓰는 손의 반대쪽 손을 가리킴—옮긴이)으로 하게 되면 그간 잊고 있었던 생의 초반기에 대한 몇 가지 경험들이 떠오를 것이다.

'원 그리기 만다라, 변형 1'을 위하여 왼손으로 원을 그린다. 완성된 원 옆에 파스텔을 놓고 손가락을 이용해 선을 따라 문지르다 보면 점차 이 작업을 즐기게 될 것이다. 손가락을 사용할 때도 원을 그리는 이완된 몸짓을 똑같이 유지하면서 거기서 떠오르는 생각과 느낌, 기억에 집중한다. 그리는 체험을 한 후에는 친구와 공유하거나 작업일지에 내용을 적어 보자.

✵ 원 그리기 만다라, 변형 2
Qualities of the Circle, Variation II

기본 미술재료

'원 그리기 만다라, 변형 2'는 원을 그리는 데 색상을 더 많이 선택하고 왼손과 오른손을 동시에 사용하는 방법이다. 이는 정신의 우위적인 면과 비우위적인 면의 통합을 증진시키기 위해 고안된 것이다.

양손에 각각 다른 색 파스텔이나 마커를 든다. 오른손으로 원을 그리고 난 다음, 왼손으로 이 원에 색을 칠한다. 이제는 양손을 동시에 쓰면서 원을 그려 나간다. 경험이 어떻게 느껴지는지 살펴보자. 원 그림이 완성되고 나면 믿을 만한 사람과 공유하거나 작업일지에 그 내용을 기록한다.

❋ 자기의 경계 만다라
Circle of Self

기본 미술재료 / 전지 크기(약 90×90cm)의 도화지

고대로부터 원은 특별하고 신성한 공간을 구별하는 데 사용되었다. 특히 의식춤의 공간과 명상을 위한 만다라 공간, 커다란 돔이 있는 성지 등의 공간을 규정하는 데 활용되었다. 또한 원은 양육의 속성을 지닌 자궁 공간을 떠올리게 하는데, 이것은 자기에 대한 감각을 개발시키는 것과 연관된 아이들의 초기 그림들에서도 볼 수 있다. 이 연습과제는 스스로 만든, 안전하고 성스러운 공간인 원을 평온한 마음으로 방문하는 작업이다. '자기의 경계 만다라'는 원의 안팎에서 이루어지는 대조적인 경험 사이에서 만들어지는 개인적인 경계에 확신을 줄 것이다.

  바닥에 크고 딱딱한 종이를 놓은 후 안전하고 신성한 공간으로서의 원을 탐색해 보자. 종이의 중앙에 앉아서 마음 상태가 이완되도록 호흡을 깊게 한다. 「깊은 어둠 속에서In the Darkness Deep」[부록 C], p.374 참조라는 노래를 부르는 것도 좋다.

  그 다음, 자신이 앉아 있는 곳을 둘러싸도록 원을 그린다. 아마도 왼손으로 원의 반을 그리고 오른손으로 나머지 반을 그리는 편이 쉬울 것이다. 선을 더 두껍게 하고 색상을 덧칠하거나 틈을 만드는 등 자신에 맞게 원을 조절한다. 원이 완성되면 안에 존재하는 기분을 경험하는 시간을 갖는다. 그 다음에는 원의 바깥으로 이동해서 관찰하기 좋은 위치에서 원을 경험하는 것이 어떻게 느껴지는지에 주목해 보자. 마쳤다는 느낌이 올 때까지 있고 싶은 만큼 더 있다가 원에서 벗어난다.

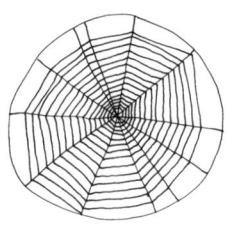

거미줄 만다라

❋ 거미줄 만다라
Spider Web Mandala

기본 미술재료

거미는 미국 인디언 부족의 신화 중 최고봉이다. 거미여인은 인도의 창조설화에서도 찾아볼 수 있다. 인도에서는 거미가 섬세하고 리듬감 있는 베 짜기를 통해 세상이라는 존재를 만들었다고 전해지고 있다. 로버트 존슨은 "거미와 거미줄은 만다라라는 샘에서 솟아나는 에너지의 근원을 상징한다"(핀처, 1991)고 지적한 바 있다.

1단계는 태아기의 경험에 대한 기억을 활성화한다. 켈로그에 의하면, 거미의 거미줄은 자궁벽에 부착되어 있는 태아와 어머니의 연결성을 상징한다. 만일 자궁에서의 초기 생태가 불안정했다면, 즉 태아가 잘 자라지 못하거나 자궁 내 환경이 태아를 환영하는 분위기가 아니었다면, 즉흥적으로 거미줄 만다라를 그릴 때 검정색과 흰색, 혹은 파란색과 노란색을 사용하는 것을 볼 수 있다. 거미줄 만다라를 그리다 보면 자신을 안전하게 안아 줄 수 있는 환경을 만들어 냄으로써 초기의 기억을 치유하기 위해 기억을 더듬고 있는 자신을 발견하게 될지도 모르겠다. 만일 임신기간이 건강하고 환영받는 시간이었다면, 거미줄 만다라 작업이 자궁 내의 유쾌한 기억을 환기할 것이다. 위대한 일원상을 겪기 시작함에 따라 어느 쪽이든 만다라 제작 과정 중에 두 가능성을 다 체험하면서 그 사실에 대한 가정을 교정할 수 있는 기회를 갖게 된다.

검정색 종이와 흰색 색연필, 혹은 흰색 종이와 목탄을 가지고 원을 자유롭게 그려 보자. 연필이나 목탄으로 원 위의 한 점에서 중앙을 지나 반대편에 이르는 선을 [지름을 그리는 것처럼] 그린다. 이런 식으로 적어도 선이 6개가 될 때까지 작업을 계속한다. 그렇게 하면 원의 중심에서 바깥쪽으로 방사되는 형태의 선 12개가 만들어질 것이다. 이제 거미가 거미줄을 짜듯이, 중앙 부근부터 다음과 같은 작업을 시작한다. 원의 중앙을 관통하는 직선들 중의 하나 위에 연필을 놓는다. 연필을 떼지 않고 그 다음 직선에서 직선으로 옮겨 가며 두 직선 사이를 이어 주게 되면 가로선들이 나타나게 되는데, 나선형 모양으로 점차 바깥의 원까지 나아간다. 아주 천천히 움직이자. 그리는 동안 숨을 깊게 쉬면서 이완을 유지한다.

❋ 땅 만다라
Earth Mandala

돌, 막대, 이끼, 깃털 / 배합토 혹은 화분용 흙 / 씨앗(선택사항)

땅의 중력은 궁극적으로 환경을 안전하게 품어 주는 역할을 한다. 고대인들은 땅을 위대한 어머니이자 자양분과 새로운 삶의 근원으로 추앙했다. 땅의 섬세하고 균형 있는 순환에 대해 감사하는 마음을 기르게 되면 자연 환경에 대한 생태학적인 깨달음을 얻게 될 뿐만 아니라, 감정적으로 자연과 연결되어 있다는 느낌을 갖게 될 것이다. 그저 참고 받아들이며 놀라울 정도로 제자리로 돌아오는 회복력을 지닌, 자연의 어머니에게 헌정한다는 의미에서 '땅 만다라'를 만들어 보자. 그녀는 우리의 존경을 받아 마땅하다.

원의 형태를 만들기 위해서 그동안 바깥의 창고 등에 쌓아 두었던 자연 재료들을 모아 보자. 이제 원을 배합토나 화분용 흙으로 채운다. 그 다음, 생명에 영양분을 주는 잠재력을 지닌 빈 공간으로서의 원에 대해 생각하는 시간을 갖는다. 이제 원 안에 씨를 심어 보자. 씨가 없다면 원 안으로 들어가 노래나 북, 딸랑이에 맞추어 리듬감 있게 걸으면서 흙을 다질 수도 있을 것이다. 마지막 작업이자 감사의 의사표시로 원 안에 쌓인 땅 위에 물을 뿌리게 되면, 거기에 심어 놓은 씨앗에게도 보탬이 될 것이다.

❋ 새로운 달 만다라
New Moon Mandala

검은색 도화지 / 흰색 분필 또는 파스텔

몇 년 전 영국에 갔을 때 친구가 캐슬 리그에 있는 스톤 서클stone circle에 함께 가보자며 나를 초대했다. 캐슬 리그는 농장과 마을에서 떨어진 시골에 있는데, 커다란 협곡 중앙에 위치해 있다. 완만한 구릉에 이르기 전까지는 땅이 거의 다 경사져 있다. 스톤 서클은 반경 9m가량 되며, 1.2~1.8m에 이르는 비정형적인 형상을 한 돌들로 이루어져 있다.

우리가 도착했을 때는 이미 어두워져 있었다. 눈이 어둠에 적응해야 한다며, 친구가 손전등을 사용하는 것을 극구 만류했다. 그녀의 도움을 받으며 서클까지 길을 손으로 더듬으며 가기 시작했고, 이윽고 내 손이 첫 번째 기슭에 닿았다. 한 30분쯤 걸렸을까. 나는 이 환상적인 바위들을 자세히 관찰하기 시작했다. 내가 전에 결코 본 적이 없었던 그곳을 별들이 머리 위에서 환히 비추고 있었다.

친구는 돌기둥에 기대어 서 있었다. 나는 그녀가 그림을 그리고 있음을 깨닫고는 깜짝 놀랐다. 마치 낮인 것처럼 그녀는 스케치를 하고 있었다. 그녀는 검은색 도화지 위에 흰색 파스텔로 비바람을 맞아 고색창연해진 돌의 모습을 포착해 내었다. 지금 당신 옆에 돌은 없겠지만, 내 친구가 그랬던 것처럼 어둠 속에서 그림 그리는 일이 가능한지 탐색해 볼 수는 있을 것이다.

어둡지만 안전한 장소—아마도 달이 없는 날 밤이 자연적인 배경이 될 것이다—를 찾고 미술재료들을 준비한다. 긴장을 풀기 위해서 깊은 숨을 몇 번 쉰다. 눈이 어둠에 적응하도록 인내심을 갖고 기다려 보자. 몇 분이 지나면 그림을 그릴 수 있을 만큼 시야가 환해질 것이다. 준비가 되면 원을 그리고, 어둠 속에서 당신의 '새로운 달 만다라'가 드러나도록 하자.

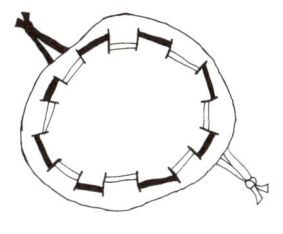

여성의 주머니 만다라

❋ 여성의 주머니 만다라
Womandala Bag

기본 미술재료 / 13×13cm가량의 가죽이나 천(이것으로 작은 주머니를 만든다. 취향에 따라 치수는 조절이 가능하다.) / 송곳 또는 구멍을 뚫을 수 있는 날카로운 펀치 / 가죽 끈, 리본, 털실, 줄, 바느질용 실 / 공예용 물감, 구슬, 돌

밀폐된 공간을 만들기 위해서는 같은 크기의 두 원을 겹쳐야 한다. 무언가를 안에 담을 수 있는 공간이 있다면, 어떤 것도 자궁의 안전하고 안아 주는 환경과 같은 봉인된 공간을 제작하는 데 적절하다. 따라서 '여성의 주머니 만다라'의 작업을 통해 당신은 원을 소박한 소원과 열망, 영감을 안전하게 담고 보호할 수 있는 용기로 활용하게 될 것이다. '여성의 주머니 만다라'에는 기억을 소중히 여기거나, 상실을 애도하거나, 혹은 열망을 촉진하기 위해 특별히 따로 떼어 내 보관해야 할 필요가 있는 귀중한 물건들을 담을 수 있다.

어둠과 미지의 양육적인 힘을 대변하는 색상과 질감을 지닌 가죽이나 천 조각을 선택해 보자. 선택한 재료를 측정해서 사각형이나 원 모양으로 잘라 낸다. 원한다면 끝이 너덜너덜한 채로 두어도 좋다.

이제 컴퍼스나 둥근 판으로 천의 한쪽 또는 양쪽에 원 모양을 그린다. 이때 바깥의 원이나 사각형 모양에서 1.3cm 정도 안으로 들어가 원을 그리는 것이 좋다. 천의 한쪽 혹은 양쪽 원 안에 공예용 물감과 구슬, 바느질을 활용해 어두운 심장을 비추는 빛이라는 상징에 어울리는 장식을 할 수 있을 것이다. 취향에 따라 꾸미지 않고 천을 순수하게 그냥 내버려 두는 것도 당연히 가능하다.

가위나 송곳, 여타 구멍 뚫는 펀치로 원을 따라서 째거나 구멍을 여러 개 낸다. 이제 가죽 끈이나 리본, 털실을 구멍 사이에 넣어서 엮을 차례다. 우선 주머니의 정면이 바깥이 되도록 장식 재료들을 작업대 위에 평평하게 펴놓는다. 끈[혹은 실]의 끝이 각각 처음 구멍과 마지막 구멍에서 길게 늘어지도록 놓는다. 그리고 이 두 끈을 모아서 조심스럽게 매듭을 진다(한쪽 손잡이에 해당되는 고리가 만들어지게 된다—옮긴이).

이번에는 매듭진 곳의 반대쪽에 있는 구멍부터 시작하여 앞의 과정과 같은 방식으로 두 번째 끈을 구멍에 엮은 다음 두 끈을 모아 다른 한 쪽의 손잡이를 완성한다. 이제 매듭을 진 양쪽 손잡이의 끝을 동시에 잡아 당겨서(이러면 주름이 만들어지면서 우리나라의 복주머니 형태가 될 것이다—옮긴이) 주머니의 형태를 만든다.

이 '여성의 주머니 만다라'를 특별한 공간이 되도록 만들어 보자. 여기에는 안전한 공간에서 기르고 북돋우고 품어 줄 필요가 있는 특별한 것들을 담을 수 있을 것이다. 이러한 것에는 작은 종이에 그려진 기도나 지향점, 혹은 자기긍정의 메시지 등이 있다. 또한 위대한 일원상의 순환과 관련하여 당신의 삶에서 이루어졌으면 하는 것을 상징하는 그림이나 물건들도 포함될 수 있다.

1단계 돌아보기

1단계는 깊은 휴식의 시간이자 그동안 보지 못했던 새로운 구조들을 조용히 함께 짜 맞추는 시간이다. 또한 창조의 근원적인 샘물을 즐기는 순간이기도 하다. 여기서 만든 만다라들을 돌이켜 생각해 보고, 그것을 만드는 동안 어떻게 느꼈는지 떠올려 보자. 이 단계에 집중하는 시간을 통해서 인식하고 이해하고 알게 된 것은 무엇인가? 이 단계의 핵심에 대하여 생각하는 일이 '만다라 카드 1'을 제작하는 시작점이 되게 하자.

※ 만다라 카드 1

기본 미술재료 / 딱딱한 판지(크기나 모양은 작업하기 편하면 된다. 크기는 7×10cm 이상이 좋다.) / 빈 원 이미지(그리거나 잡지에서 오려낸 것) / '어둠 속의 휴식'을 떠올리게 하는 단어나 이미지가 담긴 종이쪽지들

만다라 카드는 따로 세워 둘 정도로 커도 좋고, 주머니에 쏙 들어갈 정도로 작아도 된다. 크기나 형태는 원하는 대로 정할 수 있다. 그러나 각 연습과제에서 필요로 했던 문양이나 이미지를 담아 둘 만큼 충분한 크기는 되어야 할 것이다. 이 카드 만들기는 나중에 이 단계의 핵심을 상기하거나 참고할 만한 형태로 경험을 담아 두는 작업이다. 또한 이 '만다라 카드 1'은 뒤에서 하게 될 위대한 일원상이라는 카드묶음 작업의 시작점이 될 것이다.

이번 단계의 특성을 재현하는 모양을 만들어 보자. 그리기나 색칠하기, 콜라주를 활용하고, 빈 원이나 거미줄, 혹은 어두운 단색 디스크를 작업에 동원한다. 카드의 한 면이나 양면에 어둠 속의 휴식이라는 이번 단계를 묘사하는 질감과 색상, 이미지, 단어 등을 덧붙여 보자. 그리고 카드가 평평해지도록 말린다. 두꺼운 책 사이에 넣어서 납작하게 해도 좋다. 이제 '만다라 카드 1'을 안전한 공간에 보관한다.

flow ☆ "YES" to NEW
feeling one with nature
energy rising
without direction
sensuous
optimistic
play
watery images
abundance
opening
dreamy
exploration
lack of form
fluidity
curiosity
limitless possibilities
part of a VAST OCEAN OF BEING
intrauterine
union
diffuse
pleasure
may see ourselves
place of sublime peace
time moves slowly
exploration
as loving
rocked upon the waters
feeling blessed
sense of being
cozy
and infinitely loved
— of a gentle world
rather than doing

Stage 2 낙원:
빛의 흐름에 몸을 맡겨라

메리언은 임신 초기의 입덧이 끝나자 출산 전까지 남은 시간을 제대로 보내고 싶어졌다. 2월의 햇살 좋은 아침, 그녀는 조깅복을 꺼내 입고 운동화를 신은 다음 스웨터를 껴입고 두툼한 스포츠용 자켓을 걸쳤다. 그러고는 바닥이 유리로 된 낡은 들통을 들고 뒷문에 빗장을 건 다음, 길모퉁이의 습지로 향하였다.

    이윽고 메리언은 꿈틀대는 봄을 느낄 수 있는 연못 쪽으로 가는 산책로에 이르렀다. 연못에 이르러, 그녀는 무릎을 꿇고 들통을 물속으로 반쯤 기울였다. 그녀는 유리로 된 들통의 바닥 밑으로 보이는 연못의 생태를 한참동안 응시하였다. 원 모양의 들통 뷰파인더를 통해 작은 유충과 아기 잠자리, 모기, 올챙이, 분간하기 어려울 정도로 너무나 작은 물고기들이 붉은 기운을 띤 물속에서 빙빙 돌고 있는 것을 볼 수 있었다. "꼭 만다라 같네" 하고 그녀는 혼잣말을 했다. 그 순간, 그녀의 목소리가 작은 물고기[태아]에게 자극이 됐는지 배 속이 쏴~해지는 느낌이 들었다. 그녀는 물 저편이 햇살에 반짝이는 모습을 바라보면서 배를 어루만지며 미소를 지었다.

    메리언과 태중의 딸은 위대한 일원상의 2단계를 체험하고 있는 중이었다. 이 단계는 임신 중반기의 더없이 행복한 태아기 경험과 일치한다. 어머니의 자궁에서 작은 피조물로서 겪은 첫 번째 체험 기간에 당신은 자신이 누군지 어머니가 누군지 알지도 못했고, 상관하지도 않았다. 여기서 의식은 산만하고, 꿈을 꾸듯이 어렴풋하며, 자아 경계에 대한 느낌도 불명확하다. 이 단계에는 무한한 가능성이 존재한다. 이 시간은 행동이 보류되고 정체된 시간이며 **빛에 몸을 맡기고 떠다니는** 수동적인 시간이다.

인생의 후반기에 2단계를 경험하게 되면 아마도 개인적인 감정이 조금은 덜해지고 나아가 더 느긋하게 세상과 쾌락을 즐기는 등, 우리의 시각이 한결 유연해진 것을 발견하게 될 것이다. 또한 다소간의 신비적 합일을 통하여 우주의 양육적이고 우주적인 리듬과 동일시되는 자신을 발견하게 될 것이다. 태아기의 경험이 긍정적이지 않다면 이 단계로 되돌아가는 일이 즐겁지 않을 수도 있다. 그렇지만 섬세한 내면 작업을 통해 이 상처를 치유할 수 있을 것이다. 산드라의 이야기는 만다라가 이러한 치유 과정에 어떻게 도움이 되었는지를 보여 준다.

산드라의 어머니는 아이의 생부가 흑인이라는 이유로 부모님과 의절했다. 게다가 어머니가 임신했을 당시 청소년 나이였다. 그러다 보니 제대로 챙겨먹지 못했고, 그로 인해 영양실조에 걸리는 바람에 산드라는 저체중아로 태어났다. 다행히 친할머니의 도움으로 그녀는 점차 건강해졌다. 그러나 삶을 어렵게 출발해서 그런지, 그녀는 어른이 되면서 심한 불안감에 시달렸다.

그녀는 몇 년간의 용기 있는 내면 작업을 통하여 만다라를 색칠하는 워크북에 대해 알게 되었다. 만다라 작업 중에 그동안 막연했던, 뭔가 중요한 것들이 그녀에게 다가왔다. 자신의 만다라를 만드는 과정 중에 그녀가 말했다. "물감을 가지고 놀고 있어요." 그녀가 선택한 옅은 색들은 마치 자신의 영혼이 굶주린 공간에 영양분을 주는 것처럼 보였다. 몇 달간 만다라 채색 작업을 한 후에 산드라는 불안이 한결 줄어든 사실을 발견하게 되었다. 좋은 느낌이 들었다.

2단계의 의도

위대한 일원상에서 2단계는 비록 명확한 방향이나 목적은 없지만 에너지가 점차 고양되는 시기다. 이 단계를 체험한다면 당신은 자연의 일부로서 기쁜 마음으로 물속을 떠다니고 있을 것이다. 언제, 어디서, 어떻게 새로운 에너지를 표현할지에 대해서는 헤아릴 수 없이 다양한 가능성이 존재한다. 이렇게 선택할 여지가 많다는 것은 충만한 느낌을 갖게 하고, 놀라운 일이 벌어질지도 모른다는 기대감에 들뜨게 만든다.

사실 이 시기의 특성은 뭔가 생산적인 일과는 거리가 멀다. 그러나 놀고, 탐색하고, 직관에 따라 움직이며, 삶의 흐름에 몸을 맡기는 시간 이상의 의미를 지닌다. 유아는 블록과 모래, 진흙을 가지고 놀면서 세상이 어떻게 돌아가는지에 대한 패러다임을 형성한다. 이 단계에서는 당신 역시 이 아이처럼 사물을 새로운 방식으로 바라보는 데 마음의 문을 열고, 새로운 행동을 연습하고, 예전 같았으면 "안돼"라고 말했을지도 모를 일을 긍정적으로 받아들일 수 있는 기회를 갖게 될 것이다. 이 단계는 마음을 편히 하고 얼굴을 태양 쪽으로 돌려 존재의 낙원을 즐기기에 딱 좋은 시간이다.

> 이것은 자궁 공간이기 때문에 비옥하고 순수하며 무엇이든 용해시켜 버리는 물의 이미지와 연결된다.
> 조앤 켈로그

2단계의 만다라

2단계 만다라는 물의 세계로 열린 창이다. 이 단계 중에 만들어지는 만다라는 이미지 면에서 유동성을 특징으로 한다. 만다라 안의 수많은 작은 형태들이 마치 밤하늘의 별처럼 떠다닌다. 때로는 만다라가 물고기 알이나 단세포 생물, 기묘하게 생긴 수초로 가득한 수족관처럼 보이기도 할 것이다. 수태에 대한 기미는 보이지만, 무엇이 성장할지는 분명하게 감지할 수 없다. 만다라 그룹의 구성원인 쉬 칸의 만다라는 켈로그가 **낙원**Bliss이라 부르는 이번 단계[도판 11] 참조의 속성을 보여 준다.

이 단계가 경계의 부족을 특징으로 한다는 점을 고려할 때, 작품이 만다라 원 밖의 공간까지 넘쳐날 수도 있다. 색상은 하늘색과 노란색, 연보라색, 연분홍색을 띤다. 여기에 약간의 빨간색이 더해진다면 유정란의 노른자위처럼 창조성 내지는 생성을 강조하는 것이 될 터이다. 어두운 남색의 그림자가 나타났다면 어린 시절의 부정적인 경험이 반영되었을 가능성이 크다.

((연습과제))

만다라를 가지고 창의적인 시간을 보내기 시작할 때, 처음에는 마음을 안정시키는 데 시간이 좀 걸린다. 몸을 이완시키면서 잠깐, 혹은 조금 더 호흡하는 시간을 갖는다. [부록 B]p.344 참조에 실려 있는 요가 동작을 따라 해보자. 노래「우리는 하나We are One」[부록 C], p.375 참조를 부르는 것도 좋을 것이다. 이러한 작업은 현재의 순간으로 전환하거나 창의적인 체험에 초점을 맞출 준비를 하는 데 보탬이 된다.

이 단계의 만다라 중에는 물과 물감을 가지고 재미있게 탐색할 수 있는 기회를 주는 만다라들도 있다. 특별한 목적 없이 탐색하도록 자신을 놓아두는 것이 어떻게 느껴지는가? 물감을 종이에 붓거나 엉망으로 만들 때 마음에 어떤 생각이 스치는가? 의도적으로 자신을 진정시키는 무언가를 만들어 내는 것이 어떻게 느껴지는가? 자신의 출생이 어떠했는지를 탐색해 보는 것이 편안하게 느껴지는가? 만다라를 만드는 작업이 끝난 후에는 자신의 경험을 더 깊이 돌아볼 수 있도록 만다라와 관련해 드는 생각을 적어 보자.

✸ 낙원 만다라
Mandala of Bliss

기본 미술재료(p.57~58 참조) / 문양 만다라 2([부록 A], p.331 참조)

2단계는 자궁 안에 있었던 우리의 시간을 연상시킨다. 삶의 후반기에 이 단계에 대하여 심사숙고하는 것은 삶이 모든 가능성을 [임신한 것처럼] 품고 있다는 깨달음을 준다. '낙원 만다라'에 나타나는 작은 아기는, 우리가 위대한 일원상을 통해서 이 단계에 머무는 동안 원하는 누군가가 될 수 있고, 무언가를 생산할 수 있으며, 무언가를 발견할 수 있는 가능성 있는 존재가 될 수 있음을 상징한다. 이 만다라의 아기를 하늘색, 노란색, 연분홍색, 연보라색으로 칠해 보자. 이 체험이 '빛 속을 떠다니기'라는 이 단계의 속성에 대한 당신의 서문이 되게 하자.

✸ 백만 개의 별 만다라
Million Star Mandala

기본 미술재료

우리 동네 어귀에는 옹이투성이인 오래된 박태기나무(장미목 콩과의 낙엽 관목—옮긴이) 한 그루가 서 있다. 수령을 증명이라도 하듯 나무 기둥은 두껍고 뒤틀려 있으며, 껍질은 거무죽죽하고, 가지는 여기저기 부러져 있다. 그러나 나에게는 겨울 내내 헐벗은 나무의 실루엣이 아름답게 보인다. 거기에서 자신의 건재를 과시하고 서 있기 때문이다. 그러다 봄이 되면, 놀랍게도 어린 묘목들과 마찬가지로 이 오래된 나무는 새로운 생장물, 즉 신선하고 밝은 보랏빛의 꽃과 푸른 잎들을 내어 놓는다. 나는 나무를 통해서 주변여건만 갖추어진다면 그 어디에서든 생명력은 천진난만하게 꽃을 피운다는 사실을 배웠다. '백만 개의 별 만다라'에서는 이러한 낙원과 같은 풍성함을 축하하게 될 것이다.

재료를 가지고 작업을 시작하기 전에 조용히 앉아서 깊게 이완하며 호흡한다. 자연의 경이로움, 즉 나무와 동물, 바위의 형상, 수역[바다, 강]의 다채로움을 생각해 보자. 우리 주변의 자연세계에서 경험하게 되는, 모든 것에서 드러나는 끝없는 풍요로움에 주목하라. 헐벗은 나무 위에 어린 싹이 피어나고, 봄철의 연못에는 생명력이 쏟아지며, 늦겨울 밤하늘에는 셀 수 없이 많은 별들이 반짝인다. 이러한 이미지에 대해 명상하면서 원을 그리고, 작고 단순한 별 모양들로 채운다. 자연이라는 거대한 존재의 바다가 만다라에 구체적으로 표현되도록 하자.

❋ 물 만다라
Water Mandala

기본 미술재료 / 신문 / 수채화용 도화지 / 스펀지 또는 종이 타월

2단계는 우리가 어머니의 자궁 안에서 부유하던, 낙원과 같은 체험을 환기한다. 그때 우리는 물에 사는 생물이었다. 따라서 우리가 물에 끌리는 것은 당연하다. '물 만다라'를 통해서 우리는 물과 함께 놀고, 유동성이 지닌 잠재력을 탐색하며, 태중에 있을 때 겪었거나 말로 표현하지 못했던, 태아기의 기억과 교감하는 기회를 갖게 될 것이다.

먼저, 수분을 흡수할 수 있도록 신문지를 여러 장 겹쳐 놓는다. 그리고 신문지 위에 수채화용 도화지를 한 장 놓는다. 도화지에 연필로 원을 하나 그린다. 깨끗한 물로 스펀지나 종이 타월을 적셔서 도화지를 축인다. 붓으로 물감이나 잉크를 찍어서 젖은 도화지에 무작위로 떨어

뜨린다. 그림이 원의 내부나 외부에 그려질 것이다. 뭔가 일어나면 일어나는 대로 그냥 둔다. 도화지 표면 위에서 벌어지는 색상의 움직임을 관찰해 보자. 움직이고 있는 자연적인 과정을! 원한다면 물감을 도화지에 더 떨어뜨리거나, 붓으로 표면의 색 점들을 더 발전시켜 보거나, 혹은 물이나 색상을 덧붙여도 좋다. [도판 11] 참조

❋ 재탄생 만다라
Rebirthing Mandala

기본 미술재료

2단계의 압권은 임신과 출산에 관한 경험이다. '재탄생 만다라' 작업을 통해서 우리는 어른의 시각으로 우리 자신의 출생을 반추해 볼 수 있을 것이다. 시작하기 전에 가족이나 다른 사람들에게 그때 상황을 묻고 싶다면 그리해도 좋다. 이런 방법으로 정보를 모으다 보면 자신의 근원에 대한 섬광과 같은 통찰과 깊은 이해가 생길 수 있으며, 개인적인 역사에 빠져 있던 부분을 채워 넣을 수도 있다. [이 작업을 통해] 자신의 출생의 역사를 정정해서 다시 쓰게 된다면, 이것이 어느 정도는 출생의 경험을 교정하거나 **재탄생**하는 것과 같음을 알게 될 것이다.

어머니와 작은 존재였던 자신을 수용하는 마음으로 섬세하고 사랑스럽게 품어 주면서 자신의 태아기의 삶을 반추해 보자. 태어난 달은 언제였고, 계절은 어떠했으며, 장소는 어디였나? 태어난 시간은 낮이었나, 밤이었나? 임신 기간 중에 당신과 어머니는 어떻게 느꼈나? 출산 과정은 어떠했나? 당신이 세상에 온 것을 환영받았다면, 가족 환경을 포함해 당신 주변의 중요한 사람들에게로 관심의 초점을 확대해 보아도 좋을 것이다.

어머니의 자궁 공간을 상징하는 만다라를 그리기에 적절한 원을 그려 보자. 원을 그린 다음, 원 안에 자신(쌍둥이라면 그 쌍둥이 형제도 함께)에 대한 추상적이거나 구체적인 이미지를 색상과 형태로 나타낸다. 태아기의 환경이 어떠했는지를 담아낼 형태와 색상도 덧붙인다. 어머니의 몸을 구체화하거나 당신이 이 세상에 올 때 자신과 산모에게 성원을 보냈던 사람들을 포함시키기 위하여 원 둘레에 자세한 요소들을 덧붙여도 좋다.

우리는 대부분 이 세상에 편하게 왔다. 그러나 혹자는 그 시작이 힘들었다는 것을 깨닫기도 한다. 이 만다라 작업을 하다 보면 감정이 올라올 것이다. 감정이 어떠하든, 느껴지는 대로 놓아둔 채 계속 숨을 쉬어라. 호흡하고 그림에 색칠을 하면서 창의적인 과정이 당신을 재생의 체험으로 이끌도록 하자. 만다라 — 혹은 자신 — 를 탄생시키는 데 맞고 틀린 방법이란 없다. 일단 만다라가 완성되고 나면 믿을 만한 목격자들과 재탄생의 경험을 나누거나 작업일지에 기록함으로써 만다라에 응답한다.

만다라가 강렬한 감정을 자극한다면 '재탄생 만다라'를 위한 특별한 공간을 만들고 싶어질지도 모른다. 그리고 이 공간은 하루 혹은 몇 주 동안 유지할 수 있을 것이다. 그동안 만다라를 바라보면서 그곳에 꽃이나 초를 밝혀서 탄생의 경험을 존중하는 시간을 갖는 것도 좋겠다. 모린의 노래 「우리는 하나」는 만다라를 지켜볼 때 드는 느낌을 표현하게 해줄 것이다. 혹은 원을 그린 후 '재탄생 만다라'에 답하는 두 번째 만다라를 그려도 좋다. 이 작업의 목적은 출생의 경험과 함께 그 순간 완성에 이르렀다는 느낌을 갖는 것이다.

✹ 아이 놀이 만다라
Child's Play Mandala

기본 미술재료 / 플라스틱 접시

어느 날, 나는 세 살 난 손자를 돌보다가 그림을 그리기 시작했다. 나는 도화지 위에 플라스틱 접시를 엎어 놓고, 그것을 따라 원을 그렸다. 내가 하는 것을 지켜보던 손자도 접시를 엎었다. 그러나 연필은 잡지 않았다.

손자는 곁에 있던 아크릴 물감에 손가락을 담그더니 접시 밑면에 손가락을 두드려 모양을 만들었다. 그러고는 조심스럽게 접시를 다시 엎어서 도화지에 찍은 다음, 다시 들어 올렸다가 찍기를 여러 번 반복했다. 이윽고 컬러풀한 만다라 판화가 완성되었다. 나는 똑똑한 손자 덕분에 이 작업에서 깊은 영감을 받았다.

나는 이 단순하면서도 즐거움을 주는 만다라 연습과제가 '빛 속을 떠다니기'라는 이 단계에 너무나 어울린다고 생각한다. 방법은 다음과 같다. 탁자 위에 도화지를 넓게 편다. 손가락이나 붓을 (분홍색, 파란색, 연노란색, 연보라색 등 파스텔 색이 포함된) 아크릴 물감에 담그고 플라스틱 접시의 밑면에 두드려 바른다. 접시를 뒤집어서 도화지에 찍는다. 접시를 들어 올려 예상치 못한 만다라에서 나타나는 이미지를 즐겨 보자. 이 연습과제는 우리의 성장과정에서 쉽고 즉흥적이며 즐거운 이벤트가 얼마나 중요한지를 보여 준다.

✸ 잠재성 만다라
Mandala of Possibilities

기본 미술재료 / 콜라주용 그림이나 사진

2단계 중에는 삶의 무한한 잠재성이 우리 앞에 펼쳐진다. 이 시기는 선택의 시간이 아닌 가능성을 즐기는 시간이다. 온당한지, 적절한지, 또는 감당할 만한 것인지에 대해 제한 없이 난상토론을 하는 시간이기도 하다. 호기심 많은 유아기의 아동이었을 때 그랬던 것처럼, 이미지가 놀도록 내버려두고 무엇이 벌어지는지만 살짝 알아차리면 된다. 이것이 새로운 것에 대한 꿈을 펼치는 첫 번째 단계다.

파스텔 톤의 색도화지에 원을 그려 보자. 그리고 그 순간 관심을 불러일으키거나 흥미롭게 느껴지는 것을 상징하는 사진들을 작은 원 모양으로 12개 정도 오린다. 아마도 사람에 대한 이미지이거나 자연물, 유명한 장소, 특별한 물건 등의 사진일 것이다. 아직은 자신이 선택한 것이 무엇을 상징하는지 생각하지 않아도 된다. 그려진 만다라 원 안에 오린 원들을 배열한 뒤 풀로 붙인다. 원 내부의 공간 전체가 다 덮이도록, 필요하다면 사진을 겹쳐 붙여도 좋다.

'잠재성 만다라'를 보고 자신이 선택한 이미지들이 표현하는 주제를 헤아려 보자. 바깥 풍경이 지배적인가? 특별히 어떤 활동이 강조되고 있는가? 이미지가 안락한 집안의 내부를 상징하는가? 주제에 맞게 만다라의 제목을 붙여 보자. 도화지 속 만다라 근처나 작업일지에 제목을 적는다. 다음과 같은 질문에 답하기 위해 만다라의 제목과 이미지에 대하여 탐구한다. 지금 내가 나의 삶에 초대하려는 새로운 가능성은 무엇인가? 이 질문에 대한 답을 통해서 진정한 존재가 되도록 자신을 안내하게 될 자신의 선호도 혹은 취향에 대한 단서를 얻게 될 것이다.

❋ 위로 만다라
Soothing Mandala

기본 미술재료

필요하다고 느낄 때 우리 자신을 위로할 수 있는 방법을 아는 것은 매우 중요한 일이다. 자신이 스스로를 돌볼 수 있는 기술이 있다면 살면서 스트레스를 받게 되더라도 잘 견뎌 낼 수 있을 것이다. 사랑하는 대상이 당신에게 힘을 주지 못할 때조차도 기분이 훨씬 나아지도록 자신이 스스로를 도울 수 있다는 사실을 알아야 한다. 이 '위로 만다라'는 보살핌이 필요하다고 느껴질 때 사용하는 데 그 의도가 있다.

자신이 좋아하는 색으로 된 분필이나 파스텔을 선택하고, 연한 색의 도화지에 선택한 색 중의 하나로 원을 그려 보자. 어떠한 계획도 하지 말고, 분필이나 파스텔의 한쪽 면으로 공간 내부와 원 주변을 채워 나간다.

때때로 분필을 내려놓는다. 그리고 만다라의 선을 손가락 끝으로 문지르면서 색을 섞어 부드럽게 만드는 동안 숨을 깊게 들이마시고 천천히 내뱉는다. 모난 부분을 부드럽게 하는 일에 이완된 상태로 집중하면서 리듬감 있게 천천히 작업을 해보자.

만다라가 완성되면 거리를 조금 두고 자신이 좋아하는 부드러운 색과 함께한 결과물을 즐기자. 만다라를 그리기 시작했을 때의 마음 상태와 비교해서 지금 어떻게 느끼는지에 주목한다. '위로 만다라' 작업을 할 때는 속도를 늦추고 편안하게 해야 된다는 점을 기억하자.

✳ 풍성한 잠재력 만다라
Mandala of Abundant Potential

기본 미술재료 / 약 30×30cm 크기의 판지 / 다채로운 색상의 팥, 콩, 곡물, 씨앗 등

새로운 삶의 잠재력은 팥과 콩, 씨앗에 들어 있다. 팥과 콩, 씨앗 하나하나에는 이것이 자라서 될 식물의 패턴이 새겨져 있으며, 자라기에 적합한 어느 정도의 영양분이 함유되어 있다. 이와 마찬가지로, 우리도 전체성에 대한 독특한 내면적 패턴을 지니고 있다. 우리가 자연스럽게 전체성을 향해 성장함에 따라 선천적이고 무의식적인 충동이 삶의 도전에 대한 우리의 반응을 활성화시킨다. 삶이 주는 개인적인 성장을 위한 당신의 잠재성과 헤아릴 수 없는 가능성을 비유적으로 상기시키는 작업으로 이 만다라를 만들어 보자.

판지에 원을 그리고, 그 안에 풀을 몇 번씩 덧바른다. 한 가지 색상의 팥을 무작위로 뿌리는 작업으로 만다라를 시작하자. 그 주변을 선택한 색상에 맞는 팥, 콩, 씨앗 등으로 채운다. 원한다면 풀을 더 칠해서 만다라 바깥 공간에 색상 있는 재료를 덧붙여도 좋다.

완성된 만다라를 유심히 살펴보자. 작은 팥이나 콩, 혹은 씨앗이나 곡물이 저마다 상징하고 있는 성장의 풍성한 잠재성에 주목한다. 팥 한 움큼에 얼마나 큰 잠재력이 들어 있는지 보며 당신의 모든 복합적인 특성 안에 들어 있는, 뭔가 할 수 있는 잠재력이 얼마나 큰지 생각해 보자.

다음으로, 만다라를 쟁반 위나 정원의 한 공간에 놓고 그 위에 화분용 흙으로 덮은 뒤 아낌없이 물을 주어 보자. 시간이 지남에 따라 그야말로 만다라 안의 그림이 발아하고 살아서 꿈틀대는 것을 볼 수 있을 것이다. 이처럼 미처 탐험되지 못했던 자신의 잠재력과 무수한 기회를 담고 있는 풍성한 영감이 순간순간 터져 나오게 두자.

2단계 돌아보기

2단계는 위대한 일원상의 순환 중에서 마음이 편해지는 느긋한 시간이라고 할 수 있다. 이 단계를 체험하는 동안 간혹 우리는 낙원에 있는 것처럼 좋아서 삶의 어려움을 미처 깨닫지 못할 수도 있다. 이 단계는 타인에 의해서 보호받았던 시기의 초기 기억을 상기시킨다. 우리는 휴식과 재탄생, 그리고 치유를 위하여 이 단계로 되돌아오곤 한다.

이 단계는 삶이 주는 무한한 잠재력을 기억하도록 우리를 부추길 것이다. 이 단계의 만다라를 통해서 우리는 위로를 주는 환경과 꿈에 대한 낙관주의, 그리고 놀이와 같은 창의성을 탐색해 왔다. 이제 이 단계에 대한 자신의 체험과 만다라를 돌아보면서 자신과 관련된 핵심적인 특성에 대해 생각해 보자. 여기서 무엇을 배웠나? 깨달았다면 '만다라 카드 2'를 만드는 작업에 착수해 보자.

❋ 만다라 카드 2

기본 미술재료 / 7×10cm 정도의 판지 / 콜라주용 그림이나 사진

선택한 카드 재료를 원하는 크기로 자른다. 최근이나 과거에 했던 이 단계의 경험을 떠올리며 콜라주나 색칠하기, 그리기 등으로 카드를 꾸며 만다라를 만들어 보자. 그리고 원을 가득 채우고 있는 자잘한 것들에 관하여 생각해 본다. **빛 속을 떠다니기**라는 특징을 표현하는 이미지나, 말, 질감, 색 등을 덧붙인다. 카드를 평평하게 말려서 안전한 곳에 보관한다.

Reading the spiral from outside inward:

NO FIRMLY DEFINED SENSE OF SELF ◎ TREE OF LIFE ◎ STAIRWAY TO HEAVEN ◎ ROAD TO THE GRAIL ◎ AKIN TO: MIND ◎ DISCOVERY ◎ HEIGHTENED CONSCIOUSNESS ◎ DOUBLE HELIX OF DNA, RNA ◎ THE ID RATHER THAN EGO ◎ BRINGING LIFE AND MOTION FORTH ◎ SPIRAL DENOTES LEGS, ARMS ? ◎ EPHEMERAL ◎ ACTIVATION OR REACTIVATION OF LIFE FORCE ◎ BECOME DIFFUSE ◎ EGO DIFFUSED ◎ SEEKING, WITHOUT KNOWING WHAT IS SOUGHT ◎ UMBILICAL CORD: BOTH CONNECTING AND SEVERING ◎ INSEMINATION ◎ NO CLEAR SHAPE ◎ BREATHING, STRETCHING, MOVING ARMS, LEGS ◎ BEING SWEPT ALONG ◎ INTUITIVE ◎ MYSTERIOUS PASSAGE ◎ MOVEMENT FROM UNIVERSAL TO INDIVIDUAL CONSCIOUSNESS ◎ ENERGY QUICKENS ◎ BREATH OF GOD UPON THE WATERS ◎ FEELING A DESIRE TO MOVE, CREATE ◎ DIFFERENT WORLDS CONNECTED BY MYSTERIOUS PASSAGES ◎ SEPARATION: BOTH FREEING AND FRIGHTENING ◎ ALERT ◎ BEGIN PROCESS OF SEPARATION ◎ MOVING FROM ONE STATE TO ANOTHER ◎ INTUITIVE ◎ FOCUSED ◎ VAGUE SENSE OF DIRECTION ◎ WAKING UP LIKE A BABY: ENTRY INTO THE TEMPLE ◎ INTUITIVE ◎ ABLE TO TRANSLATE KNOWLEDGE INTO ACTION ◎ BRINGING OURSELVES INTO BEING ◎ MYTHIC CONNECTION ◎ A SENSE THAT SOMETHING IMPORTANT HAS BEGUN ◎ GROWING ◎ THE JOURNEY BEGINS

Stage 3

미로:
내면을 향하여 길을 떠나라

카를라는 자정 무렵 진통을 시작했다. 다음 날 오전 8시 30분 무렵까지 진통이 계속되었다. 아들 엘리자가 분만이 시작되었을 때는 자궁 안에서 머리가 가슴 쪽으로 향하고 있었으나, 태어날 때는 머리부터 나왔다. 엘리자의 놀라운 방향전환에 대해 산파는 싱글벙글 웃으며 말했다. "엘리자는 마치 이 계획을 실행에 옮길 준비가 된 것 같았지요." 카를라의 남편 댄은 아들의 탄생을 사진으로 남겼다.

"이것 봐요, 여보. 이게 바로 엘리자의 고개가 처음 나타난 순간이오. 당신이 좋아하는 것들 중에 하나처럼 보이는데, 뭐라고 부르더라?" 카를라는 자궁경부의 원형 근육을 통과하는 동안 엘리자의 머리가 왕관을 쓴 듯 밝은 핑크빛으로 보이는 사진을 바라보았다. 카를라는 입술로 아들의 머리를 부드럽게 쓰다듬어 주다가, "만다라!"라고 대답했다.

당신이 3단계를 처음 방문하는 것은 아마도 어머니가 당신을 임신한 후반부쯤일 것이다. 고리 모양의 탯줄은 당신이 자궁 안에서 느끼고 밀고 차고 잠자며 딸꾹질을 하는 동안 가장 가까운 동반자가 되어줄 것이다. 그러나 그것은 당신의 몸집이 커짐에 따라 점차 조이는 느낌을 주기도 한다. 임신기간 동안 당신은 점차 진정한 [인간의] 형태로 전환된다. 즉 작은 수정란으로 삶을 시작하여, 물고기의 지느러미처럼 꼬리와 손이 발달되다가, 이윽고 꼬리와 발달된 아가미를 잃고, 마침내 인간의 형상을 갖추게 된다. 이제 마침내 **바깥으로** 나가는 삶의 여정이 시작될 시간이다. 어머니의 도움으로 당신은 산도를 통과해 처음으로 공기를 맛보게 될 것이다.

회전과 소용돌이, 미로가 이 단계와 관련된다. 켈로그는 이 단계를 미로Labyrinth라고 불렀다. 혹자는 미로가 원래는 탯줄에서 영감을 받은 것이라고 말한다. 당신이 땅과 미로, 소용돌이나 여타 원형적인 움직임의 창조물이라는 사실은 대지의 어머니와의 연결을 상기시킨다. 대지의 어머니는 날씨를 주관하고 대양을 움직인다. 그리고 여기 또 다른 연결 고리가 있는데, 바닷물은 우리가 태어나기 전에 헤엄치고 다녔던 양수의 상태와 거의 흡사하다.

3단계는 새로운 것의 시작을 의미한다. 무언가가 나올 줄은 알지만 어떻게 나올지는 알지 못한다. 처음에는 그것이 무엇인지 전혀 명확하지 않다. 이것은 당신의 의지가 분명해지기 시작하는 시간을 가리킨다. 얼굴이 상기되어 엄마젖을 먹고 싶어 하는 아이를 떠올려 보자. 당신 역시 그러한 결정을 할 때가 되었다고 느낄 것이다. 성장하고 싶은 욕구가 너무나 강하게 들기 때문이다. 그러나 자신에게 진정으로 양분이 될 것이 무엇인지 찾을 때까지는 인내해야 한다.

요란다는 꾸준히 공부를 해서 서른한 살에 중서부 도시에 위치한 대기업의 회계사가 되었다. 어느 토요일 아침, 다른 때와 마찬가지로 신문을 보려고 이웃에 있는 커피전문점에 갔다. 자리에 앉으러 가던 중에 지역행사 관련 게시판을 훑어보았다. 새로운 것 하나가 요란다의 눈을 사로잡았다. 황록색 전단지에 날짜와 시간, 위치 정보와 함께 "그룹 춤 명상"이라는 제목이 씌어 있었다. 마치 심장이 정지한 듯 숨이 막혔다. 그동안은 자신이 무언가 새로운 것을 찾고 있었는지 깨닫지 못했었다. 내면의 대답이 그녀의 직관에 확신을 주었다. 요란다는 그것이 어디로 이끌지 알지 못했지만, 그날 밤 춤 명상 워크숍에 가기로 마음먹었다.

3단계는 3월과 이른 봄의 활동성을 상기시킨다. 당신은 당신의 에

> 물고기 알이 방출되는 모습을 본다면, 당신은 끊어질 듯 이어지는 희뿌연 실타래가 연상될 것이다. 여기에 어떤 중심이 있는 것은 아니다. 이것은 마치 은하계에서 보내진 별들처럼 보인다. 이것을 보면 등고선 모양으로 그려진 탯줄이 연상된다.
> 조앤 켈로그

너지가 고조되는 것을 느낄 것이다. 가끔은 시작에 대한 설렘도 느끼지만, 아직 무엇을 할지 자세한 계획을 갖고 있지는 않다. 이제 당신의 직관이 적절한 다음 단계로 안내하도록 놓아둘 시간이다. 새로워진 열정에 들떠 새로운 강좌나 새로운 관계, 혹은 정원을 가꾸는 일 등의 계획에 빠져들 수도 있다. 이제 자기실현의 여정에 들어서게 되는 것이다.

3단계에서 의식은 명민하고 직관적이며 초점이 집중되는 경향을 띤다. 이 단계는 개성화된 의식에 이르는 과정의 시작을 상징한다. 여기서 우리는 [개성화의 실현을 향한] 여정을 시작하게 되는데, 최종적인 목적지는 아직 불명확하다. 이 단계는 다음에 무엇이 찾아지게 될지에 대한 명확한 생각 없이 그저 찾게 되는 시기다. 켈로그와 디레오는 이 상황을 다음과 같이 설명한다.

> 수많은 별과 다양한 잠재력을 지닌 의식에서 비롯되는 하나의 별, 즉 하나의 개성화된 의식은 최종적으로 8단계에 이르러서야 분명해질 것이다. 그 지점은 여정의 전반기 과업이 완수되었음을 나타낸다. 우주적인 의식으로부터 출발하여 우리는 하나의 개성화된 의식에 이르게 된다.

2단계에서는 모든 것이 하나이던 우주가 3단계에 이르러서는 위아래가 구별된다. 이러한 의식의 층위는 신화에서 성배가 있는 성에 이르는 길, 성서에 나오는 괴물 베헤모스의 창자, 천국에 이르는 계단, 지하세계에 이르는 사다리와 같이 신비로운 통로를 통해 다른 세계와 연결되는 것으로 상징화된다. 이 단계에 머무는 동안 당신은 다양한 차원에서 의식이 발현된다는 것을 알게 된다. 왜냐하면 다양한 차원들이 당신에게 쉽게 다가서기 때문이다.

3단계는 고양된 깨달음의 시간을 동반한다. 에너지가 증가하면서 무언가 되고자 하는 욕망이 꿈틀대고 팽창하고 있음이 느껴질 것이다.

그리고 지금 자신이 성장하고 있다는 사실도 아마 감지할 수 있을 것이다. 변화하는 속도가 빨라서 때로는 현기증이 나기도 한다. 우리의 순간적인 정체성의 느낌을 반영하는 만큼 기분이 쉽게 바뀔 수도 있다. 무언가 계획하는 것은 윈다가 발견한 것처럼 이 단계 동안 집중하는 데 도움이 된다.

윈다는 교회 요양소에 있는 미로에 매료되었다. 그녀는 자신의 뒤뜰에도 미로를 만들어야겠다고 결심하고 집으로 돌아왔다. 공간을 치우고 땅을 골라 돌을 움직여 통로를 구획해서 미로를 만들겠다는 게 이번 봄 윈다가 세운 거대한 계획이었다. 미로를 만들며 야단법석을 떠는 동안 하게 된 육체적인 노동은 윈다가 현실에 기반을 두고 머무는 데 도움이 되었다. 평상시와 달리 바깥 활동을 하는 것은 그녀의 세계 안에 자연이 존재함을 더 깊이 깨닫게 해주었다. 그녀는 작업 후에 잠을 잘 잤으며, 백발의 노파가 미로를 짓고 있는 그 땅을 걷는 근사한 꿈도 꾸었다.

이제 당신이 꿈을 기억하고 있음을 알게 될 것이다. 또한 사랑하는 사람의 부재나 현존을 확실히 감지할 수 있게 되거나, 삶 속에서 사람들과의 관계나 사건에 예측할 만한 신성한 패턴이 있음을 새롭게 깨닫게 될 것이다. 이처럼 현실의 본질에 대하여 중요한 통찰을 할 수 있는 능력은 있지만 복잡한 모험의 방향을 잡을 만한 확고한 정체성은 아직 부족하기 때문에 효과적으로 실행할 능력은 제한되어 있다. 따라서 자아의 경계는 아직 희미하다.

3단계의 의도

3단계에서 이루어야 하는 과업은 샤먼의 그것과 같다. 샤먼은 의식의 다른 차원을 방문하여 거기서 요구되었던 유용한 지식들을 가져와 부족 사람들과 공유한다. 윈다와 그녀의 미로처럼 마음과 꿈, 영감 등의 다양한 차원에서 제공되는 정보들을 받아들이고, 그것들을 타인들이 이해하고 판단해서 사용할 수 있는 형태로 가공해야만 한다. 이처럼 힘든 과업을 통해야만 비로소 자신의 정체성을 찾게 될 것이다.

이 단계는 당신을 흥미진진하고 조금은 아찔하며 흥미로운 잠재력을 지닌 몇 가지 방향으로 이끌 것이다. 여기서 새로운 성장을 위한 꿋꿋한 삶의 에너지와 접촉하게 되리라 믿는다. 당신의 과업은 다가올 다음 단계에 당신이 집중하게 될 특별한 무언가를 이 단계의 마지막에 이르기 전까지는 결정하는 것이다. 그러나 때때로 돌아보는 과정을 통하여 이것이 무엇인지 발견만 하는 경우도 있을 수 있다. 가장 중요한 것은 자기실현의 여정으로 향함으로써 삶을 받아들이는 것이다.

3단계의 만다라

3단계의 만다라는 흔히 정글 사이로 신비로운 길을 따라 피어 있는 뒤틀리고 뒤엉킨 짙은 나무 넝쿨을 시사한다. 이 단계의 만다라는 경험이나 의식, 감정 등이 한 가지 차원에서 다른 차원으로 옮겨갈 가능성을 제시하기도 한다. 만다라 그룹의 일원인 아네테 레이놀즈의 만다라가 그 좋은 예다. [도판 12] 참조 이 단계에 나타나는 색상들은 늘 그런 것은 아니지만 주로 봄빛을 연상시키는 파스텔 톤으로, 특히 하늘색, 연보라색, 분홍색 등이 많이 출현한다. 나선형은 전형적인 형태다. 이 만다라에 두드러진 중심은 없다.

《 연습과제 》

만다라 작업을 시작하기 전에 스트레칭과 호흡을 조금 한다. 3단계의 요가 동작^{[부록 B], p.348 참조}이 도움이 될 것이다. 이 단계를 탐색하는 동안 자신의 에너지를 인식해 보자. 1, 2단계 동안의 에너지 수준과 비교할 때 어떠한가? 어떤 만다라는 당신이 좀 더 적극적으로 참여하기를 요구할 수도 있다. 만다라를 움직이는 것이 어떻게 느껴지는가? 꿈은 어느 정도 개인적인 통찰의 근원이 된다. 이 단계의 도전, 즉 자기실현의 여정으로 향하는 것과 관련된 꿈은 어떠한가? 작업일지를 통해 만다라와 이 단계를 탐색한 경험에 답해 보자.

✻ 자기실현의 여정 만다라
Mandala of Turning Toward the Journey

기본 미술재료(p.57~58 참조) / 문양 만다라 3([부록 A], p.332 참조)

3단계에서는 에너지가 커지기 시작한다. 비록 당신을 이끄는 여정이 도달할 곳이 어디인지는 미지인 채 남아 있지만, 중요한 여정이 시작되었다는 사실은 느낄 수 있을 것이다. 우리 앞에 길이 펼쳐짐에 따라 흥분이 되고 기대감이 생긴다. 이 만다라를 색칠할 때는 중앙으로 갈수록 파란색이나 초록색, 노란색, 분홍색, 연보라색 음영이 더 옅어지도록 하고, 중심에서 바깥쪽으로 갈수록 음영이 더 짙어지게 해보자. 이것은 만다라에 이 단계의 전형적인 느낌인 깊이감을 줄 것이다. 색칠하는 동안 마음에 찾아오는 생각이나 느낌, 기억들에 주목해 보자. 작업일지에 이러한 것들을 기록하는 것은 이 위대한 일원상의 순환을 위한 여정으로 향하는 것이 어떻게 느껴지는지 기억하는 데 도움이 될 것이다.

❈ 고리 던지기 만다라
Loopy Thread Mandala

흰색 접착제 / 색 털실, 바느질 실, 혹은 리본 / 20×20cm 정도의 판지

3단계 동안 우리는 명확한 목적 없이 과정을 경험할 것을 요구받는다. 우리가 삶을 이러한 접근법으로 처음 마주하는 것은 유아 때다. 우리는 블록을 가지고 놀면서 질감과 무게감, 균형에 대해 시험해 보며 자랐다. 이를 통해 발견한 것들은 우리가 환경에 대한 모형을 발전시키는 데 도움이 된다.

인생의 후반부에 이 단계로 되돌아오는 경우 몰입해서 즐기는 태도가 가장 도움이 될 것이다. 이 단계 중에 영감이 의식화된다. 무의식의 창의적 요소들은 흡사 미끼가 마음에 들고 안전하다고 느낄 때만 수면으로 올라오는 물고기와 같다. '고리 던지기 만다라' 만들기는 살이 오른 벌레를 가지고 낚싯대를 만드는 작업과 흡사하다. 물고기처럼 영감에 민감한 채 머무르다 보면 느닷없이 어떤 생각이 수면위로 떠오르게 될 것이다. 떠오르는 영감의 대부분은 뒤로 넘겨야하겠지만, 그래도 그 중 하나 정도는 원대한 다음 계획을 위해 간직하고 촉진시킬 가치가 있다.

판지 위에 연필로 원을 그려 보자. 흰색 접착제나 데코파주용 접착제를 원 표면에 바른다. 좋아하는 색상의 바느질용 실이나 털실, 리본을 손으로 느슨하게 잡아 고리 모양을 지어서 접착제가 칠해진 표면 위에 떨어뜨린다. [도판 13] 참조 잘 붙도록 누른다. 고리가 더 잘 보이도록 배경에 대조적인 색상을 덧칠한다. [원한다면 순서를 바꾸어서] 배경을

먼저 완성한 다음 고리 재료를 접착제 속에 담갔다가 표면에 떨어뜨려도 좋다. 접착제를 별로 사용하고 싶지 않다면 창의적인 자기표현이 끝난 후 재료들을 떼어낼 수 있도록 만다라를 일시적으로 사용해도 좋을 것이다.

✻ 탯줄 만다라
Umbilical Mandala

기본 미술재료

삶이 너무도 빨리 변화해서 도대체 어디로 가고 있는지 알 수가 없다고 느낄 때가 종종 있다. 비록 미래가 어떻게 도래할지 모르지만, 이때가 바로 앞으로 펼쳐질 삶의 과정임을 믿고 자기실현의 여정으로 향하는 것이 중요한 시기다. 어머니의 자궁 안에 있을 때 당신은 놀랍게도 형태를 자주 바꾸는 존재였다. 한동안은 꼬리와 아가미, 물갈퀴 같은 손을 가졌다. 이러한 모든 변화를 거치며 당신은 탯줄을 통해 어머니와 단단한 애착관계를 이루었다. 이러한 애착은 출생 후에 탯줄이 잘리기 전까지 지속된다.

    미국 인디언은 자기실현 여정의 초기에 여정 내내 안정감을 주는 근원으로서 무언가에 탯줄과 같은 또 다른 연결성을 부과하곤 했다. 북극성의 항상성이나 중력의 안정성, 태양의 뜨고 지는 것에 대한 예측가능성 등이 때로는 애착점으로 지정되기도 한다. 탯줄 만다라를 만들기 전에 이것들 중의 한 개 혹은 자신이 선호하는 항상점이 될 또 다른 것을 선택한다. 예상치 못한 변화를 경험할 때 이 점이 당신을 위해 항상 존재하는 안전한 연결점이 되게 하자. 탯줄 만다라는 이러한 원칙을 운동감각적으로 보여 준다.

이제 원을 그린 다음, 원 위에 한 점을 찍는다. 이 점을 자신의 항상점으로 삼는다. 이 점을 시작으로 펜이나 분필, 마커를 떼지 않고 부드러운 고리를 그려서 원을 채운다. 고리 형태의 선을 긋는 동안에도 자신이 시작한 이 애착점을 계속 염두에 둔다. 삶에서 알 수 없는 가능성으로 인해 변화가 이는 동안 '탯줄 만다라'가 안전한 느낌을 상기시키는 존재가 되게 한다.

※ 삶의 전환점 만다라
Mandala of Turning Point

기본 미술재료 / 가죽 끈, 리본, 털실, 줄, 자수용 실 / 구슬, 깃털

3단계를 통해 자기실현 과정에 진입하기 시작하는 동안 삶의 속도도 빨라지는 것처럼 보인다. 여기에 보고 배우며 발견할 만한 것이 많이 있다. 이 단계에는 삶이 갑자기 확장되거나, 수축되거나, 혹은 다른 방향으로 선회하는 중요한 전환점이 내포되어 있다. '삶의 전환점 만다라'를 통해서 과거에 위대한 일원상의 이 단계를 어떻게 겪었는지 돌아볼 수 있을 것이다.

삶의 전환점에 집중해 보자. 우리의 삶이 다른 방향으로 흘러갈 수도 있었던 때가 있었다. 그때 우리는 그 방향 대신 지금 여기로 이르게 되는 길로 방향을 선회했다. 작업일지에 이러한 기록을 남기기를 원하거나 믿을 만한 사람에게 그 시간들에 대하여 들려주기를 원한다면 그리해도 좋다. 끈이나 털실, 혹은 여타 재료들을 적어도 1m 20cm 정도 되게 자른다. 자기실현 과정의 시작을 나타내기 위해 매듭을 한 번 강하게 묶는다. 그 다음, 삶의 전환점이 생각날 때마다 한 번씩 더 매듭을 묶어 나간다.

할머니 집에서 살다가 부모님 집으로의 이사했을 때 매듭 한 번. 남동생이 태어났을 매듭 한 번. 학교에 입학했을 때 매듭 한 번. 터닝 포인트를 더 잘 표현하기 위하여 구슬, 천, 깃털, 여타 재료로 끈을 장식한다. 완성되고 나면 처음 매듭을 가운데 오도록 한 다음, 끈을 소용돌이 모양으로 따리를 틀어서 원 형태가 되게 한다.

끈의 매듭을 한 개씩 푸는 동안 믿을 만한 사람이나 그룹에게 각 매듭과 관련된 이야기를 할 시간을 갖자고 요구해 보자. 사는 동안 당신이 성공적으로 넘어 온 수많은 변화들에 집중한다. 당신의 융통성과 적응성, 참을성을 축복하자. 그 다음, 이미 당신의 이야기를 마친 끈을 가지고 무엇을 하기 원하는지 결정한다. 목걸이처럼 목에 걸을 것인가? '여성의 주머니 만다라'[p.75 참조] 속에 넣을 것인가? 아기의 탯줄을 파묻는 사람들처럼 끈을 묻을 것인가? 선택은 당신 자신에게 달려 있다.

✳ 꿈 만다라
Dream Mandala

기본 미술재료

꿈은 우리의 무의식에서 온 중요한 소통의 도구다. 꿈을 기억해서 작업일지에 적고 그림으로 그리며 꿈 집단에서 공유하는 것은, 꿈이 내포하고 있는 치유적인 메시지를 통합하기에 적절한 방법들이다. 꿈속에 출현하는 만다라는 자기Self에 대한 자연적인 질서 법칙의 상징으로서 특히 더 중요하다. 만다라 꿈은 개인적으로 스트레스 상황일 때 자주 출현하곤 하는데, 이는 혼돈의 시기에 고통을 달래주고 균형을 맞춰주며 당신의 생활을 재정비할 잠재력을 지니고 있다.

비록 만다라인지 인식하지 못했을 수도 있지만, 틀림없이 우리는 만다라가 출현하는 꿈을 꾼 경험이 있을 것이다. 여기 인식되지 못했을 만다라 꿈에 대한 예가 몇 가지 있다. 꿈꾼 사람이 집단의 일원으로 테이블을 에워싸고 앉아 있다. 꿈꾼 사람이 하나의 물건이나 장소, 사람이나 동물 주변을 둘러싸거나 혹은 그것들이 꿈꾼 사람을 에워싼다. 때로는 만다라가 꿈에서 원형의 물건으로 출현할 때도 있다. 시계의 문자판처럼 간단한 것일 수도 있고, 창문의 장미 문양 스테인드글라스처럼 복잡한 것일 수도 있다. 냄비나 물통, 구, 돌, 바퀴, 달, 태양일 수도 있다. 융의 환자 중의 한 명은 벽에 모자가 걸려 있는 것을 알아챈 꿈을 꾸었다고 보고했다. 융은 그 모자가 '꿈 만다라'[그림 10] p.39 참조라고 확신했다.

위대한 일원상의 이 단계는 꿈을 기억하고 의식화시키는 시간을 의미한다. 이 연습과제를 위해서는 당신의 꿈속에 나타났던 만다라를 그려야 한다. 최근의 꿈이든 과거의 꿈이든 상관없다. 만다라가 출현했던 장소의 배경을 그려도 좋고, 배경에 대한 자세한 언급 없이 단순히 만다라만 그려도 좋다.

꿈 만다라가 완성되면 자리를 잡은 다음 바라보자. (꿈 전체의 속성을 모두 다 알아내기는 어려울 수 있다. 자기 원형의 에너지가 당신 앞에 드러나도록 시도해 볼 뿐이다.) 그림에서 꿈의 내용이나 메시지에 대하여 부가적인 정보가 있는지 살펴보자. 작업일지에 자신의 만다라를 묘사하는 문장을 완성한다. "당신은 _____이다." 이 문장을 몇 개 완성한 다음 되돌아가서, '당신은'을 '나는'으로 대체한다. 이것은 무의식으로부터 오는 정보를 통합하는 방법으로서, 이러한 기술을 통해서 당신은 의식적인 관점에 균형을 맞출 수 있다.

❋ 신의 숨결 만다라
Mandala of the Breath of God

기본 미술재료

바다를 지나며 부는 바람은 소용돌이 모양으로 퍼져나간다. 성서의 작가는 신의 현존에 대한 상징으로 이 이미지를 사용했다. 그들은 모든 창조물에 생기를 불어넣는 신의 숨결을 바람으로 인격화했다. '신의 숨결 만다라'를 만들기 위한 준비로, 사랑스러운 노래 「신의 숨결 Breath of God」 [부록 C], p.375 참조를 부름으로써 성서적 이미지와 조화시키고 우주와 하나가 되기를 소망할 수 있을 것이다.

    준비가 되면 원을 그린다. 그 다음, 자연의 나선형 움직임으로 신의 현존을 상징하는 만다라를 만드는 동안 몸을 부드럽게 움직여 보자. 원한다면 계속 노래를 불러도 좋다. 이것이 '신의 숨결 만다라'다.

❋ 드림캐처 만다라
Dream Catcher Mandala

작은 가지, 넝쿨, 유연한 대나무 / 철사 / 리본, 털실, 끈 / 구슬, 깃털

꿈은 기억하기 어렵고 잠이 깨면 날아가 버리기 십상이다. 꿈은 우리 자신의 내밀한 부분으로부터 우리에게 전해지는 기분 좋은 메시지다. 그러나 때로는 도움이 되는 꿈임에도 불구하고 불안감이 느껴질 수 있다. 미국 인디언의 전통에서 영감을 받은 드림캐처 dream catcher(미국 원주민들이 좋은 꿈을 이루게 해준다고 여기는 그물, 깃털, 구슬 등으로 만든 작은 고리—옮긴이)는 부적처럼 꿈을 붙잡아 주고 기분 좋은 꿈만 통과시

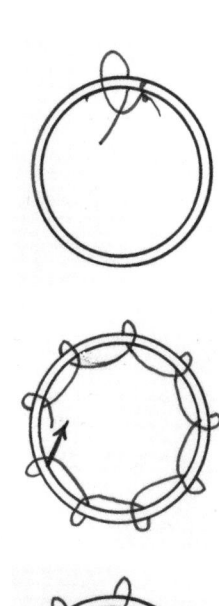
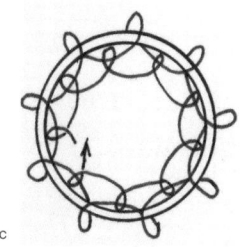

드림캐처를 만드는 방법

켜 꿈꾼 사람에게 오게 하기 위해서 고안된 것이다.

3단계 동안 할 수 있는 도전 중의 하나는 꿈과 여타 의식의 다른 차원으로부터 우리에게 전해지는 정보를 다루는 일이다. '드림캐처 만다라' 만들기는 새로운 정보를 받아들이려는 의도를 명확히 하면서 동시에 필요한 정보를 걸러 내고 조직화하는 능력을 연습하는, 정말로 재미있는 놀이와 같은 방법이다.

유연성이 있는 작은 가지나 넝쿨, 대나무를 휘어서 원형의 틀을 만든 다음 철사나 끈으로 감싼다. 원은 지름이 15cm 정도는 되어야 한다.[그림 a] 참조 좋아하는 색상의 털실이나 끈, 혹은 리본을 선택해 틀 끝에 매듭을 짓는다. 이제 틀을 따라 9군데에 5cm 간격으로 털실을 느슨하게 묶는다.[그림 b] 참조

이미 연결된 고리 9개 안쪽으로 고리 패턴을 만들어서 새로운 고리 열을 계속 만들어 나간다.[그림 c] 참조 같은 방법으로 열을 2개 더 만들고, 가운데는 빈 채 두어서 우리의 꿈이 통과되도록 한다.[그림 d] 참조 털실 끝에 매듭을 단단하게 묶고 필요 없는 부분은 잘라낸다. 구슬이나 깃털, 꿈을 초대하는 작은 초대장 등으로 장식한다.[도판 14] 참조

미국 인디언들은 영적 안내자로서의 꿈에 감사한다. '드림캐처 만다라'를 침대 머리맡에 걸자. 아마도 이 만다라가 위대한 일원상의 남은 과정 동안 꿈을 통해서 우리가 발전시키고 싶은 특별한 무언가를 찾도록 도와줄 것이다.

✱ 핑거페인팅 만다라
Finger Painting mandala

도화지 / 물감 / 신문지

3단계 만다라에서는 나선형의 문양을 자주 볼 수 있다. 그리고 이 단계에서는 전형적으로 잠재력에 대한 적극적인 탐색이 이루어진다. '핑거페인팅 만다라'는 이 둘을 함께 손으로 직접 경험할 수 있는 기회를 준다. 이러한 작업을 즐길 수 있게 자신을 허용한 다음, 창의적인 경험에 대하여 생각해 보자.

    신문지를 깔고 그 위에 핑거페인팅을 할 도화지를 올려놓자. 원하는 색깔의 물감을 손가락으로 몇 방울 도화지 위에 떨어뜨린다. 손으로 물감을 흩뿌리면서 도화지에서 이루어지는 물감의 잠재력을 즐겨 보자. 손가락과 손 전체, 손바닥으로 원을 만드는 동작을 해본다. 마지막으로, 원의 형태를 더 발전시켜서 도화지 대부분을 다 차지하도록 해보자. 말리기 위해 따로 치워 둔다.

    깨끗한 도화지를 한 장 더 깐 다음에 물감을 찍어서 '핑거페인팅 만다라'를 한 장 더 만든다. 적어도 서너 장의 시리즈물이 만들어질 때까지 만다라를 계속 만든다. 완성된 만다라를 펴놓고 작업일지에 자신의 만다라에 대한 반응, 즉 작품에서 보고 느끼고 알게 된 것이 무엇인지 적어 보자. 다음과 같은 질문에 답하고 작업일지 기록을 마친다. 나선형 움직임과 관련된 색상과 동작, 에너지 등을 생각해 볼 때 이번 경험을 통해 나는 무엇을 목격했는가? 여기서 알게 된 정보를 나의 삶에 어떻게 적용할 수 있을까?

※ **미로 만다라**
Labyrinth Mandala

돌, 막대, 이끼 / 리본, 털실, 끈

미로는 막힌 공간에서 중앙에 이르는 구불구불한 통로를 말한다. 미로의 통로를 걷다 보면, 간혹 있기도 하지만, 막다른 길이나 덫이 거의 없다. 원의 내부가 대부분 미로로 이루어져 있다면 그것이 만다라다. 켈로그가 3단계를 위대한 일원상에서 미로Labyrinth라고 칭한 만큼 미로를 만드는 작업은 이 단계에 딱 어울린다.

미로를 걷는다는 것은 중앙에 이르는 길이 믿을 만한 가치가 있음을 가르쳐 준다. 한 발을 다른 발 앞으로 내디딜 필요가 있으며, 그럴 때만이 우리의 목적지에 다다를 수 있다. 이것은 "잘못된 방향전환은 없다"는 삶의 여정에 대한 강력한 은유다. 미로는 또한 신에 이르는 영적인 통로의 상징으로 받아들여지고 있다. 이제 미로를 걷는 일은 명상 방법의 한 가지가 될 수 있다. 미로 만다라를 만들 때 이러한 걷기 명상 역시 경험할 수 있을 것이다. 만다라 그룹의 구성원인 아네테 레이놀즈는 [도판 12]에서 스스로 만든 미로를 걷고 있는 자신을 그림으로 그렸다.

위에서 그림으로 보여 준 순서를 따라 일곱 바퀴를 도는 미로 그림을 연습한다. 기술을 연마하고 나면 걸을 수 있을 만큼 충분한 크기의 미로를 모래 해변에 선으로 그리거나, 모양을 따라 잔디밭의 잔디를 베어내거나, 혹은 털실이나 막대, 돌, 이끼 등을 놓아 본다. 어떤 재료든지 이용할 만한 것들은 다 활용해도 좋다. (나는 심지어 미생물 분해가 되는 화장실용 휴지와 빈 음료수 캔을 가지고 미로를 만들었다.)

미로 만다라가 완성되고 나면 입구에 잠깐 선 채, 걸으면서 집중하게 될 의도나 의문점, 혹은 근심거리 등을 말한다. 그 다음, 미로 만다라

미로를 그리는 방법

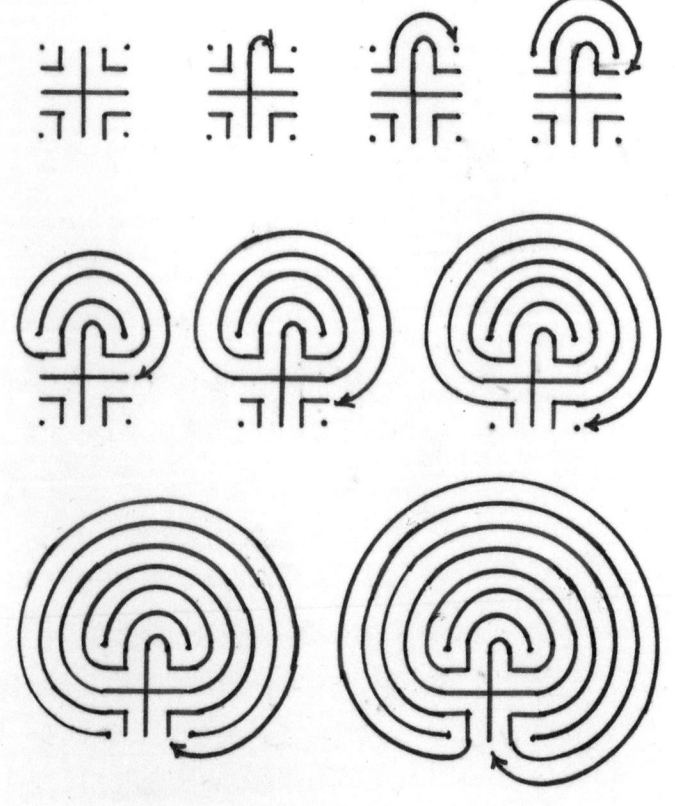

속으로 들어가 마음을 다해서 걷는다. 마침내 가운데에 도착하고 중심에 발을 디디게 될 때까지, 왼쪽과 오른쪽으로 돌거나 중심에서 가까워지고 멀어질 때에 무엇을 경험했는지에 주목해 보자. 거기서 걷기뿐만 아니라 목적과 관련해 얻은 정보에 대해서도 생각하는 시간을 갖는다.

중심을 떠나기 전에 자신의 미로 걷기 중에 받아들인 지혜를 어떻게 하면 행동으로 옮길 것인지에 관한 영감을 떠올린다. 그 다음, 깊게 호흡을 하고 입구 쪽 통로로 천천히 되돌아 나온다. 미로 만다라로부터 빠져 나온 다음에는 체험에 관하여 이야기를 나누거나 작업일지에 적는 시간을 한동안 갖는다.

변형

도화지에 미로 만다라를 그린다. 위에 묘사된 바와 목적은 같다. 그 다음, 손가락으로 통로를 추적해 보자. 작업일지에 자신의 체험에 대한 반응을 남긴다.

✻ 안으로 돌기 만다라
Spinning Inward Mandala

기본 미술재료 / 스카프 또는 가벼운 옷감(선택사항)

제자리에서 돌거나 회전하는 것은 자연스럽게 나오는 동작이다. 어렸을 때 우리는 빙글빙글 돌 때 신나는 느낌이 든다는 것을 발견하고, 그것을 놀이의 하나로 삼았다. 이 동작은 공간 속에 존재하는 우리의 몸과 균형, 중력에 대한 탐구 작업이기도 하다. 만다라가 아이들 정체성 발달의 자연스러운 일부이듯이, '안으로 돌기 만다라' 역시 비슷한 목적을 지닌다. 이러한 동작 만다라를 만들게 됨으로써 우리는 어린 시절의 이러한 행동들을 다시 돌아보게 될 것이다.

부드럽고 리듬이 있는 악기의 연주곡을 선택하면 동작에 도움이 된다. 현대 통기타 음악뿐 아니라 아프리카와 라틴 아메리카, 중앙아시아의 전통음악들은 움직이는 만다라를 하기에 좋은 분위기를 조성해 주는 것 같다. 음악이 울리기 시작하면 스카프나 부드러운 옷감을 들고서 한 곳에 잠시 동안 조용히 선다. 척추를 펴고 어깨의 긴장을 풀며 다리를 곧게 디딘 채 똑바로 곧추 선 느낌에 주목한다. 준비가 되었다고 느껴지면 팔을 올리고 밖으로 뻗었다가 내리는 동작을 점차로 크게 하면서 시계 반대 방향으로 돌기 시작한다. 공간에 충분히 머물러 있어야만 돌거나 멈출 때 몸이 안전하게 균형을 이룰 수 있을 것이다.

안전하다고 느껴지면 회전하는 속도를 높이고, 음악이 안내하는 대로 동작을 좀 더 자유롭고 편안하게 한다. 경험이 충분하다고 느껴질 때까지 계속한다. 그 다음, 시계 방향으로 도는 방향을 바꾸고 팔을 가슴 위로 접은 채 거의 멈추게 될 때까지 점차 회전 속도를 줄여나간다. 한동안 호흡하면서 선 자세를 유지한 채 회전의 체험을 통합하는 시간을 갖는다. 그 다음, 앉아서 작업일지에 그림이나 글을 활용해 '안으로 돌기 만다라'에 응답한다.

✺ 켈트식 소용돌이 만다라
Celtic Spiral Mandala

토기용 찰흙, 폴리머 찰흙, 은공예용 찰흙 / 밀대 / 찰흙 도구 / 원하는 크기의 원형 접시 / 구슬, 깃털, 가죽 조각, 가죽 끈 / 리본, 털실, 끈 / 철사로 된 목걸이 틀 / 가는 집게

소용돌이 모양은 영국 브리튼 섬의 고대 암각화에 많이 등장한다. 스코틀랜드, 아일랜드, 웨일즈, 브르타뉴 등 켈트족 지역에서 유래한 포크 댄스는 원의 중앙을 향해 소용돌이 모양으로 움직이다가 바깥으로 나오는 형태로 구성되어 있다. 켈트족의 소용돌이는 나선형 길과 관련된 죽음과 재생에 대한 생각을 나타내는 것으로 보인다. 이 길은 위대한 어머니 혹은 땅의 여신의 자궁에 부착되어있는 탯줄과 흡사하다. '켈트식 소용돌이 만다라' 만들기는 땅이나 희생적인 여성성, 혹은 서구 사회의 근원이 되는 켈트 지역의 조상을 표현하는 방법의 하나다.

찰흙을 한 움큼 가지고 공 모양을 만들어 보자. 표면에 천을 씌우고 찰흙이 평평해지도록 누른다. 만일 찰흙을 0.6cm 두께의 판으로 만들 필요가 있다면 밀대를 사용한다. 원형 접시를 대고 찰흙 위에 직경

3~15cm 정도의 원 모양을 그린 후 잘라 낸다. 찰흙으로 된 이 '켈트식 소용돌이 만다라'의 위쪽에 송곳으로 구멍을 낸다.

찰흙 도구나 막대기를 가지고 둥근 찰흙 안쪽으로 한 개 혹은 그 이상의 소용돌이를 그린다. 구슬이나 깃털, 여타 상징적인 재료들을 부착하고 싶은 부분이 있으면 구멍을 더 뚫어도 좋다. 찰흙을 말려서 단단하게 한 다음, 적당한 시기에 굽는다.

물감이나 유리 조각, 스테인드글라스 등으로 장식을 하고, 필요하다면 찰흙 만다라를 한 번 더 굽는다. 원한다면 구슬과 깃털, 가죽 조각을 부착한다. 완성한 다음 펜던트처럼 걸고 싶다면 철사로 된 목걸이 틀에 부착하고 끈을 묶어 준다. 그렇지 않고 특정한 장소에 만다라를 걸 계획이라면 끈을 단다. 만다라가 아주 작다면 '켈트식 소용돌이 만다라'를 '여성의 주머니 만다라'[p.75 참조] 속에 간직해도 좋다.

3단계 돌아보기

3단계는 에너지가 활발해지는 시간이다. 그러나 조심성도 많아진다. 이 단계를 방문하는 동안 새로운 가능성과 의미를 깨닫게 된다. 혹은 아직 특정한 안내를 받는 것은 아니지만, 뭔가 새로운 방향을 가리키는 꿈을 통해 영감을 받을 수도 있다. 위대한 일원상에서 이 단계는 조금은 혼란스러울 수도 있을 것이다. 우리는 각자 다양한 방법들을 통해서 성장하기 때문에 때에 따라서는 운용해 나갈 방향이 아직 명확하지 않을 수도 있다. 그래서 이 단계를 흥미로운 잠재력의 단계라고 하는 것이다. '만다라 카드 3'에 자기실현의 여정으로 향하는 경험의 정수를 담아 표현해 보자.

※ **만다라 카드 3**

기본 미술재료 / 7×10cm 정도의 판지

'만다라 카드 3'은 이 단계에 대한 탐색을 요약하는 방법의 하나가 된다. 카드에 소용돌이 만다라 이미지를 그리고 색칠하거나 콜라주 작업을 한다. 미로, 혹은 시작이나 끝을 볼 수 없는 구불구불한 선을 만들 수도 있다. 자기실현의 여정으로 향하는 시기인 이 단계의 경험을 상징하는 이미지나 질감, 색상, 단어 등을 덧붙인다. 카드를 평평하게 말린 다음, 안전한 장소에 보관한다.

Text arranged in a triangular shape, reading around the triangle:

IN WE TAKE PLEASURE NEW, NURTURING SOMETHING LIKE A YOUNG AND TENDER IN OURSELVES BUT CONTAINED DEPENDENT INFANT SEPERATE SEEING THINGS WITHIN THE MOTHER'S WORLD WARM FEELINGS ⊙ ACTIVE ENGAGEMENT ⊙ LOVE ⊙ AN OPPORTUNITY FOR DEEPENING COMPASSION ⊙ WE FEEL A CONVICTION THAT WE ARE UNIQUE ⊙ THIS IS WHERE WE LAY THE FOUNDATION OF EGO

(left side, reading down):
LOVE FOR REFINING OUR SKILLS ⊙ ONE CARING FOR OTHERS WITH LOVE AND RESPECT ⊙ GRATITUDE ⊙ CORRESPONDS TO ORAL STAGE OF DEVELOPMENT ⊙ NORMAL TO FEEL NARCISSISTIC OR SELF-ABSORBED HERE ⊙ A CALL TO FOCUS ⊙ MOTHER-INFANT BOND ⊙ WARM FEELINGS ⊙ ACTIVE ENGAGEMENT ⊙ COMFORT ⊙ AN INVITATION TO GROW ⊙ A DAWNING SENSE OF SELF

(bottom):
⊙ GATHERING INFORMATION FROM ELDER(S) ⊙ COMFORT OF THE CLOSE BOND BETWEEN MOTHER & INFANT ⊙ INNOCENT DELIGHT ⊙ LOVING EMBRACE ⊙ EASY TO TRUST CHOOSING FROM THE MYRIAD POSSIBILITIES ⊙ EMBRACING THE NEW ⊙ WE TAKE RESPONS- IBILITY FOR ENFOLDING, AFFIRMING AND NURTURING OUR INNER CHILD AND OURSELVES ⊙ BECOMING ⊙ ABSORBING LOVE ⊙ NOURISHMENT

Stage 4 시작:
따뜻한 가슴으로 새로움을 맞이하라

위대한 일원상에서 4단계는 적극적인 참여와 낙관적 전망, 그리고 따뜻함을 느끼는 시간이다. 이 단계에서는 무수한 가능성 중에서 선택한 인간관계나 과업, 목적에 집중(혹은 재집중)하여 공들일 것이 요구된다. 이 단계는 호기심에 마음을 여는 시간이기도 하다. 우리는 어머니나 어머니 같은 친구들로부터 많은 것을 배우게 될 것이다.

4단계는 좋은 어머니의 영역이다. 이는 신생아 시기의 첫 번째 인간관계를 상기시킨다. 아기는 자신을 둘러싼 환경에 호기심을 갖는다. 쥘 수 있는 것은 죄다 입에 집어넣곤 한다. 아기가 점차 독립적으로 걷는 것을 배우게 되면 세상을 탐색하기 위해 어머니의 무릎을 잠시 벗어난다. 가끔씩은 확신을 갖기 위하여 어머니에게로 다시 돌아온다. 사랑하는 대상과의 이러한 초기 관계를 통해서 아기는 인간으로 존재하는 것에 대해 배우고, 세상이 어떤지에 대한 감각을 발달시킨다.

어머니와 아기의 초기의 관계는 세상 최고의 예술작품에 영감을 준다. 이집트 태양의 여신인 아이시스와 아기 호러스의 석상에서부터 마리아와 아기 예수를 그린 르네상스 시대의 원형화들에 이르기까지, 이 작품들은 새로운 생명에 대한 절대순수와 이를 유지하기 위한 양육적인 지원의 의미를 담고 있다. 이러한 속성과 마주칠 때마다 우리는 매번 이 단계를 경험하게 된다.

켈로그는 4단계를 시작Beginning이라고 불렀다. 이 단계를 처음 방문하는 동안 타인, 즉 양육자와 협력하는 감각이 발달된다. 이 단계로 돌아가는 것을 통해서 우리는 다시금 새로운 시각에서 세상을 보고, 새로운 행동을 시도하며, 스스로와 타인을 돌보는 기술을 개선시킬 기회를 갖는다. 심리학적으로 볼 때, 이 단계는 자아, 즉 자신에 대한 의식을 발달시키거나 재작업하는 것을 지원하는 시기다.

4단계에서는 **내면아이**inner child(과거의 상처로 인해 성장하지 못한 마음의 상태로, 치유가 필요함—옮긴이) 작업이 자연스럽게 이루어질 것이다. 이 공간을 다시 방문하는 것을 통해서 과거의 내면아이를 부드럽게 감싸 안을 수 있으며, 그 당시 필요한 진실이 무엇이었는지 확인하고, 지금 스스로에게 안전함과 양육을 제공하는 어른으로서의 책임감을 다시 한 번 생각해 볼 기회를 가지게 된다. **전체성**wholeness(자기실현의 여정을 통해 의식과 무의식이 통합되어 하나의 전체가 됨을 의미하는 융의 개념—옮긴이)이란, 다른 개념들도 있겠지만, 그 중에서도 자신에게 좋은 부모 역할을 하는 것을 의미한다. 그리고 내면아이가 무엇을 필요로 하는지 자신보다 더 잘 아는 사람이 누가 있겠는가? 트리샤는 2년 동안 애인과 동거하면서 이것을 배웠다.

트리샤와 애인은 위험한 관계를 맺고 있었다. 그들은 문제가 있지만 함께 살게 되면 둘 사이가 더 좋아질 것이라고 생각했다. 그러나 실상은 그렇지 않았다. 여전히 의심과 불안감이 관계를 위협하고 있었다. 트리샤가 낙담해서 한숨을 지으며 얼굴을 찡그리면 애인은 짜증난다는 식의 반응을 보였다. 그녀는 마음의 상처를 자주 받았다. 트리샤는 보살핌을 원했지만, 애인은 일어나서 방을 나가 버리곤 했던 것이다.

지혜로운 친구 한 명이 트리샤에게 혼자 할 수 있는 일을 찾아서 자신을 좀 돌보라며 용기를 주었다. 무기력해질 때마다 기분 전환을 시켜 줄 누군가에게 의존하기보다는 스스로 격려할 수 있는 일을 하라는 충고였다. 처음 이 조언을 들었을 때는 오히려 더 외로워지는 것 같았다. 그러던 어느 날, 잡화점에서 크레파스를 보게 되었다. 크레파스는

> 이 공간은 세상의 시작, 그리고 세상이나 자궁의 우주 안에 있는 한 인간에 대하여 이야기하고 있다. 이것은 수정란이나 완전한 태아와 관련되는데, 이것은 위대한 어머니의 일부에서 떨어져 나왔지만 여전히 결합되어 있음을 의미한다. 이것은 또한 발달의 구순기라고 말할 수 있다.
> 조앤 켈로그

자신이 어릴 때 좋아했던 것과 똑같은 것이었다. 과시하듯이 두꺼운 스케치북과 가장 큰 크레파스 한 상자를 사가지고 집으로 돌아왔다.

트리샤는 소파 앞 탁자에서 그림을 그리기 시작했다. 부모가 이혼했던 여섯 살 때 자신이 그렸던 그림과 똑같은 집과 나무, 꽃을 그려 나갔다. 그때로 돌아간다면, 그녀는 어머니가 그림을 보고 웃기를 소망하며 어머니에게 가져갔을 것이다. 단순한 작업만으로도 마음이 훨씬 더 평온해졌다. 머지않아 그녀는 조금 더 복잡한 그림을 그리게 되었다. 그리고 원 안에 무언가 그리는 일이 얼마나 위안이 되는지 깨달았다. 이렇게 그녀는 자신을 돌보는 새로운 방법을 배워 나갔다. 흥미로운 사실은 트리샤가 이 작업을 즐기면 즐길수록 애인도 한결 여유로워졌다는 점이다.

4단계의 의도

4단계에서는 사물들을 바라볼 때 마치 처음인 것처럼 순수한 기쁨에 가득 차는 자신을 발견하게 된다. 혹은 자신 안의 뮤즈에 조심스럽게 귀 기울이는 시간을 갖거나, 영감이 만들어 낸 설익은 형상에 저항감이 일기도 하는 등 창의적인 과정에 머물게 될 것이다. 지금까지는 간과해 왔지만, 이제 당신이 환영하게 될 새로운 무언가에 곧 익숙해질 것이다. 혹은 새로운 것이 트리샤에게 일어났던 것처럼 너무나 놀랍게 다가올 수도 있다.

새로움은 깨달음을 수반하는 강력한 상징의 형태로 무의식에서 솟아난다. 아기 한 명을 예상했는데 쌍둥이를 갖게 된 부모처럼, 이러한 신착품은 익숙해지는 데 시간이 좀 걸린다. 새로운 것을 받아들이는 일은 믿음과 신뢰, 사랑의 행위다. 이 단계를 경험함에 따라 당신은 감사할 가치가 있고 사랑으로 받아들여야 하는 무언가를 틀림없이 얻게 될 것이다.

4단계의 만다라

4단계의 만다라는 어머니와 아기가 함께 하는 달콤함을 담고 있으며, 태아처럼 보이는 쉼표 모양을 띠기도 한다. 여타 전형적인 형태로는 상부를 향한 삼각형이나 중심점이 있는 원, 혹은 안락한 둥지 등이 있다. 새로운 무언가를 품어 줄 수 있는 꽃이나 자궁을 닮은 형태 역시 볼 수 있다. 대체로 원의 중심은 분명하고 주변의 세부 묘사가 거의 없는 만다라가 나올 것이다.

 트리샤는 미술치료 워크숍에서 만다라에 관하여 처음 알게 되었다. 거기에서 그녀는 자신의 첫 번째 만다라를 그렸다. 만다라에 쓰인 색상은 약간의 주황색, 연분홍색, 하늘색, 연노란색이었다. 만다라는 해가 떠오를 때의 구름 속처럼 보였다. 그녀는 가운데의 물고기처럼 보이는 황금색 작은 형상에 당황하긴 했지만, 자신의 만다라가 만족스러웠다. 미술치료사가 제안한 대로 자신의 삶에서 새로운 것이 무엇이었는지 생각해 보았는데, 최근 몇 주 동안 경험했던 입덧밖에 생각이 나질 않았다. 여덟 달 후에 아들을 낳은 후에야 자신의 만다라가 그녀에게 보여 주었던 것이 무엇인지 이해할 수 있었다.

((연습과제))

만다라를 시작하기 전, [부록 B]$^{p.350\ 참조}$에 소개된 요가 동작을 하면서 4단계에 맞는 육체적인 감각을 갖추도록 한다. 노래 「은총의 비망록Grace

Note 〔부록 C〕, p.376 참조 역시 중심을 갖는 데 도움이 될 것이다. 긴장이 풀어지면서 준비가 되었다고 느낄 때, 아래에서 편안하고 안전하게 느껴지는 만다라 중의 하나를 선택해 창의적인 작업을 시작한다. 이 작업에서 자신이 좋아하는 색이 무엇인지에 주목해 보자. 아마도 당신은 이 만다라 작업 후에 과거의 내면아이의 존재를 인식하는 도전을 하게 될 것이다. 과거에서 비롯된 그림을 보는 일이 얼마나 놀라운가? 원 안에 그림을 위치시키는 것은 어떠한 느낌을 주는가? 피난처럼 편안함을 느끼는가, 아니면 압박감이 느껴지는가? 편안함을 주는 만다라에서 사용했던 색상이 하나라도 여기에 포함됐나? 왜 그런가, 아니라면 왜 안 그런가? 작업일지는 자신의 통찰을 명확히 하는 데 도움이 될 것이다.

※ **시작 만다라**
Mandala of Beginning

기본 미술재료(p.57~58 참조) / 문양 만다라 4([부록 A], p.333 참조)

비록 마지막 형태는 아직 보이지 않지만, 이 단계 동안 당신은 뭔가 새로운 것을 생산하게 될 것이다. 이 단순한 만다라 디자인의 중앙에 자리한 중심점은 그림을 그리는 시작점으로 사용될 수 있다. 생각을 너무 많이 하지 말고, 중심점을 구축해서 점차 만다라를 발전시킨다. 밝은 봄빛의 색상을 사용해 본다. 만다라가 완성되고 나면 조심스럽게 바라보자. 아마도 "태어남"과 관련된 무언가에 대한 정보를 얻게 될 것이다.

✳ 성모자상 만다라
Madonna and Child Mandala

기본 미술재료 / 어머니와 아이 사진

4단계는 어머니와 아기의 원형적인 심상을 일깨운다. 이 성상 이미지는 고대 이집트의 조각과 동유럽, 중동 지역의 더 오래된 조각상에 나타나 있다. 이런 시대의 이미지는 여신으로서의 어머니를 상징하며, 이를 통해 신자들은 그녀의 무릎에 앉아서 보호를 받는 존재인 아이와의 일체감을 느끼게 된다. 기독교 그림들은 성스러운 아기 예수를 양육하는 인간 마리아를 보여 주기 위하여 이 이미지를 채택했다. 이러한 이미지에는 아이를 사랑하고 보호하고 돌봐주는 좋은 어머니라는 이상적인 특성이 담겨 있다.

좋은 어머니의 특성은 원형적인 잠재력으로 우리의 무의식 속에 각인되어 있다. 우리의 어머니와 함께했던 삶의 경험이 원형의 실현에 기여한다. 그러나 실제 삶에서 어머니와의 관계에 결손이 있는 경우라면 원형적인 영역의 이미지는 위안을 주는 교정물로 발현될 수 있을 것이다. 실제로 당신은 지금 자신에게 어머니 노릇을 하고 있다. 우리 자신보다 누가 더 우리가 무엇을 필요로 하는지 알겠는가? '성모자상 만다라' 작업을 통해 자신에게 좋은 어머니 노릇을 해주고 또 받아들일 수 있는 잠재력을 표현할 기회를 갖게 될 것이다.

원을 그리고 나서 양육적인 이미지를 지닌 연한 색상으로 채워 보자. 중앙에는 성모자상 사진을 붙인다. 개인적인 의미를 강조하기 위하여 고대의 모자상을 좀 더 자세히 꾸미고 장식한다. 아마도 성모자상 만다라를 액자에 끼우고 그것을 걸어 둘 특별한 장소를 만들고 싶어질 것이다.

변형

신이나 여신, 초월적인 존재의 무릎에 앉아 있는 자신의 이미지를 가지고 성모자상 만다라를 만들어 본다. 만다라 안에 상징화된, 양육적인 초월적인 존재에게 편지를 써본다. 초월적인 존재가 당신과 당신 안의 아이에게 보내는 답장을 써본다.

❋ 내면아이 만다라
Mandala of Baby Me

기본 미술재료 / 아기 때 사진이나 사진 복사물

4단계 중에 활성화되는 양육적인 특성은 과거의 내면아이를 축복하는 데 유용하다. 우리의 내면아이는 인생의 전반기에 어린아이가 세상에 대한 정보를 수집, 처리, 해석하는 시각과 능력을 기반으로 형성되는 정체성 중의 일부분이다. 종종 내면아이가 세상을 보는 시각에 영향을 미치는 우리의 삶이나 우리가 누구인가와 관련된 이야기를 고착시킬 때도 있다. 물론 내면아이가 어른인 우리에게조차도 고통과 오해의 원인이 될 수도 있다.

'내면아이 만다라' 만들기는 삶의 전반부가 어떠했는지에 대해 어른의 시각과 정신적인 능력에 초점을 맞추어 앞으로 나아가는 데 힘을 부여하는 단계가 될 수 있다. 이 작업은 어린 시절의 이야기에 섬세함과 함축성을 더하고, 오래된 빛에서 벗어나게 하며, 과거의 실패를 용서할 수 있게 한다. 그리고 회복력의 서약이자 자신을 돌보는 사람에 대한 온정이 될 수 있다. 이 표현적인 작업은 과거의 내면아이가 사랑받는다고 느끼기 위하여 필요했던 사랑과 보호, 양육에 대한 책임을 수행하는 방법으로, 현재에도 가치가 있다.

원을 그린 다음, 그 중심에 아기 시절의 사진을 붙여 보자. 아기인 당신의 이미지를 품어 주고 지지할 만다라를 만들기 위하여 색이나 형태, 질감 등을 더한다. [도판 15] 참조 만다라가 완성되면 촛불을 켜고 아기인 자신에게 「생일 축하」 노래를 불러 준다.

작업일지를 써서 만다라에 더 반응한다. 다음과 같은 질문에 답해도 좋다. 이 만다라에서 나 자신에 대하여 알게 된 것은 무엇인가? 내가 안전하게 품어져 있는가? 그렇지 않다면 안전감을 느끼기 위하여 무엇이 필요할까? 아기로서 자신에 대하여 더 많이 알 수 있는 다른 방법의 하나로, 가족들이 들려준 자신과 초기 삶에 대한 이야기들을 적어 봐도 좋을 것이다.

❋ 새로움 발견 만다라
Discovering the New Mandala

기본 미술재료

무의식으로부터 오는 정보를 받아들이는 최상의 방법 중의 하나는 될 수 있는 한 통제를 거의 안 하는 선에서 무언가가 일어나도록 내버려 두는 표현 과정을 통하는 것이다. 무언가를 기대하지 않고 집착하지 않는 태도를 기르기 위해서는 이미지 안에 우리 자신의 면모가 숨겨진 채 혹은 은근히 드러나도록 해야 한다. '새로움 발견 만다라'는 우리를 시각적이고 근육 운동적인 과정, 그리고 우리 안의 숨겨진 부분과의 대화 기록 등으로 안내한다.

원을 그린 다음, 원이 안전하고 보살피며 품어 주는 공간처럼 보이는 데 도움이 되는 부드럽고 혼합된 색으로 채워 보자. 연필을 들어 원의 가운데 부근에 놓고 점을 찍는다. 그 다음, 연필을 떼지 말고 눈을 감은 채 연필을 움직여서 뭔가 새롭고 알지 못하는 것이 나오도록 표현한다.

  몇 분 동안 연필을 무작위로 움직인 후에 눈을 떠보자. 만다라 안에서 연필이 지나간 자국을 관찰해서 발전시킬 만한 형상이나 무늬, 혹은 모양이 있는지 찾아본다. 원하면 선이나 색을 덧붙여도 좋다. 만다라가 완성되었다고 느껴지면 잘 보이는 곳에 놓는다.

  작업일지에 당신과 만다라에 나타난 새로운 것과의 상상의 대화를 적는다. 새로운 질문은 다음과 같은 것들이다. 당신은 누구인가? 나한테서 무엇을 원하나? 나를 위해서 무엇을 할 수 있나? 나의 인생에 무엇을 가져다줄 수 있나? 질문 중간에 쉬면서 새로운 반응이 나오도록 하자. 그리고 나서 그 대화를 기록한다.

❋ 둥지 만다라
Nesting Mandala

기본 미술재료 / 나뭇가지, 풀, 실, 양털(선택사항) / 플라스틱 달걀(선택사항)

부드러운 색으로 원을 그리거나 둥지를 만들자. 원한다면 나뭇가지나 풀, 양털, 또는 자신이 원하는 것을 가지고 둥지에 질감을 덧붙인다. 이제 당신 자신이나 삶에서 보살피기를 원하는 무언가를 직접 그리거나, 사진이 있으면 달걀 모양으로 오린다. 플라스틱으로 만들어진 달걀을 사용하는 것도 좋다. 이 경우에는 당신이 **부화**시키고 있는 애정 어린 것이나 새로운 것을 가리키는 단어나 상징을 집어넣는다. 만다라의 중심에 위치한 달걀을 보살피기 위하여 당신이 할 수 있는 특별한 작업을 설명하는 상징이나 단어를 둥지에 덧붙여 보자.

❋ 꽃 가꾸기 만다라
Nurturing Flower Mandala

기본 미술재료

'꽃 가꾸기 만다라'를 만드는 과정은 여유롭고 긍정적이 되도록 고안되었다. 만다라가 완성되면 당신은 영감을 얻기 원할 때마다 자신을 보살피는 활동이나 자기긍정의 메시지, 그리고 환경을 상기시키는 상징을 갖게 될 것이다. 의식적으로 이완을 하며 시작한다. 그리고 나면 노래 「은총의 비망록」을 부르기를 즐기게 될 것이다.

먼저, 원을 그린다. 그 안에 더 작은 원을 하나 더 그린다. 그러면 작은 원이 꽃의 중심점이 될 것이다. 중심 원 안에 자신의 상징을 놓는다. 그리고 안쪽의 원과 바깥쪽 원 사이의 공간을 꽃잎으로 채운다. 꽃잎을 만들기 위하여 무언가를 그리거나 칠한다. 색종이를 활용해도 좋다. 각 꽃잎마다 당신의 보살핌과 보호를 받고 있다는 느낌을 주는 활동이나 환경, 자기긍정의 메시지, 취미, 혹은 향기에 대하여 적거나 그림을 그린다. 자신을 위해 할 수 있는 것들을 상기시킬 필요가 있을 때 이 만다라를 꺼내 보자.

❋ 환영 만다라
Mandala of Welcoming What's Up

기본 미술재료

4단계에서는 새로움을 수용하는 것이 요구된다. 켈로그는 '위로 향하는 삼각형'을 깨달아가는 무언가에 대한 공통적인 지표로 규정한다. 이

'환영 만다라'는 삶에 나타난 무언가를 규정하고, 그것에 대하여 당신이 어떻게 느끼는지 탐색하며, 당신 자신과 인생에 새롭게 나타난 것을 지원하기 위하여 스스로가 할 수 있는 방법을 발전시키도록 도와준다. 새로운 열정 탓에 때로는 무리할 수도 있을 터인데, 이 만다라는 새로운 것과 병행할 수 있는 자기보호 작업들도 명확히 하도록 도울 것이다.

종이 위에 원을 그려 보자. 가운데에 꼭짓점이 위를 향하도록 삼각형을 놓는다. 당신이 환영하고 싶은 새로운 무언가에 대하여 잠시 생각한다. 예를 들면, 우정, 기술, 학습 분야, 혹은 아마도 뭔가 도전이 되는 상황일 것이다. 이것을 원 위에 적는다. 삼각형 안에 새로운 계획이나 상황에 대하여 지금 떠오르는 생각이나 느낌을 적는다. 삼각형과 바깥 원 사이의 공간에 이 새로운 계획이나 상황에 대한 잠재력을 발전시키는 데 도움이 되도록 활용할 수 있는, 자신을 보살피는 행동이나 지지적인 형태에 대하여 적는다. 완성되면 당신이 원하고 필요로 하며 새로운 상황에 대한 희망을 보여 주는 항목들이 두드러져 보이게 만들어 보자.

✳ 선조 만다라
Ancestor holding Mandala

기본 미술재료 / 씨앗, 곡식, 구슬, 혹은 작은 물건들

전통에 대한 기초지식은 자신을 새롭게 발견하도록 해주는 강력한 용기container가 될 수 있다. '선조 만다라'는 먼저 세상을 떠난 사람들을 통해 가족 안에 이어져 내려오는 것을 깨닫는 데 목적이 있다. 만다라 만들기를 통해 자신과 선조들로 대표되는 당신이라는 존재의 뿌리, 그리

고 받아들이고자 하는 새로운 것 사이에 다리를 만들 수 있다.

또한, 당신에게 삶을 선물한 선조와 DNA뿐만 아니라 전해져 내려오는 기억과 기술, 그리고 전통 등 가족의 역사를 알게 될 것이다. '선조 만다라' 만들기에 조부모와 증조부모의 이야기를 엮어서 넣어 보자. 혹시 할머니가 재능 있는 재봉사였다는 이야기를 들은 적이 있는가? 그렇다면 만다라에 그녀를 나타내는 바늘과 골무를 포함시키자. 증조부가 선장이었나? 그렇다면 배 이미지를 포함시켜 보자.

가족의 윗세대에 관한 정보가 조금 밖에 없거나 아예 없을 때는 선조들을 표현하는 대신 민족이나 자라온 동네나 지역, 그리고 모국어 등을 나타내는 상징을 포함시켜도 좋다. 오랜 친구나 선생님, 멘토, 당신이 받아들이고 있는 종교적·도덕적·영적인 신념의 특성을 포함시키고 싶다면 그리해도 좋다.

직경 25cm가량의 원을 그리면서 시작해 보자. 이 원 안에 그보다 2~3cm 작은 원을 하나 더 그린다. 안쪽 원은 빈 채로 남겨 둔다. 안쪽 원과 바깥쪽 원 사이의 공간에 조부모와 증조부모를 나타내는 상징으로 채워진 경계선을 만든다.

조용히 앉아서 만다라와 돌아가신 분들이 당신에게 보내는 지지망에 대하여 생각하며 깊고 편안한 호흡을 한다. 그 다음, 만다라의 빈 중앙에 씨앗이나 곡식, 구슬, 혹은 작은 물건들을 뿌린다.

무작위로 뿌려진 물건들 사이에서 발견되는, 도움이 될 만한 메시지에 마음을 열어 보자. 이것은 오래 전 이 세상에 살았던 분들의 시각으로, 현재 당신의 삶을 바라보는 새로운 방식이 될 것이다. 이것은 중요한 가족 전통을 지속할 새로운 모험에 대한 영감을 줄 것이다. 심지어 이것은 과거는 과거에 그대로 두고 미래를 향해 나아가도 좋다는 허락이 될 수도 있다.

선조들과 그들이 당신의 삶에서 계속적으로 역할을 해온 부분에 관해 생각해 본 이번 작업을 마칠 준비가 되면 원 중앙의 물건들을 치운다. 그리고 '선조 만다라'를 안전하게 보관할 장소에 놓아둔다. 아마도 나중에 이 만다라를 다시 꺼내 오고 싶어질 것이다.

※ **임신 만다라**
Pregnancy Mandala

기본 미술재료 / 임신과 관련된 기념품(선택사항)

4단계는 새로운 삶에 관해 말하고 있다. 이 단계는 임신과 출산의 원형을 불러일으킨다. '임신 만다라'를 통해서 당신은 자신과 사랑하는 사람의 중요한 사건에 얽힌 느낌과 기억들을 탐색하는 공간을 갖게 된다. 또한 경험에서 얻은 선물을 기억하고 축하하는 공간 역시도 마련될 것이다. 이 같은 만다라 만들기는 아기와 부모 둘 다를 존중하는 한 방법이라고 볼 수 있다.

저마다 임신 모습은 다르다. 비록 태어나기 전이라도 아이들은 저마다 다른 인성을 지니고 있다. 당신의 아기는 여유롭고 편안하게 있었나? 아니면 팔꿈치로 당신의 갈비뼈를 쳐서 한밤중에 깨우곤 했나? 태어나기 전에 아기의 태명을 지어주었나? 임신 기간에는 예기치 않게 재미있거나, 사랑을 느끼게 하거나, 놀랍거나, 화나게 하거나, 슬프게 하는 사건을 겪을 수 있다. 당신이나 사랑하는 사람이 경험한 임신에 관하여 생각하면서 '임신 만다라'를 완성해 보자.

원을 그린 후, 중앙에 당신의 아기를 그리거나 상징물을 놓아 보자. 기억이나 단어, 이미지, 그리고 임신과 출산에 관한 여타 기념품으로 중앙 주변의 공간을 채워도 좋다. 그리고 감사나 기도, 부모로서의 조언 등 당신의 아기와 교류하고 나누고 싶은 말들을 덧붙인다. '임신 만다라'를 집 안의 제단home altar(종교를 초월해 기도를 하거나 명상을 하는 장소를 뜻함—옮긴이)에 놓고 그 앞에 촛불을 밝힌다.

4단계 돌아보기

4단계는 새로움의 출현과 그것을 받아들이는 도전의 시간이다. 오랜 기다림 끝에 새로운 것이 오게 되면 기쁨에 넘쳐 축하를 하게 된다. 그러나 우리가 기대하거나 준비가 안 되었을 때는 그것은 놀람의 대상이 되고 만다. 이 단계에서는 그것이 무엇이든 상관하지 말고 새로운 것에 마음을 열고 최선을 다해 보호하는 일이 필요하다. 새로운 것을 받아들이는 경험의 정수를 '만다라 카드 4'를 제작하는 데 활용해 보자.

※ **만다라 카드 4**

기본 미술재료 / 7×10cm 정도의 판지 / 콜라주용 그림이나 사진

'만다라 카드 4'에 맞게 원하는 모양과 크기로 카드 종이를 자른다. 카드를 만들기 위해서 콜라주를 만들 이미지를 모으거나 새로운 것의 수용이라는 주제를 표현할 수 있는 어리거나 새로운 것과 관련된 그림을 그린다. 카드에 이 단계의 전형인 위로 향하는 삼각형이나 점, 태아의 쉼표 형태, 혹은 당신이 선택한 이미지를 통합시키는 만다라 그림을 디자인한다. 카드 디자인을 완성하기 위해 적절한 이미지나 단어, 질감, 혹은 색상을 덧붙인다. 만다라를 평평하게 펴서 말린 후 안전한 장소에 보관한다.

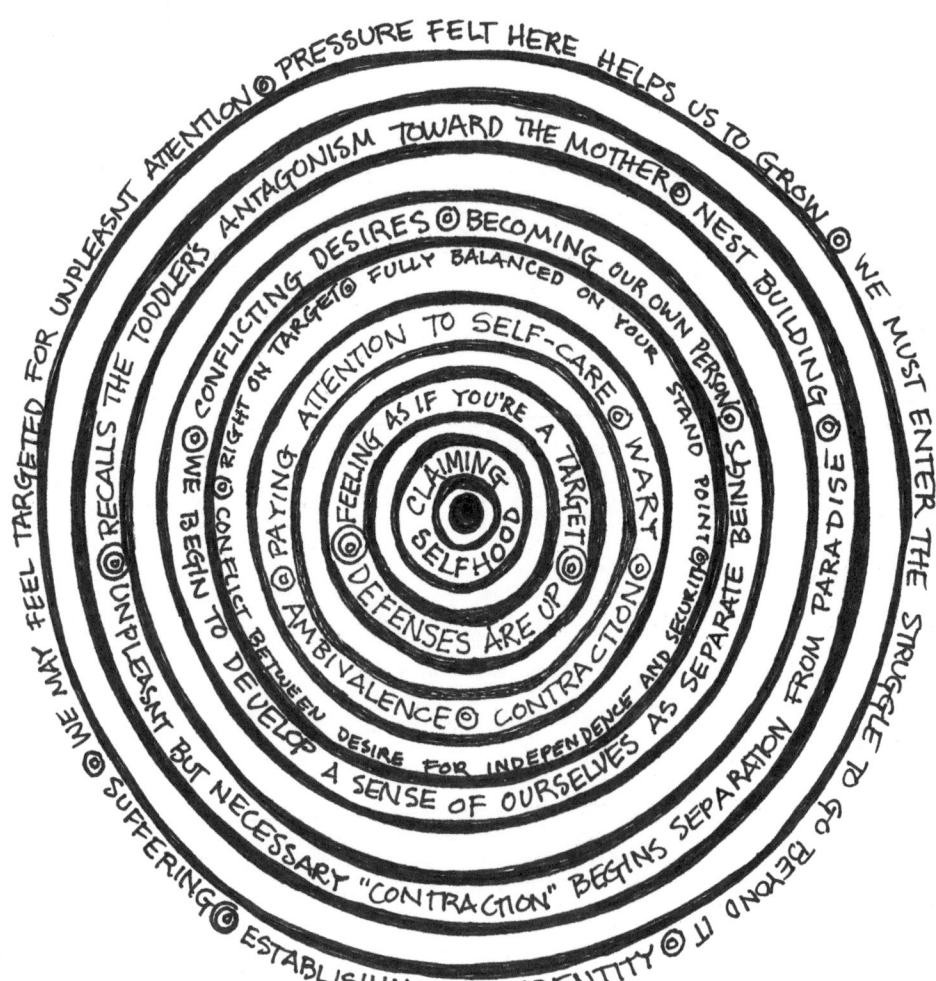

Stage 5 과녁:
두려움에 맞서 자기다움을 외쳐라

우리가 자기다움을 주장함에 따라 5단계에서는 에너지와 감정이 고양된다. 따라서 켈로그가 과녁Target이라고 칭한 이 단계 중에 분노와 당황스러움, 두려움을 느끼다가도 때로는 용기백배해지는 것은 무척 자연스러운 일이다. 이 단계의 관점에서는 세상이 위험한 곳으로 보일 수 있다. 부정적인 관점에서 자신을 의심의 눈으로 바라보다 보면 피해망상도 나타날 수 있다. 그러나 자신의 개성에 대한 입장을 발견하고 견지해 나가다 보면 재미도 느끼고, 관심을 받는 대상이 된다고 느낄 수도 있을 것이다.

우리는 두서너 살쯤 되었을 때 5단계를 처음 경험한다. 혼자 서고 걸을 수 있게 되는 이 시기에, 독자적인 보행 능력을 통해 짧은 기간 동안 자신에 대한 감각을 발달시키게 된다. 유아는 자신의 욕구가 보호자의 그것과 충돌할 때 "싫다"고 말함으로써 삶에서 가장 중요한 사람들에게 동의하지 않는 모험을 처음 감행한다. 이것이 보기엔 아무 것도 아닌 것처럼 보이겠지만, 사실은 행복하게 의존했던 유아 상태를 포기하겠다고 선언하는 일이다. 따라서 미운 세 살이라고 불리는 것이 당연하다.

어른이 이 단계로 되돌아오게 되면 자아를 변화시키는 것과 관련된 의미심장한 지점들과 만나게 된다. 이 단계에서는 독립과 안전에 대한 욕망이 서로 충돌하는 것을 경험하게 될 것이다. 최선의 행위가 무엇인지 선택하는 과정에서 타인과 의견이 다르거나 타인의 요구를 거절해야 할 때 당신은 저항에 직면할 수 있다. 그렇게 되면 당신은 무의식적으로 분노를 타인에게 투사하여, 그가 보복할지도 모른다는 두려움에 빠지게 될 수도 있다. 자신의 최선의 방어책이 무엇인지를 아는 것이 중요해 보인다. 또한 이 시기야말로 자기보호에 특별히 관심을 가져야 할 때다.

샌디는 고등학교 대수학 시험에서 최하 점수를 받았다. 그는 시험 후 첫 대수학 수업 전 날, 신경이 너무 예민해져서 잠을 잘 수가 없었다. 결국 그는 수업 시간에 토하고 말았다. 학교에서 벌어진 이 상황은 어느 정도 수습이 되었지만, 그는 너무나 창피했다. 그 다음 날, 대수학 선생님이 그를 위로하며 제안하였다. "나도 대수학을 너처럼 느낀 적이 있었단다. 과외를 좀 받아보면 어떻겠니?" 샌디는 과외를 받으면서, 과외 선생님에게서 초조함을 어떻게 다루어야 하는지에 대한 조언도 들을 수 있었다. 지금도 샌디는 사업과 관련된 프레젠테이션을 해야 할 때마다 의식 같은 것을 치르는데, 이는 안정감을 갖게 해준다. 그는 마감시한 전까지 꼼꼼하게 준비를 하고, 프레젠테이션 전날에는 연습을 많이 한다. 그 다음, 잠드는 데에 도움이 되는 편안한 음악을 골라 듣는다. 이러한 절차를 거치는 동안 그는 에너지를 일깨우고 좋은 프레젠테이션을 할 수 있다는 자신감을 갖게 된다.

양가감정, 주춤거림, 혹은 자기비판과 같이 자신의 다른 부분들 사이에서 유발되는 충돌로 인하여 이 단계에서 갑갑함을 느끼는 것은 자연스러운 일이다. 이것을 선택해야 할지 아니면 저것을 선택해야 할지 풀 수 없을 것 같은 딜레마로 괴로워하는 동안 짜증이 화로 분출될 수 있다. 충돌이 즐길만한 것은 아니지만, 뚜껑이 꽉 닫힌 채 끓고 있는 주전자처럼 충돌은 에너지, 즉 개인적인 성장에 불을 지필 정신적인 에너지로 전환된다. 당신 자신 안에서, 그리고 타인과의 관계에서 밀고 당기는 과정을 통해 자신에 대하여 좀 더 명확하게 알게 될 것이다.

> 이 공간에서 이루어지는 제의적인 행위는 통과의례가 될 수 있다. [...] 이러한 공간에서 이루어지는 충동적인 본성은 둥지를 트는 새의 본능적인 반복 행위에서도 볼 수 있다. 이 행위는 반복 순환을 거듭하는 자연의 전형적인 사례가 될 것이다.
> 조앤 켈로그

흥미롭게도 몇몇 신비주의자들은 동심원의 패턴이 자신들의 영적인 경험에 대한 적절한 표현임을 발견했다. 힐데가르트 폰 빙겐은 이러한 동심원의 배열을 통해서 천사의 순위를 개념화했다.^{문양 만다라 5, p.334 참조} 힌두교의 탄트라 미술도 우주의 영원불멸한 흥망성쇠의 순환을 상징하는 데 동심원의 순환을 활용한다. 당신의 만다라도 비슷한 영감을 받게 될 것이다.

5단계의 의도

5단계의 과업은 자기 자신에 대한 책임감을 가지고 내면의 부모에 맞서 자율성을 요구함으로써 두려움에 대항하는 것이다. 이 단계는 수프를 끓이는 것에 비유될 수 있다. 많은 재료가 함께 들어가지만, 모두가 원하는 미묘한 향의 요리가 완성되기 위해서는 끓이는 동안 참을성 있게 기다려야 한다. 자기다움을 주장하기 위해서는 이 단계의 전형적인 충돌들을 견디는 것이 요구된다.

5단계의 만다라

5단계의 만다라는 보통 뚜렷하게 찍힌 중심점 주변의 동심원, 즉 과녁과 닮아 보인다. 마치 비치볼을 한 쪽에서만 보는 것과 같은 줄무늬 형상을 할 때도 가끔 있다. 만다라에 쓰이는 색상으로는 주로 밝은 색상이 눈에 띌 것이다. 빨간색/초록색, 보라색/주황색, 파란색/노란색 등과 같은 보색도 자주 사용된다. 이 색상들은 이 단계에서 에너지가 급증하고 있음을 시각적으로 보여 준다. 우리 만다라 그룹의 일원인 모린 셸턴의 만다라가 좋은 예다.^{[도판 16] 참조}

((연습과제))

만다라를 만들기 시작하기 전에, 5단계로 진입하기 위한 스트레칭을 하고 호흡 시간을 갖는다. 이때 5단계를 위한 요가 동작[부록 B], p.352 참조을 하는 게 좋다. 요가를 하면서, 팔을 넓게 뻗었을 때 어떻게 느껴지는지 생각하고 가슴에 집중하는 동작 만다라로 공간을 채워 보자. 그 다음, 만다라 작업을 하는 동안 다음과 같은 질문들을 염두에 둔다. 자신이 뭔가 겨냥하고 있다고 느껴지거나 혹은 표적이 되고 있다고 느껴지는가? 어떤 종류의 방어가 안전한 느낌에 도움이 되나? 안전함 혹은 강함 중에 어떤 것이 더 중요한가? 만다라와 이러한 질문에 대한 반응을 작업일지에 쓰게 되면 자신에 대한 유용한 정보를 얻을 수 있다.

✳ 힐데가르트 만다라
Hildegard's Mandala

기본 미술재료(p.57~58 참조) / 문양 만다라 5([부록 A], p.334 참조)

이 만다라는 모든 존재들이 함께 춤추고 노래하며 신의 창조를 찬미하는 힐데가르트 폰 빙겐의 종교적인 환영을 나타낸다. 천사와 인간으로 이루어진 원 9개가 "아름다움이 태어난 중심의 신비"(폭스, 1985)를 나타내는 빈 원을 둘러싸고 있다. 가장 밝은 색으로 천사와 인간으로 이루어진 이 동심원들을 채워 보자. 이것은 이 단계의 전형인 강력한 에너지를 붙잡는 데 도움이 된다.

어린 나 만다라
Little Me Mandala

기본 미술재료 / 7×10cm가량의 판지(선택사항) / 어린 시절의 사진

우리는 세 살 무렵에 5단계를 처음 경험한다. 이 시기는 인생에서 관계와 경계, 옳고 그름, 그리고 자신만의 의지를 지닌 개인으로서의 존재감 등 중요한 발견을 하는 때다. '어린 나 만다라' 만들기는 당신이 호기심 많은 작은 아이였다는 사실을 존중하기 위한 것이다. 가족과 인생에서 중요한 타인들과의 관계도 중요하다.

생의 초기의 정체성과 인간관계에 관하여 탐색함으로써 인생에 대한 많은 결론들이 이 시기에서 비롯되었다는 자각이 높아질 것이다. **"넘어지면 다친다"** 등과 같이, 그 결론들 중 대부분은 지금도 여전히 유용하다. 그러나 현재의 시각에 맞춰 교정될 필요가 있는 것들도 있다. 예컨대, 낮잠은 지루하게 시간을 낭비할 뿐이라는 어린아이 같은 시각은 개선될 필요가 있다.

도화지나 판지 가운데에 점을 찍고, 그 점을 중심으로 다양한 크기의 동심원 5개를 그린다. 맨 가운데 원에 어린 자신의 이미지를 놓는다. (이미지가 도화지에 세로로 서 있기를 바란다면 판지로 지지대를 만들어도 좋다.) 그 다음 원에는 가운데 원에 놓은 이미지의 나이 무렵 자신과 함께 살았던 가까운 가족의 이름이나 상징, 또는 이미지를 놓는다.

그 다음 원에는 유아기에 같은 집에 함께 살지는 않았지만 중요한 친족들을 자리 잡게 한다. 아마도 조부모, 이모, 고모, 삼촌, 사촌 등이 여기에 해당될 것이다. 그 당시 가족의 부재나 사망으로 인하여 집에 함께 살지는 않았지만 당신이 애착을 가졌을 보호자도 이 원에 속할 것이다.

그 다음 원에는 이웃이나 친지, 유치원 친구들, 교회나 유치원 선

생님, 목사님이나 신부님 등 이 시기에 당신 삶에 중요한 영향을 끼친 사람들의 이름이나 이미지, 혹은 상징을 놓는다. 마지막으로 맨 바깥쪽 원에는 장난감, 만화, 노래, 게임, TV 프로그램, 영화, 만화 주인공 등 당시에 좋아했던 더 큰 범주의 문화적인 요소들을 놓는다.

만다라가 완성되면 그것을 잘 살핀다. 유아일 때 자신과 맺었던 관계들을 되짚어 보자. 정체성을 수립하는 데 영향을 준 원 안의 사람들과 요소들이 얼마나 당신에게 지지적이고 도움이 되었는지 혹은 지장을 주었는지 숙고해 보자. 삶에서 이 시기가 지금의 당신이 형성되는 데 어떻게 영향을 미쳤나? 유아로서의 경험을 통해서 신뢰감과 어떻게 접촉될 수 있었나? 당시에 얻은 세상에 대한 생각 중에 지금도 여전히 선언하거나 재고해 보고 싶은 것이 있나? 지금 가진 생각을 주장하거나 현재의 당신 안에 더 나은 부분으로 만들고 싶다면 만다라에 단어나 이미지를 덧붙여 보자.

❋ 빈두 만다라
Bindu Mandala

기본 미술재료

빈두Bindu는 산스크리트어로 "시작 지점" 또는 "귀환 지점"이라는 뜻이다. 빈두는 인도문화에서 비롯된 원 그림인 얀트라yantra의 중심을 상징한다. 동양문화에 기원을 둔 여타의 만다라와 같이, 얀트라는 신성한 에너지를 불러내어 응축해서 담아낸다. 얀트라에서 빈두는 '삶은 창조와 파괴의 끊임없는 흐름'이라는 메시지를 담고 있다.

빈두를 원에 덧붙이면 여타의 모든 그림 요소들을 조직하는 중심점이 되기 때문에 시각적으로 그림에 생기를 준다. 이 만다라를 제작하게 되면 중심점, 즉 빈두를 덧붙일 때 발생하는 전환을 경험하게 된다. 이러한 전환이 당신에게 어떤 의미인지 깨달을 수 있도록 마음을 열어두자.

도화지 위에 연필로 앞으로 만들어갈 만다라의 중앙에 살짝 점을 찍는다. 컴퍼스를 이 점 위에 올려놓고 원을 그린다. 같은 점을 이용해 원이 동심원 모양으로 조금씩 커지게 원 3~4개를 더 그린다. 될 수 있으면 선 안에 촘촘하게 색을 칠한다. 색으로 다 메우고 나면 선과 색상의 상호작용에 대하여 관찰한다. 그 다음, 빨간색이나 검정색으로 만다라 중앙에 점을 찍는다. 만다라가 빈두의 존재로 인하여 복합성과 잠재적인 형태, 무궁무진한 시각적 관계가 형성되면서 활기를 띠게 되는 것을 인지하게 될 것이다.

과녁 만다라
Target Mandala

기본 미술재료

살면서 우리는 만족이나 유능, 몰입 등을 느끼는 때가 있다. 아울러 불만족이나 유약, 혼돈을 느끼는 시간도 역시 경험한다. 실제로 현실은 이 두 가지 극단적인 느낌 중간 어딘가에 위치한다. 이 만다라는 삶의 이러한 역동성을 탐색해 보고 가능한 한 균형점에 가까워지는 기회를 주는 데 목적이 있다.

도화지의 만다라 중앙에 점을 찍는다. 이 점에 컴퍼스를 대고 원을 그린다. 같은 점을 이용해서 동심원을 3~4개 더 그리는데, 각각의 간격을 일정하게 한다. 그 다음 빨간색/초록색, 보라색/ 주황색, 노란색/파란색 등 밝은 보색들로 원들을 칠한다. 칠하는 동안, 살면서 당신이 타인에게서 긍정적이거나 부정적인 관심의 대상[표적]이 된다고 느꼈던 상황을 생각해 본다. 또한 적절한 시간과 장소에서 좋은 표적이 된다고 느꼈던 상황도 떠올려 본다. 과녁 한 복판의 가장 가운데 원에는 당신이 지닌 강력한 중심점[토대]을 상징하는 색을 사용한다.

✱ 가족 원 만다라
Family Circle Mandala

기본 미술재료 / 도기용 찰흙, 폴리머 찰흙, 혹은 모델링 찰흙 / 40×40cm 가량의 판지 또는 나무

우리에게 태도와 행동을 가르쳐 준 사람은 우리를 키워 준 가족이다. 이 친밀한 그룹이 우리가 어떻게 인간이 되는지 방법을 가르쳐주고 인생을 시작하도록 해주었다. 어른으로서 우리는 관계와 가치, 우리 자신의 정체성에 관하여 주어진 이야기들을 수용할 것인지 아닌지 선택을 하게 된다. 그러나 선택은 좀 더 어려울 수 있다. 왜냐하면 이러한 이야기들은 우리의 기억 깊숙한 곳에 숨겨져 있으며, 무의식에 대한 우리의 자각 너머에 있기 때문이다. '가족 원 만다라'는 당신과 가족의 이러한 이야기들을 발견하고, 탐색하고, 심지어 바꿀 수 있는 용기container를 만드는 작업이다.

찰흙으로 당신과 가족, 즉 두 살에서 네 살까지 함께 살았던 사람들을 나타내는 인물을 빚어 보자. 가족 구성원들에 관하여 생각하기 위해 판지나 나무 위 평평한 곳에 인물들을 배열한다. 당신이 유아였던 그때처럼 가족에 대한 기억에 한동안 머문 다음, 가장 중요한 사람(들)을 들어 가운데 놓고, 이 사람과의 관계를 중심으로 다른 찰흙 인물들을 배치한다. 가깝게 놓인 인물들은 가까운 관계임을 나타낸다. 인물

사이에 거리가 먼 것은 덜 가까웠다는 뜻이다. 인물 주변에 자유롭게 원을 그린다.

[찰흙으로 만든] 당신과 가족의 초상을 생각할 때 어떻게 느끼게 되는지에 주목하자. 그것은 당신이 보낸 이 형성기의 삶에 대해 무엇을 말해 주나? 가족 구성원들 중에서 누가 당신과 가장 가까이에 위치하고 있는가? 당신은 아마도 이 인물에 감정적으로 가장 가깝다고 느낄 것이다. 당신으로부터 가장 거리가 먼 인물이 누구인지 확인해 보자. '가족 원 만다라'에서 누가 가족 중에 가장 가까웠는지 혹은 가장 멀었는지 등과 관련하여 새롭게 알게 된 놀라운 일이 있는가? 당신이나 가족 구성원에 관하여 들은 이야기나 기억들을 가지고 이러한 정보를 배치하는 것이 어떻게 느껴지나? 주변의 인물들을 움직여 보고 당신과 다양한 가족 구성원 사이의 거리를 바꿀 때 느낌이 어떠한지에 주목해 보자.

이제 현재의 가족 상황으로 전환해 본다. 더 가까워지고 싶거나 멀어지고 싶은 가족 구성원이 있는가? 원하는 가족관계를 이룰 수 있다면 그 방식으로 새로운 가족 구성원을 만들어 보자. 이 가족 만다라는 현재 가족과의 관계와 비교할 때 어떠한가? '가족 원 만다라'에서 관찰한 것을 바탕으로 지금 하고 싶거나 할 수 있는 행동이 있는가?

❋ 방패 만다라
Defensive Shields Mandala

기본 미술재료 / 30×30cm가량의 게시판 용지 또는 두꺼운 도화지 / 실 또는 끈

당신이 스스로를 보호할 수 있음을 아는 것은 당신이 안전하다고 느끼고 용기를 갖는 데 도움이 된다. 상황에 따라서 위협과 보호의 수준을

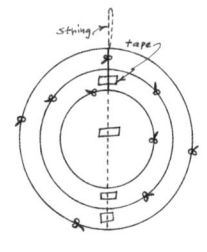

방패 만다라

나누어 보자. '방패 만다라'를 통하여 우리는 약한 위협상태에서 도전이 되는 상태까지 위협수준을 나누어 탐색하고, 적절한 보호 행동에 대해 생각하며, 약한 위협을 진정시킬 수 있는 자기긍정의 메시지도 만들 기회를 가질 것이다. 또한 필요시 가장 효과적인 방어 행동이 활성화될 수 있음을 보여 주는 상징을 개발하는 데 목적이 있다.

게시판 용지나 두꺼운 도화지에 중심점을 표시하고, 그것을 중심으로 적어도 동심원 3개를 같은 간격으로 그린다. 그 중 가장 큰 원을 오린다. 이제 가장 큰 원 위의 한 점에서 중심점을 향해 선을 그리는데, 가운데 원 안으로 들어가기 바로 전 원 둘레에서 멈춘다. 칼이나 가위를 이용해 방금 전 그린 선을 따라 들어가 원과 동심원들을 오려 낸다. 그 다음, 선을 따라 오린 곳에 테이프를 붙여 오려낸 동심원들이 고리 모양이 되게 만든다. 작업을 마치면 가운데 원 하나와 바깥의 동심원 몇 개를 얻게 될 것이다.

가운데 원은 당신을 상징한다. 각 동심원은 당신이 필요할 때 이용할 수 있는 보호의 단계를 나타낸다. 가운데 원을 당신 자신을 나타내는 단어나 상징들로 채워 보자. 사진 혹은 "나는 ___이다"와 같이 쓴 자기긍정의 메시지, 시, 혹은 참을성, 에너지, 유머, 용기, 기타 등등 개인적인 특성을 적을 수도 있을 것이다.

원을 둘러 싼 가장 작은 안쪽 동심원 한쪽 편에 그러한 위협의 순간을 적거나 그림으로 그린다. 예기치 않게 소나기를 맞은 일, 까칠한 성격의 이웃에게 보내온 편지를 실수로 받은 일, 혹은 시속 60km 구역을 80km로 달리다가 감시카메라를 지나친 일 등이 가장 덜 위협적인 순간이 될 것이다. 그리고 그 반대편에는 편하게 느껴지는 적절한 대응 방법에 대한 글, 그림, 콜라주로 자기긍정의 메시지를 담는다. 예를 들어, 비가 조금 밖에 안 내려서 그리 피해를 입지는 않았던 일을 기억한다든지, 이번에는 반대로 이웃 여성이 자기 편지를 내 우편함에 넣은 순간을 떠올린다든지, 차의 액셀러레이터에서 발을 뗀다든지, 숨을 깊

동양 만다라의 부처의 발

이 들이마시고 내쉬면서 어깨의 긴장을 떨어뜨리는 것 등이 적절한 대응방법이 될 수 있다.

다음으로 동심원의 한쪽 편에는 분노를 경험한 상황을 적거나 그림으로 그린다. 아마도 기차에서 다른 승객과 부딪힌 일, 차 열쇠를 잃어버린 일, 혹은 직장에 늦고 있는 상황이 그 예가 될 것이다. 그 반대편에는 당신이 보호받는다거나, 적어도 조금이라도 편하게 느끼는 데 도움일 될 수 있는 자기긍정의 메시지나 적절한 행동을 보여 준다. 예를 들면, 반응을 하기 전에 10을 세는 일, 다음에 해야 할 일에 집중하기, 열쇠를 본 마지막 순간이나 장소를 떠올리기, 상사에게 전화해서 자신이 가고 있다고 알리는 일 등이 적절한 행동이 될 것이다.

가장 바깥 동심원의 한쪽 편에는 가장 심한 시련이라고 느껴지는 상황을 적거나 그림을 담는다. 공격적인 동료에게 대항해야 하는 상황, 위험한 하이킹 산길을 걷는 일, 혹은 배우자가 이혼을 요구하는 일 등이 그러한 예에 포함될 것이다. 반대편에는 시련을 다루는 데 활용할 수 있는 전략이나 긍정적인 말들을 그림으로 나타낸다. 전략적인 행동에는 평정을 유지하기, 가능한 한 많은 정보를 수집하기, 조심스럽게 준비하기, 할 수 있는 것만 하고 나머지는 그대로 내버려 두기, 도움이나 중재를 요청하는 일 등이 포함될 것이다. 여기서 할 수 있는 자기긍정의 메시지로는 "감정은 지나간다", "그저 숨을 쉬어라", "삶이 나에게 주는 것이 무엇이든 통제할 수 있도록 나의 창의력을 사용할 것이다", "나는 필요하면 도움을 요청할 수 있다", "감정은 나에게 유용한 정보를 준다", "마음을 열어라", "사실을 직시하라" 등이 포함될 수 있다. 이처럼 동심원에 이러한 이미지와 문장들을 배열하는 데 창의력을 활용해 보자.

원을 평평한 곳에 놓고 그 주변에 동심원들을 잘 배열하여 원래 그렸던 선들이 다시 연결될 수 있도록 한다. 이 선을 따라 끈을 놓는데, 맨 바깥쪽 동심원에는 매달 수 있는 고리를 만들 수 있도록 길이를 충분히 남긴다. 안쪽 원과 주변의 동심원들이 자유자재로 꼬이거나 돌 수 있도록 본드나 테이프로 끈을 붙인다. '방패 만다라'를 벽에 걸고 자기보호와 보살핌을 줄 수 있는 수많은 선택사항을 상기시키는 상징물이 되게 하자.

✳ 명확한 입장 만다라
Standpoint Mandala

기본 미술재료 / 80×80cm가량의 종이나 판지 / 끈 30cm가량

동양의 종교미술을 살펴보다 보면 가운데에 발자국이 있는 만다라의 예들을 발견할 수 있다. 이것은 부처의 현존을 상징하는데, 다른 만다라에 쓰인 그의 이름이나 이미지도 마찬가지다. 다른 문화권에서는 바이킹 시대에 새겨진 암각화를 볼 수 있는데, 이는 인간의 발을 암시하고자 하는 의도가 분명하다. 이 발들은 배 이미지 가까이에 있다. 이것은 아마도 배를 물에 띄우는 일과 같은 중요한 행사에서 누군가의 존재를 입증하려는 기호의 일종으로 보인다.

우리는 어떤 문제에 대하여 **입장을 취할 때** 신념을 발휘한다. 민주주의 과정에서는 어떤 문제에 대하여 투표를 통해 입장을 견지하고 지지를 표현할 것이다. 이러한 경우 우리가 존재하며 개인적인 관점을 지니고 있다는 사실을 언어적으로, 혹은 물리적으로 보여 준다. 한편, 우리의 입장을 분명히 보여 줄 필요가 있다. 그래야 타인들이 우리가 존재한다는 것을 알 수 있다. 이러한 행동들을 취함으로써 자신의 존재의 중요성을 주장하고 자신만의 정체성을 지닌 독특한 개인으로서의 나라는 존재를 선언할 수 있다.

'명확한 입장 만다라'는 육체적인 존재이자 경계, 능력, 기호를 지닌 인간으로서의 자신의 현존에 감사하기 위하여 문자 그대로 **입장을** 고수하는 것을 가능하게 한다. 이 만다라를 통해서 우리는 **자신의 다리로 버틸 수 있는** 기회와 튼튼한 개인으로서의 자신을 축하할 수 있는 기회를 갖게 될 것이다.

큰 도화지나 판지 가운데에 서서 (신발을 신거나 벗거나 상관없이) 발 주변을 따라 그린다. 그 다음, 연필에 끈을 묶는다. 이것이 컴퍼스

역할을 할 것이다. 끈의 끝자락을 자유롭게 잡고 그려진 두 발 사이의 중간 지점에 연필 끝을 댄다(이것이 중앙점이다). 그 다음, 끈을 팽팽하게 유지하면서 발의 윤곽선을 빙 둘러서 원을 그린다. 이제 발의 윤곽선에 맞추어 꾸미는 작업을 해도 좋고, 원을 벗어나도 좋다. 그리고 밝은 색상을 활용해 발의 윤곽선에서부터 원의 둘레에 이르는 동심원을 더 그릴 수도 있을 것이다. 만다라가 완성되면 발의 윤곽이 새겨진 곳에 다시 서보자. 똑바로 서서 이러한 방식으로 자신의 입장을 명확히 하는 것이 어떤 느낌인지 인지한다. 사용한 색상에 대해, 그리고 그 색상들이 자신이나 관점에 관하여 무엇을 말하고 있는지 작업일지에 적어 보자.

✳ 보호 상자 만다라
Nesting Box Mandala

기본 미술재료 / 공예점에서 구입한, 나무로 된 원 모양의 둥지 상자 세트

동양의 순례자들은 종종 솜씨 좋게 만들어진 것들이 연속적으로 나오는 신성한 성지 미니어처를 가지고 다닌다. 그들이 여행 중에 쉬기 위하여 멈추어 선 순간 작은 상자가 열리고, 보호의 신이나 지혜의 스승, 행운의 상징 만다라가 칸칸이 드러나곤 한다. 서양 사람들은 아기의 이나 사랑하는 사람의 머리카락, 작은 보석, 혹은 온갖 종류의 개인적인 기념품을 보관하는 상자에 친숙하다.

'보호 상자 만다라'는 지원과 영감, 보호의 자원을 나타내기 위하여 만드는 특별한 상자 세트다. 일단 완성하고 나면, 이 만다라는 당신을 상징하는 특별한 물건들을 보호해 줄 것이다. 그렇게 함으로써 이 만다라는 필요하다고 느낄 때 도움을 요청할 수 있는 수많은 자원들을

자신이 가지고 있음을 상기시키는 물건이 될 것이다. 상자는 열어 놓거나 닫아 놓을 수 있고, 물건들을 서로 포개 놓거나 따로 분리해 세워 놓을 수 있다. 물건을 추가하거나 없앨 수도 있다. 이러한 선택사항을 통해 당신은 보호적인 자원을 배치하는 데 있어서 개인적인 선택과 융통성을 지니고 있음을 상징적으로 체험할 수 있다.

각각의 상자가 저마다 당신에 대한 보호의 층위를 상징하도록 만들어 보자. 사랑이 담긴 지원과 보호, 영감을 나타내는 이미지와 상징으로 상자를 장식한다. 완성되고 나면 가장 작은 상자 안에 돌이나 보석, 혹은 꽃과 같은 당신의 상징물을 넣는다. 좀 더 큰 상자 안에 이 작은 상자를 넣는다. 가장 큰 상자 안에 그 다음 큰 상자를 집어넣는다. 가장 작은 상자 안의 물건에 부여된 상징과 같이, 여러 층위의 보호를 자신이 받고 있는 것에 대해 어떻게 느끼는지 생각해 보자. 뚜껑을 제거하거나 한 개 또는 그 이상의 상자를 빼면서 보호의 층위를 제거하는 것이 어떤지 실험해 본다. 어떻게 느껴지나? 다른 것들보다 더 필요해 보이는 층위가 있는가? 그렇다면 왜 그런가? 아니라면 왜 그렇지 않은가?

❋ 모순의 구 만다라
Sphere of Influences

기본 미술재료 / 둥근 공 또는 부드럽고 둥근 모양의 그릇(공예점에서 파는 나무나 스티로폼으로 된 것도 가능) 2개 / 종이 반죽(신문지 2.5×5cm, 풀)

만다라가 항상 평평한 원은 아니다. 돔 형태도 있고, 3차원의 구 형태도 있다. 구는 원만큼 이질적인 색상과 시각적인 이미지 사이에 질서를 만들어 주는 능력을 지니고 있다. '모순의 구 만다라'를 통해서 당신은 인격의 모순되는 면[세력]들을 구의 전체성 안에서 시각적으로 통합시키는 공간을 얻을 수 있게 된다. 이는 개인적인 모순과 때대로 자연스러운 삶의 일부로 생기는 모순들의 충돌을 수용하는 모습을 보여 주는 공간이 될 것이다.

풍선이나 둥근 그릇을 이용해 종이 반죽 구를 만들어 보자. 풍선을 이용한다면, 풍선에 바람을 넣고 매듭을 묶는다. 매듭을 제외한 풍선 전체를, 2.5×5cm로 자른 신문지 조각과 풀을 이용해 만든 종이 반죽으로 덮는다. 이것이 마르면 풍선을 터뜨려 제거하고, 종이 반죽을 더 써서 구멍을 막는다. 그릇을 이용하는 경우에는, 들러붙지 않는 반영구 스프레이를 둥근 바닥에 뿌린 후 신문지로 만든 종이 반죽을 겹겹이 바른다. 한동안 마르게 둔다. 이제 그릇에서 종이 반죽으로 만들어진 반구를 떼어 낸다. 두 번째 반구도 같은 방법으로 만든다. 신문지 양면을 넓게 깔고, 그 위에서 원이 만들어지도록 두 반구의 경계 부분에 접착제를 바른다. 마스킹 테이프나 뜨거운 글루건을 이용할 수도 있다. (두 반쪽을 붙이기 전에 안쪽을 장식하고 싶다면 그리해도 좋다.)

구에 지름 8cm 정도의 원을 그린다. 그 다음, 컴퍼스를 간격이 2.5cm 정도로 가능한 한 가장 작게 조절한다. 그려진 원 위에 컴퍼스의 끝을 대고 컴퍼스로 [원의 윤곽선을 따라 테를 두르듯이] 원을 따라 가다 보면 연필로 새로운 원[테를 두른 것 같은 동심원]을 그리게 될 것이다. 그런 다음, 새롭게 그려진 원 위에 컴퍼스의 끝을 대고 다시 따라 돌면서 그 다음 원을 그린다. 그런 식으로 계속해서 구 전체에 퍼지도록 2.5cm 간격으로 동심원을 그려 나간다. 새로 생긴 동심원의 윤곽선의 개수가 홀수가 될 때 선 그리는 것을 멈춘다. 마지막에는 남아 있는 빈 공간에 처음 시작한 같은 크기의 원이 만들어진다. 아마도 이 두 원은 서로 구의 반대편에 위치할 것이다.

두 원에다 너무나 달라서 대조적으로 보이는 당신의 일면들을 나타내자. 예를 들어, 자전거 경주와 명상으로서의 그림 그리기는 똑같이 중요한 취미이면서도 매우 다르다. 내향성과 외향성으로 분리해 본다면 당신이 집에만 있으려고 하는 때와 사교적일 때로 나누어질 것이다. 그 밖에 탐색해 볼 만한 중요한 대립의 하나는 관계에 있어서 떠나려는 경향과 머물러 있고 싶은 욕망이 될 수 있다.

당신이 탐색한 두 특성을 나타내는 색으로 구의 두 원을 색칠한다. 색상 선택을 확실하게 해서 그 차이를 강조해 보자. 원 주위의 고리에 두 가지 색상을 교체해 칠해도 좋다. 완성되고 나면 '모순의 구 만다라'를 천장에 달 수 있도록 고리를 부착한다. 구를 회전시키면서 어떻게 원이 줄무늬가 되었다가 다시 (반대쪽) 원으로 전환되는지 본다. 외견상으로 모순된 요소들이 어떻게 구 위에서 공존하는지 살펴보자. 3차원의 구를 회전시킬 때 무엇이 보이는가? 마지막으로 당신의 전체성의 상징인 이 '모순의 구 만다라'를 보는 일을 즐겨 보자.

✻ 성스러운 꽃 만다라
Sacred Flower Mandala

기본 미술재료 / 도기용 찰흙, 폴리머 찰흙, 혹은 모델링 찰흙 / 천(선택사항)

꽃의 구조는 동심원이다. '성스러운 꽃 만다라'를 통해서 우리는 자연의 아름다움과 조화, 생명력에 대한 시각적인 찬가로서 자신만의 꽃을 만들 수 있다. 꽃잎에 중요한 스승들의 이름을 적는다. '성스러운 꽃 만다라'는 스승에게 바치는 선물 혹은 존경의 표현, 그리고 그들의 가르침에 대한 헌신을 약속하는 것이다.

도화지에 중심점을 잡고 작은 원을 그린다. 이것이 꽃의 중심이 될 것이다. 자신이 가장 좋아하는 밝은 색으로 이 원을 메워서 자신을 나타낸다. 이제 가장 안쪽 원의 중심점을 이용해서 점점 원이 커지도록 동심원을 3개, 혹은 그 이상 그린다. 이 윤곽선은 꽃의 중심에서 바깥으로 퍼져 나가는 꽃잎을 붙일 때 도움이 된다. 꽃잎은 그려도 되고 종이나 천을 잘라서 붙여도 된다. 꽃잎에 영적인 안내자나 그의 존재가 당신에게 격려가 되는 사람의 이름을 적는다.

변형

꽃잎 대신 천사를 만든다. 이렇게 하면 당신의 신앙적인 전통을 위해 특별한 이미지를 차용할 수 있게 된다. 수호천사들, 좋아하는 천사들, 혹은 [죽어서] 천사가 된 사랑하는 사람들을 그린다. 그리스도교적인 이미지는 힐데가르트 폰 빙겐의 종교적인 환영을 기초로 한 문양 만다라에 나와 있다. [부록 A]의 문양 만다라 5 참조

❋ 축복의 말 만다라
Blessing Words Mandala

기본 미술재료 / 젤로 된 펜(선택사항)

말[언어]에는 힘이 들어 있다. 자신에 대하여 긍정적인 말을 하는 습관을 개발한다면 자존감이 높아지고, 자신감이 커지며, 불안감의 수준도 낮아질 것이다. '축복의 말 만다라' 작업은 긍정적인 말에 자신을 푹 담그게 하는 기회가 된다. 만다라를 자주 볼 수 있는 곳에 두면 당신이 배양하고 있는 긍정적인 생각들을 부드럽게 상기시키는 알림판으로 활용할 수 있을 것이다.

흰색 도화지나 색도화지에 과녁 모양이 되게 같은 중심점을 기준으로 동심원 7개를 그린다. 중심부터 시작해 시계 방향으로 긍정적인 감정과 격려, 자기긍정의 메시지 등으로 공간을 채워 나간다. 가운데

원이 다 차면 그 다음 원으로 옮겨가며 계속 써나간다. 앞에서 쓴 말들을 반복해도 좋고, 친구나 가족에게 들은 지혜로운 말을 활용하거나, 시, 산문, 자기개발 프로그램에서 접했던 좋아하는 구절을 인용해도 좋다. 원한다면 원에서 다음 원으로 옮겨 갈 때 색상에 변화를 주어도 좋다. 당신의 선택에 달려 있다.

만다라가 완성 되면 격려의 메시지를 자주 볼 수 있는 장소에 둔다. 어떤 이들은 의식적으로 하지 않을 때조차도, 이러한 만다라에는 자신이 적은 선언적인 메시지들의 기도가 유지되게 하는 힘이 들어 있다고 믿는다. 이 만다라는 당신을 위해서도 그럴 것이다.

❈ 신의 눈 만다라
God's Eye Mandala

15~20cm가량 되는 단단한 막대 2개 이상 / 밝은 색상의 털실

신의 눈 God's eyes은 멕시코 북서부 지역 후이촐족의 전통에서 유래되었다. 후이촐족은 신의 눈을 출생과 어린 아동들을 보호하는 부적으로 사용한다. 신의 눈은 신비한 것을 보고 이해하는 힘을 상징한다. 그들은 신의 눈을, 인간이 신을 볼 수 있고 신이 인간세계를 볼 수 있게 하는 문이라고 생각했다.

당신 자신의 건강이나 친구 혹은 가족 구성원의 건강을 기도하는 의미로 '신의 눈 만다라'를 만들어도 좋다. 완성되면 이 만다라는 당신의 기도를 상기시키는 상징물이 될 수 있다. '신의 눈 만다라'는 내면작업과 작업일지 기록, 그리고 창의적인 자기표현을 통해 자기 이해를 더 깊게 하려는 의도의 상징이기도 하다.

가운데 지점에서 교차되도록 막대들을 배열해서 빛나는 별 모양

을 만들어 보자. 밝은 색상의 털실을 가지고 막대가 교차하는 중심점을 감싸서 눈동자처럼 보이게 만든다. 교차된 지점이 완벽히 다 덮어질 때까지 별의 "팔"에 해당하는 막대에 털실을 지그재그로 엮어서 중심을 감싸는 작업을 계속해 나간다. 남은 실은 막대 하나에 단단히 묶는다.

이제 중심을 감싸는 작업의 끝난 지점에 다른 색 털실을 묶으면서 그 다음 작업을 시작해 보자. 매듭은 '신의 눈 만다라' 뒤쪽으로 보내는 것이 좋다. 털실로 막대 하나를 한 번 감고, 그 다음 막대로 옮겨 가면서 털실을 감는다. 계속 이런 방식으로 막대와 막대 사이를 옮겨 가면서 감아 보자. 그리하면 같은 색상의 줄이 몇 겹 생길 것이다. 그 다음에는 매듭을 지어서 털실 끝을 보전한다.

그 다음, 새로운 색상의 털실을 가지고 같은 방식의 작업을 한다. 막대 사이의 공간이 색줄로 가득 찰 때까지 털실의 색상을 바꾸어 이 작업을 계속한다. 막대 끝부분은 노출되더라도 그대로 둔다. 털실을 잘라 고리 모양으로 엮어서 만다라를 매달 고리로 사용해도 좋다. '신의 눈 만다라'를 벽에 걸어 당신이 선택한 색상이나, 사용한 막대의 수, 그리고 막대를 에워싼 방식이 당신 "자신"에 대하여 무엇을 말을 하고 있는지 생각해 본다.

5단계 돌아보기

5단계는 가족의 원을 구성하는 구성원으로서 자신의 경계를 개발하고 자신에 대한 깨달음에 한 발 더 다가가는, **자기다움을 주장하는** 시기다. 자신이 누구이고, 자신이 편하게 느껴지는 것은 무엇인지, 그리고 필요한 보호의 공간에 어떻게 다다를 수 있는지에 대하여 배우게 된다. 이 단계를 경험하면서 경계를 구축하고 안전함을 창출하며 입장을 밝히는 문제들에 관해서도 탐색해 보자. 노래 「나의 길을 가리Make My

Way」^{[부록 C], p.377 참조}를 부르는 일은 이 단계의 탐색이 '만다라 카드 5' 작업의 결론과 영감으로 이어지는 데 도움이 될 것이다.

✹ 만다라 카드 5

기본 미술재료 / 원하는 크기 또는 콜라주 사진에 맞는 두꺼운 판지

카드에 콜라주 사진, 그리기, 색칠하기 등을 활용해 동심원 만다라를 발전시킨다. 이 단계의 자기다움의 주장에 대한 감각을 표현할 수 있는 색이나 질감, 이미지, 혹은 말들을 덧붙여 완성한다. 카드를 평평하게 잘 말려서 안전한 공간에 담아 둔다.

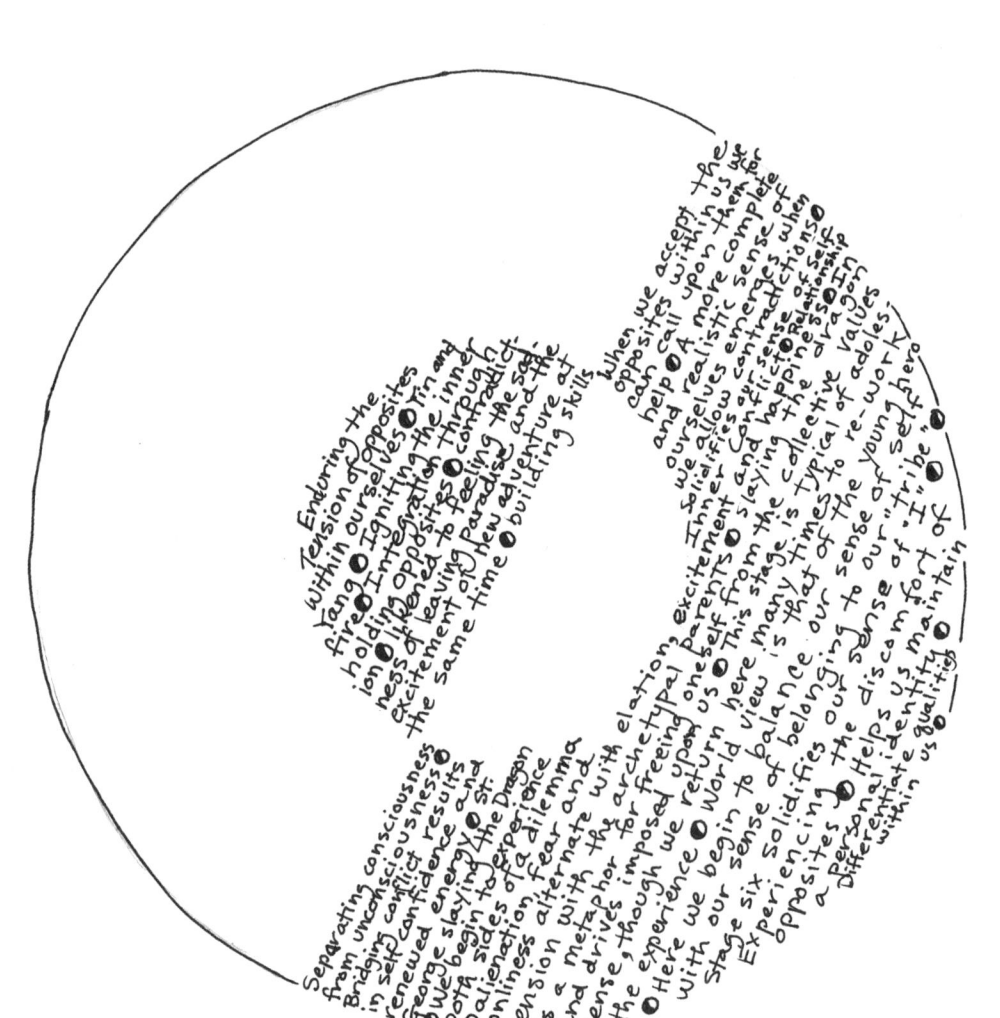

[도판 1]
이스탄불에 있는 블루 모스크의 돔형 건축물은 우리의 시각을 하늘로 향하게 하고 경외심을 불러일으킨다.

[도판 2]
성화 안에서 성스러운 머리를 둘러싼 후광으로 표현된 원은 예수를 더 성스럽게 보이게 한다. 여기 보이는 모자이크로 표현된 예수 그리스도는 이스탄불의 성 소피아 성당 안에 있다.

[도판 3]
이슬람의 신비주의 분파의 하나인 수피교도들은 명상의 한 형태로서 원을 그리며 회전하거나 축을 중심으로 스스로 도는 춤을 춘다.

[도판 4]
조슈야 로즈는 자신의 그림에서 단순하지만 복잡한 원의 이미지들을 탐색했다. 「원과 일식」(2007, 미국 뉴멕시코 주 산타페에 위치한 Courtesy of Zane Bennett Gallery 소장.)

[도판 5]
도널드 쿠퍼는 자신과 관련된 원 이미지 작업 중에 중심점을 발견했다. 「중심점Bindu 4.15.0622」(미국 뉴멕시코 주 산타페에 위치한 Courtesy of Zane Bennett Gallery 소장.)

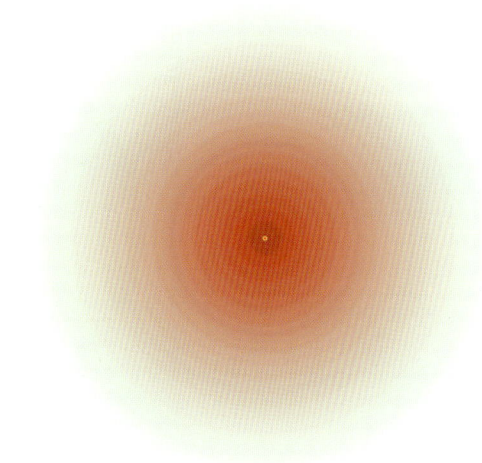

[도판 6]
킹 색스톤은 자신의 삶에서 일어난 사건들을 상징적으로 반영하는 하나의 개인적인 저널이 바로 '만다라'라고 묘사했다. (개인 소장품으로, 허락 하에 전재함.)

[도판 7]
자연스러운 배치와 원으로 조직화된, 쇠락한 물건들이 만다라를 이루고 있다. 프랜시스코 로아의 「모래꽃Sands Flowers」(1994, 미국 조지아주 애틀랜타의 Oglethorpe University Museum of Art의 허락 하에 전재함.)

[도판 8]
레이철 노먼트는 그림에 암 치료 경험을 담았다. 「방사선치료Radiation therapy」(2006, Courtesy of Brandylane Publishers, INC 소장.)

[도판 9]
다이애나 그레고리는 1단계, 어둠 속의 휴식의 경험을 이와 같이 표현했다.

[도판 10]
수잔 핀처는 원을 그림으로써 1단계의 속성을 탐색했다.

[도판 11]
쉬 칸은 그녀의 그림 「낙원Bliss」에서 2단계의 속성을 습식 수채화로 탐색했다.

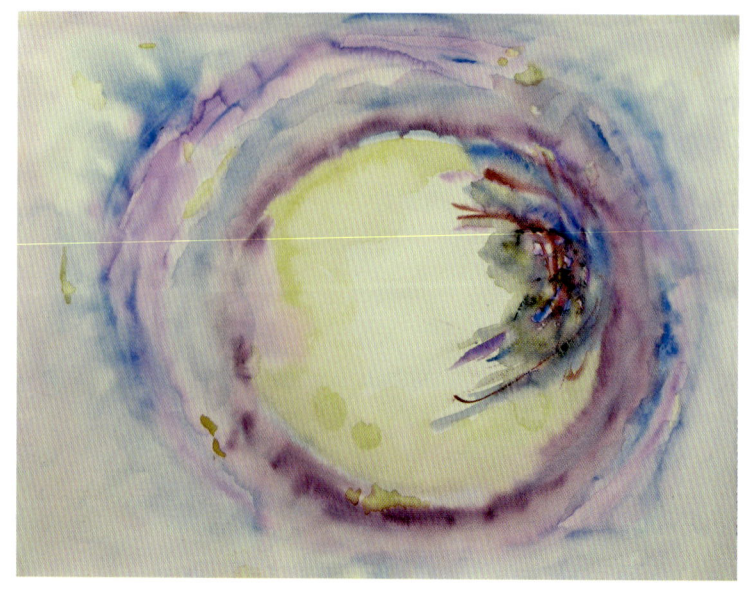

[도판 12]
아네테 레이놀즈는 구불구불한 고리를 따라 걷던 삶의 여정 중에 따뜻한 안식처인 중심으로 이끌렸던 중요한 순간들에 대하여 기록하고 있다. 그것은 멕시코 만을 지나 그녀가 만든 미로를 걷는 순간이었다.

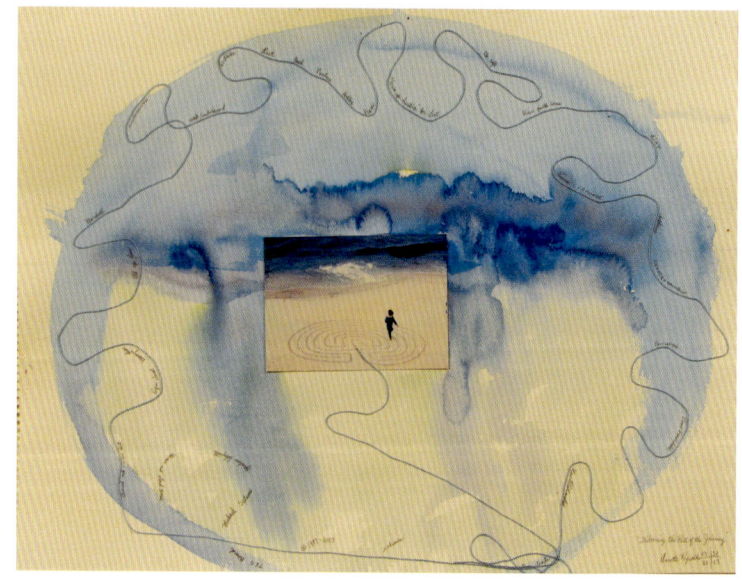

[도판 13]
수잔 핀처는
「고리loopy」라고 이름이
붙은 이 실 만다라 만들기를
통해 자기실현의 여정으로
향하는 3단계를 재방문했다.

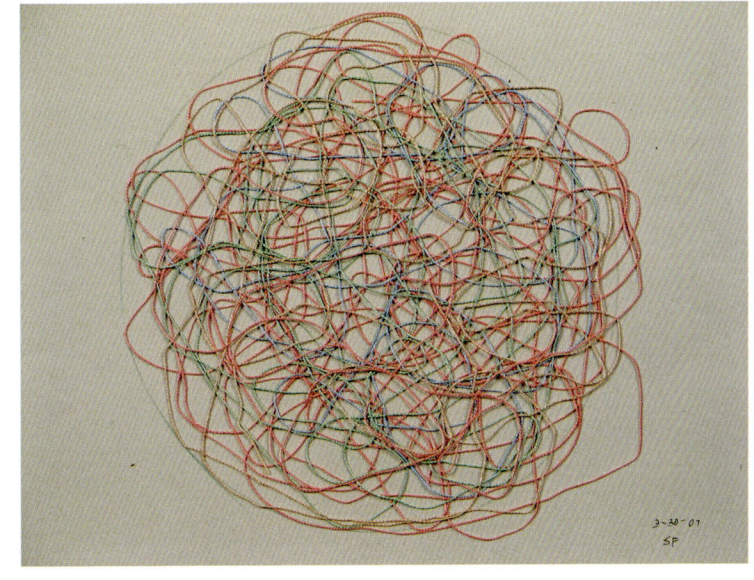

[도판 14]
아네테 레이놀즈는 3단계를
위한 드림캐처를 만들었다.

[도판 15]
수잔 핀처는 이 '내면아이 만다라'의 중심에 아기 사진을 놓아 4단계의 첫 번째 경험을 기억하고 지켜보고 있다.

[도판 16]
모린 셸턴은 5단계 만다라의 전형인 동심원을 발견했다. 이는 색상이 화려한 만다라의 편안한 시작점이라고 할 수 있다.

[도판 17]
수잔 핀처는 '명확한 입장 만다라'의 중심을 구축하기 위하여 자신의 발을 본떠 그렸다. 이 만다라 작업을 통해 그녀는 자기다움을 주장하는 5단계의 경험과 접촉할 수 있었다.

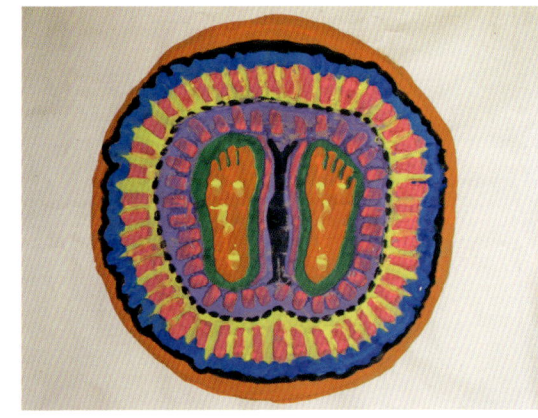

[도판 18]
패티 허턴은 만다라 안에 존재하는 대조적인 것들 사이에 다리를 놓기 위하여 불꽃과 같은 형상을 만들었다. 다리에 대한 개인적인 의미를 깊게 헤아리는 것은 내면적인 충돌을 딛고 어떻게 나아갈 것인가에 대한 유용한 정보를 준다.

[도판 19]
다이애나 그레고리의 「용과의 대결Dragon Fight」은 6단계의 전형적인 긴장 에너지를 나타낸다.

[도판 20]
"당신은 여기에 있다. 이제 무엇을 할 것인가?" 이것은 패티 허턴이 삶의 목표를 발견하는 시간인 7단계를 겪으면서 자기 자신에게 하는 질문이다.

[도판 21]
7단계에 대한 반응으로 자신의 핵심적인 가치를 표현하는 만다라를 만들자는 제안에 수잔 핀처는 「사랑이 중심이다 Love is the Center」를 만들었다.

[도판 22]
만다라 「사고, 감정, 감각, 직관Thinking, Feeling, Sensing, and Intuition」은 휴턴이 8단계, 세상에 기능하기를 위해 자신의 모든 능력을 탐색할 기회를 주었다.

[도판 23]
쉬 간은 8단계의 경험을 통해 협력을 표현하는 「서로에게 다가가기Reaching Out to Each Other」를 만들었다.

[도판 24]
애니 퀠라한은 콜라주를 활용해 타인에게 봉사하는 것을 주제로 만다라를 만들었다. 8단계의 만다라에는 손이 자주 등장한다.

[도판 25]
패티 허턴의 「자비의 장미The Compass Rose」는 9단계 중의 영적 통찰에 의한 투명화를 반영한 것이다.

[도판 26]
아름다운 만다라를 형성한 색상의 만화경은 쉬 칸이 보상받기의 9단계에 대한 탐색 과정 중에 만들어진 것이다.

[도판 27]
애니 켈라한의 풍성한 색상의 만다라는 **놓아주기**라는 10단계의 표현이다.

[도판 28]
강렬한 방패 만다라는 베이컨이 10단계에서 이루어진 도전에 대한 반응이다.

[도판 29]
「두려움에 대면하기Facing My Fear」라는 제목의 만다라 가면은 수잔 핀처가 10단계를 경험할 때 만들어진 것이다.

[도판 30]
카렌 노위키는 콜라주 만다라를 통해서 무너지기의 11단계의 경험 속으로 푹 빠져들었다.

[도판 31]
부서진 자기 이미지는 11단계의 분열과 관련해서 자연스럽게 다가온다. 수잔 핀처는 '깨진 거울 만다라'를 통해 이러한 경험을 표현했다.

[도판 32]
다이애나 그레고리는 이 콜라주 만다라를 위하여 오래된 안경들을 모았다. 이 오래된 안경들은 그 이전에 무너지기의 11단계를 방문하는 동안 살펴보고 버려야만 했던 수많은 가정들을 상징한다.

[도판 33]
기쁨이 넘치는 해결 경험을 표현하는 패티 허턴의 만다라에는 **축복받기**라는 12단계의 속성이 담겨있다.

Stage 6

용과의 투쟁:
대립을 이겨 낼 내면의 불을 지펴라

위대한 일원상에서 6단계는 초여름인 6월경, 그리고 늦은 아침 무렵과 일치한다. 이 단계는 청소년기에 이루어진 심리적인 성장을 상기시킨다. 어린 시절부터 갖고 있었던 부모에 대한 고착으로부터 벗어나는 것이 이 시기의 특성이다. 이 단계로부터 시작된 자아의 분화, 즉 무의식의 모체로부터 분리되는 것을 통해 당신은 개별적인 존재감을 형성하게 된다. 이러한 내면 작업과 함께 이제 **내면에 불을 지피기** 시작할 것이다.

    이 시기 우리는 개인적인 경계를 명확히 하고, 인간관계에서 있어서 이해관계를 잘 조절하며, 어른 세계에서 점차 자리를 잡게 된다. 이러한 전환을 위해서는 몇 가지 시도나 시험이 요구된다. 슬픔과 향수, 그리고 살아남을 수 있을지에 대한 엄청난 두려움을 지닌 채 낙원을 떠나는 경험을 해야만 한다. 동시에 커다란 모험에 매력을 느끼게 되며, 새로운 인생을 향해 자신을 이끄는 새로운 가능성에 대한 흥분감 역시 느끼게 된다. 자신이 선택하려는 일을 위해 부지런히 준비를 하게 될 것이다.

    그러다 보니 6단계에서는 머무르고 싶은 욕망과 앞으로 나아가려는 욕구가 서로 갈등하는 딜레마적 상황에 자주 봉착하게 된다. 당신의 갈등은 내면이나 타인들과의 관계, 혹은 안팎 모두에서 발생할 수 있다. 부모나 여타 권위적인 인물과 싸우거나 옳고 그름에 대한 내면적인 갈등을 겪을 때, 그리고 집이나 직장, 학교에 존재하는 질서에 대해 도전할 때 이 단계를 처음 방문하게 된다.

6단계는 자신을 의미 있는 존재로 인식하고 받아들이는 시기다. 존재의 역설과 대결해야 하는 압박감과 내면의 갈등에서 비롯되는 긴장감을 참아야 하기 때문에 양가감정을 느끼게 된다. 이 단계 동안 내면에 불을 지피는 기쁨, 열정, 즐거움 등과 함께 고립감, 두려움, 외로움, 우울감 등의 감정이 교차되는 것은 지극히 자연스러운 일이다.

여기서 갈등을 감수하는 것은 자기인식을 증진시키고, 더 복합적· 통합적· 탄력적인 자아의 구조를 발전시키는 원동력이 된다. 이러한 변화와 함께 자신감과 에너지, 낙관적인 생각도 증가된다. 모순적이고 반항적인 행동을 통해 정체성을 강화할 필요가 줄어들면서 자신의 진실에 대하여 이야기하는 것이 쉬워질 것이다.

위험한 용과 싸우는 영웅에 관한 유럽의 신화는 이 단계를 은유적으로 표현한 것이다. 용은 개인적인 정체성이 부족한 시점에 의식을 포기하고 자신을 원초적이고 멍한 마음 상태로 내버려 두고 싶은 무의식적 갈등이 구체화된 것이라는 점을 염두에 두자. 시간이 지나면서 이러한 초점 부족 현상은 점차 나아지는데, 이러한 상태는 위대한 일원상의 초기 단계에서 볼 수 있는 자연스러운 양상이다. 그러나 영원한 존재방식으로는 한계가 있다.

용을 죽이는 일은 젊은 주인공이 집단적인 충동과 본능의 매개자인 어머니, 그리고 시대적 가치와 전통의 전달자인 아버지로부터 자유로워지는 것을 상징한다. 그리스 신화에는 신화적인 용과 대결하는 여성 해결사들이 나온다. 이 여자주인공은 아프로디테가 부과한 지난한 과업을 수행해야만 살아남을 수 있는 처지에 있다. 그녀의 과업이 그토록 위협적인 것은 이 여주인공 애인의 어머니인 아프로디테가 그녀를 격렬하게 질투했기 때문이다.

이러한 도전이 끝나면 원형적인 부모는 다른 모습을 보이게 된다.

> 자아ego의 경계 구축은 여기서 중요해 보인다. [⋯] 자기self는 대극적인 것, 양가감정, 양극성, 그리고 터무니없는 불공평성을 다룬다. 이것들이 이곳을 역설의 공간으로 만든다.
> 조앤 켈로그

이에 대해 에리히 노이만은 "그들은 더는 적대적이고 통제하는 힘을 갖고 있지 않으며, 동지가 되어 주인공인 아들(혹은 딸)의 삶과 일에 은총을 베풀게 된다"고 말했다. 이 내면 작업의 완성은 실생활에서 부모와의 관계도 편안하게 만든다.

6단계의 의도

당신은 6단계로 자주 되돌아올 것이며, 그럴 때마다 현재 상황의 관점에서 과거의 경험을 재작업하게 된다. 여기서 세계관은 위협적인 도전에 맞서는 젊은 남자 주인공이나 여자 주인공의 것이다. 이 단계에서 이루어지는 당신의 과업 중 어떤 것들은 정신적인 것과 비슷하다. 투사projection(자신의 수용할 수 없는 욕망, 생각, 감정 등을 타인의 탓으로 돌리는 것—옮긴이)를 인식하고 살피며 철회하기 위해서는 이러한 도전이 필수적이라는 것을 발견하게 될 것이다. 여기 나오는 타니아의 경험이 그러한 예다.

자신이 보기에 너무 목소리가 크고 고압적이거나 지나치게 요구하는 사람과 마주칠 때 티니아는 기분이 나빠지곤 했다. 그녀는 그 이유를 그들 탓으로 돌렸을 뿐 자기 안에서는 찾지 않았다. 그러다 보니 그녀는 부지불식간에 불쾌한 티를 내곤 했다. 그러다가 자신도 가끔은 탐탁지 않은 행동을 한다는 사실을 받아들이게 되었다. 이 깨달음은 그녀에게 새로운 갈등을 불러일으켰다. 이전까지 그녀는 자신을 항상 부드럽고 관용적이며 참을성 있는 사람이라고 여기는 사람들을 좋아했으며, 자기도 그렇다고 생각했다. 이 같은 이전의 믿음과 새로운 깨달음 사이에서 그녀는 갈등하게 되었다. 시간이 지난 후 별로 좋아하지 않는 성격적 특성이 자신에게도 있을 수 있다고 받아들이게 되자 비로소 그녀는 자신의 투사를 철회할 수 있었다.

6단계에서 해야 할 과업은 자기 자신에 대한 부정적인 진실을 통합하는 일이다. 이러한 통합은 자기 스스로 그렇게 행동하겠다는 의지로는 불가능하다. 그 모순을 품고 기다릴 때만이 가능하다. 자신이 누구인지에 대해 더 완전하고 실제적으로 인식하게 될 때까지 모순적인 가능성 속에서 기다려야만 한다. 반 정도를 무의식 속에 감추는 (그리고 타인에게 투사하는) 대신 의식적으로 자신의 딜레마를 품어 줄 수 있을 때, 이 단계 안에서 새롭고 좀 더 복합적인 자아의 배열이 이루어지게 될 것이다.

이러한 해결책은 융은 초월적 기능Transcendent function 감정에 휘둘리지 않고 초월적인 관점으로 상황을 객관적으로 바라보는 일—옮긴이)이라 칭한 것에 의해 달성된다. 즉, 두 가지 충돌적인 요소들이 만나서 새롭게 합쳐져 이 모든 것을 포괄하는 제3의 것이 만들어지는 것이다. 융은 통합을 성취하기 위해서 상징적이고 비언어적인 방식의 중요성을 강조했다. 그는 이러한 내면작업을 위하여 일반적으로 꿈과 창의적인 자기표현—그리고 특히 만다라—에 가치를 두었다.

6단계 중 우리의 과업은 부모(또는 삶의 후반기에서는 그들의 대역)에게 아이 같이 떼쓰는 것을 중단하고 반항의 위험을 무릅쓰더라도 자신의 삶에 책임을 지는 일이다. 영아기의 무의식적인 모체로부터 자아의 의식을 분리시키는 데는 에너지가 있어야 한다. 개인적인 정체성을 발달시키고 유지하기 위해서는 더 많은 에너지가 필요하다. 이 단계의 기조를 이루는 대립적인 것들 사이의 충돌은 정신적인 에너지와 관련된다. 이 에너지는 자아를 구축하고 내면의 불을 지피는 중요한 내면작업에 필수적이다. 이 단계는 에너지와 열정, 그리고 변화로 가득 찬 흥미로운 시간이 될 것이다.

6단계 만다라

6단계의 전형적인 만다라는 반으로 갈라져 분리된 충돌로 드러난다. 정확히 말해서, 가운데 지점이 반으로 양분된다. 가끔은 그 지점이 중국의 전통적인 음양 상징처럼 곡선 형태일 때도 있지만, 주로 직선 형태를 띤다. 어떨 때는 분리된 모양이 양분된 것 위에 겹쳐서 나타날 때도 있다. 이러한 문양에는 새로운 자아 구조가 반영된다.

이 시기 만다라는 밝은 색상이 특징이다. 대립적인 것의 충돌은 색상환에서 반대편에 있는 보색으로 표현될 수도 있다. 예를 들어, 빨간색/초록색, 보라색/주황색, 노란색/파란색과 같은 색상 조합은 열정적인 대립의 느낌을 줄 수 있다.

풍경화가 있는 만다라의 은유도 이 단계에 속한다. 땅(또는 대양)은 어머니를 상징하는 반면, 하늘은 아버지를 나타낸다. 중앙에서 떠오르고 있는 태양은 자아의 (재)탄생의 의미로 볼 수 있다. 이러한 풍경 만다라는 보색으로 두드러지기보다는 주로 밤색, 초록색, 파란색, 노란색 등 부드러운 자연색의 조합으로 이루어진다.

((연습과제))

6단계의 창의적인 자기표현을 준비하기 위해서는 먼저 [부록 B]^{p.354 참조}에 제안된 요가 동작을 통해 스트레칭과 호흡을 하면서 중심을 찾는 것이 좋다. 왼쪽과 오른쪽 팔을 서로 반대편으로 뻗는 동작이 요가에서 어떻게 이루어지는지 인식한 다음, 두 손을 가슴 가까이 가운데에서 합장한다. 그것을 따라 만다라를 만들게 되면 이러한 분리 동작과 모으는 동작이 이 단계의 중심적인 속성이라는 것을 인식하게 될 것이다. 뿌리와 하늘 사이의 뻗침이 모린의 이 단계 노래 「하늘의 소망Hope of Sky」[부록 C], p.378 참조의 주제다. 이 노래를 부르게 되면 창의적인 탐색에 마음을 열 때 안정감을 느끼게 된다. 과거와 현재의 갈등에 집중하는 것이 어떻게 느껴지는지 주의 깊게 관찰한다. 기분 좋게 확신에 차 있는가, 아니면 공격적인가, 혹은 심하게 불평하고 있는가? 당신의 용은 무엇이며, 누구인가? 용들은 어떤 색상으로 칠해져 있는가? 좋아하는 것은 무엇이며, 당신의 이름은 무엇인가?

※ **내면의 불 지피기 만다라**
Mandala of Igniting the Inner Fire

기본 미술재료(p.57~58 참조) / 문양 만다라 6([부록 A], p.335 참조)

6단계에서는 대립에서 오는 긴장감을 견디는 것이 요구된다. 그렇게 할 때만이 실제로 새로운 시각이 생겨서 갈등을 초월하고 해결할 수 있게 된다. 우리는 이 만다라에서 어머니인 대지와 아버지인 하늘, 남성 에너지와 여성 에너지의 대립을 본다. 땅과 하늘 사이에서 떠오르고 있는 태양은 새롭게 출연하는 요소를 나타낸다. 양쪽 부모의 특성을 이어받았지만 정체성은 그들과 같지 않은 아이처럼, 갈등 해결은 그 상황에 전적으로 새로운 무언가를 가져온다. 물과 하늘, 그리고 태양의 자연색을 칠해 이 만다라를 당신의 내면에 불을 지피는 이 단계의 에너지와 일치시켜 보자.

✻ 원형적인 부모 만다라
Archetypal Parents Mandala

기본 미술재료

원형archetypes이란 행동방식의 잠재성이 우리의 DNA 안에 부호화될 만큼 인간의 유산의 일부분으로 아주 오랜 세대에 걸쳐 반복되어 전해진 경험에서 나온 것이다. 부모의 역할이 그러한 행동방식의 한 예다. 아버지와 어머니의 원형은 이상적인 아버지와 어머니의 본보기와 같다. 원형적인 잠재성은 부모나 여타 중요한 권위자와 함께 살았던 우리의 경험을 통해 촉진된다.

우리는 각자 다 우리의 부모나 중요한 누군가 사이의 상호작용—사이가 멀 수도 있고 친밀했을 수도 있지만—에서 만들어진 내면의 아버지와 내면의 어머니를 지니고 있다. 우리의 부모들은 우리가 살고 있는 문화 속의 가치들을 전달해 주었다. 그렇기 때문에 우리의 계속적인 성장과정을 통해 활성화될 수 있는 잠재성의 중요한 자원으로 남아 있다.

부모 원형은 우리 스스로에게 부모 역할을 하는 발전적인 기술을 지원한다. 이러한 기술은 결핍을 메우고, 제한적인 관념을 수정하며, 개인적인 경험에서 비롯된 상처를 치유하는 방식으로 이루어진다. '원형적인 부모 만다라'는 부모와 여타 권위적인 인물을 통해서 당신이 갖게 된 아버지/남성성과 어머니/여성성에 대한 자각을 증진시킨다. 깨달음이 커질수록, 당신은 적절한 타이밍에 자기 자신이나 타인에게 부모 역할을 하는 내면적인 능력을 증진시키고 자신의 선호도를 탐색할 수 있게 된다.

도화지에 원을 그리고, 중앙을 지나도록 위에서 아래로 선을 그려 공평하게 양분한다. 한쪽에는 **아버지/남성성**을, 그리고 다른 한쪽에는 어머니/여성성을 나타낸다. 이 양분된 공간은 남성적이고 여성적인 특성의 매개자로서의, 당신의 부모에 대한 생각이나 느낌, 인식이나 통찰 등을 표현하는 이미지를 그리든지, 색지를 자르거나 찢어서 붙이든지, 혹은 다른 재료들로 채우면 된다. [도판 18] 참조

반원 2개가 다 완성되면 각각에 대한 반응을 작업일지에 적는다. 상상을 통해 아버지/남성성의 반원에 대한 시각을 담는다. '나' 혹은 '당신'이라는 단어로 시작된 문장들을 활용하여 만다라의 아버지/남성성 쪽에서 어머니/여성성 쪽을 향한 의견을 기록한다. 예를 들어, 남성성은 아마도 "당신은 너무 부드럽고 가냘프군요" 혹은 "나는 강해(져야만 해)요"와 같은 의견을 표현할 것이다. 그 다음에는 여성/여성성의 관점으로 바꾸어, 만다라 안의 남성성에 대한 여성적인 의견을 기록한다. 다시 '나' 혹은 '당신'이라는 단어로 시작하는 문장을 사용한다.

작업일지에 담긴 남성성과 여성성의 대화를 다시 살펴본다. 비록 어떤 것들은 당신을 놀라게 하겠지만, 표출된 의견들은 다 당신 것이라는 점을 잊지 말자. 이러한 깨달음을 통해서 당신은 남성성과 여성성에 대해 완전히 다른 제3의 시각을 얻을 기회를 갖게 될 것이다.

만다라를 전체적으로 다시 훑어보고, 당신이 누구인지에 관한 이미지에 답을 한다. 작업일지에 다음의 문장을 완성해서 쓴다. "나는 _____을 보았다." "나는 _____이 좋다." "나는 _____이 싫다." "나는 _____을 선호한다." "나는 _____을 선택한다." "나는 _____이다." 이 연습은 당신의 시각을 명확히 하는 데 도움이 될 것이다. 이것은 아버지/남성성, 그리고 어머니/여성성에 대하여 기존에 지니고 있는 의견들과 일치할 수도, 일치하지 않을 수도 있다.

작업일지 다음에는 다른 종이에 당신 자신과 자신의 시각을 나타내는 작은 만다라를 만든다. 이것은 처음 만다라의 남성성과 여성성 반원의 색채나 형태와 비교할 때 전적으로 닮거나 부분적으로 닮을 수 있으며, 혹은 전혀 닮지 않을 수도 있다. 이제 작은 만다라를 첫 번째 만

다라의 가운데에 두어서 아버지/남성성 반원과 어머니/여성성 반원과 겹쳐지게 한다. 당신은 작은 만다라를 붙이기를 원할 수도 있고, 혹은 그것을 떼어 내는 것을 더 선호할 수도 있다. 만다라 안에서 이처럼 다른 배열 작업을 통해 아버지/남성성과 어머니/여성성과의 다양한 거리나 근접성을 실험할 기회를 얻게 될 것이다.

❋ 용 길들이기 만다라
Mandala of Taming the Dragon

기본 미술재료

켈로그는 6단계를 **용과의 대결**Dragon Fight이라고 불렀다. 용은 아동이 어머니의 심리적인 환경에서 벗어나 강한 자아를 발달시키기 위하여 견디어 내야 하는 무의식을 상징한다. 자아실현의 후반기가 될수록 무의식은 당신의 자아에게 다시 기능의 초기 수준으로 퇴행하라는 압력을 가하려고 할 것이다. '용 길들이기 만다라'를 통해서 당신은 삶에서 발생되는 중요한 내면적인 역동을 탐색할 기회를 갖게 된다.

당신이 원하는 사람으로 살지 못하도록 막는 것은 무엇인가? 당신의 문제점은 무엇인가? 장애물은? 가장 큰 두려움은? 원을 그리고, 당신이 경험한 두려움과 장애를 나타내기 위하여 원 안에 용 이미지를 그리거나 콜라주로 표현한다. 당신의 용에 관하여 작업일지를 적는다. 용이 어떻게 생겼나, 뭐라고 말할 것 같은가, 무엇을 원하는 것 같은가 등등. 그 다음에는 자신에게 묻는다. "용을 길들이기 위하여 나는 어떤 행동을 해야 할까?" 다음과 같은 문장을 완성하는 것이 도움이 될 것이다. "만일 내가 _____라면, 나는 내가 가장 원하는 내가 되기 위하여 나를 자유롭게 놓아줄 것이다." 가능하면 구체적이고 실질적인 내용이 되도록 한다. 예를 들어, 이 빈칸에 "로또에 당첨된다면"이라고 채우는 대신에 "내 자신을 강력하게 변호한다면", "믿을 만한 차를 산다면", "반응하기 전에 열을 센다면", "나 자신에게 좋은 친구가 된다면", "내 책들을 놓아둘 공간을 만든다면", "여가활동을 위해서 일주일에 3시간 정도 따로 떼어 놓는다면" 등이라고 쓰는 것이 더 확실한 목록이 될 것이다.

이제 각 내용 앞에 "나는 할 것이다"라고 덧붙여서 문장을 변형시킨다. 예를 들어, "나는 나 자신에게 좋은 친구가 될 것이다"라고 바꾸는 것이다. 당신이 좋아하는 방식으로 당신의 용 만다라에 당신의 문장을 덧붙인다. 문장이 담긴 종이 나비를 부착시켜서 용의 목 주변에 묶을 수도 있고, 적은 종이를 접어서 용 아래쪽에 감출 수도 있고, 용에게 대항하는 사람의 창날 끝에 이 말들을 옮겨 적을 수도 있다.

✳ 청소년인 나 만다라
Adolescent Me mandala

기본 미술재료 / 청소년 시절의 사진이나 그림 / 부모님의 사진이나 그림(선택사항)

이 단계를 우리가 처음 경험하는 것은 청소년 시기 중이다. 이 중요한 변화의 시기에 대해 우리의 대부분은 씁쓸한 결말을 지니고 있다. 우리는 아마도 이 시기 중에 죄책감이나 당혹감, 혹은 우리에 대한 타인의 평가를 마음에 담고 있을 것이다. '청소년인 나 만다라'를 통해서 청소년 시기에 당신이 누구였는지를 탐색하는 공간을 갖게 되고, 이 시기에 삶에서 중요한 사건에 대하여 인식하게 되며, 현재의 유리한 입장에서 청소년기의 자아 상태를 재고해 볼 기회를 갖게 될 것이다. 그리고 이 만다라는 예전에 당신이 보낸 좋은 시절을 기념하고, 자유가 갑자기 많아지고 자기인식이 증진되며 지적인 능력이 커졌던 사실들을 떠올리게 할 것이다. 또한 멋진 드레스와 머리 스타일에 대한 깨달음도 빼놓을 수 없다. 아마도 이 만다라는 청소년으로서 당신이 할 수 있는 한 최선을 다했다는 인식에 한걸음 다가서게 할 것이다.

원을 그리고, 중심을 지나도록 선을 그려서 양분한다. 위아래로 나누거나 좌우로 나누거나 상관없다. 한쪽에 당신이 청소년 시기에 어머니가 어떠했는지를 나타낸다. 반대쪽에는 당신의 아버지를 상징화한다. 분리된 선 중심에는 당신의 청소년기의 자아 이미지를 부착한다. 색상이나 형태, 그리고 질감 등을 통해 당신이 10대 시절에 어떠했는지를 표현하는 만다라를 완성한다. 완성되면 당신의 만다라를 살펴보자. 무엇이 보이나? 그 당시 당신이 알고 싶거나 감추어져 있던, 혹은 끝내지 못한 무언가가 있는가? 만일 그렇다면 이것을 반영하기 위하여 당신의 만다라를 고칠 방법이 있는가? 이제 만다라에 변화를 주어 보자.

❋ 딜레마 탐색 만다라
Mandala for Exploring a Dilemma

기본 미술재료

삶은 선택이다. 우리는 매번 어려운 결정에 부딪힌다. 6단계의 두 갈래로 나뉜 만다라는 특히 갈등을 규정하는 데 유용하다. 딜레마 양쪽에 대한 충분한 인식은 우리가 최선의 선택이 무엇인지 발견하는 쪽으로 나아가게 해준다. '딜레마 탐색 만다라'는 무언가를 결정하는 데 유용한 도구가 될 것이다.

원을 그린 후, 똑같이 반으로 나눈다. 각 반원에 당신이 지금 겪고 있는 딜레마나 갈등, 혹은 선택을 하나씩 나타낸다. 딜레마의 두 가지 면을 나타내기 위해서 잡지에서 오린 사진이나 그림, 혹은 색도화지로 만든 이미지들을 포함시킨다. 만다라 이미지에 나타난 찬반양론의 상황에 대하여 충분히 탐색한다.

만다라에 무엇이 보이는지, 당신은 이러한 탐색을 통해 각 면에서 무엇을 배웠는지에 주목해 보자. 이것에 대하여 작업일지를 쓴다. 해결책을 강요하지 않고 딜레마에 대하여 생각하면서 당신에게 계속적으로 다가오는 색상이나 생각, 느낌, 활동, 생각나는 음악 등에 집중한다. 이 정보가 당신이 결정하는 데 한 요소로 작용하도록 해보자. 새로운 깨달음을 가져다줄 수 있는 이 과정은 딜레마를 완화시키거나, 다리가 되어주거나, 혹은 심지어 해결되게 만들어줄 수도 있을 것이다.

✳ 하지 만다라
Summary Solstice Mandala

꽃, 잎, 나뭇가지, 깃털 / 다양한 색상의 흙 또는 모래 / 커피 알갱이, 마른 가루로 된 템페라 물감, 향신료(선택사항) / 초 또는 불을 피울 수 있는 재료
소망, 기도, 계획, 감사, 인사말 등이 적힌 종이쪽지(선택사항)

1년을 주기로 한 위대한 일원상에서 6단계는 하지의 달, 6월이다. 하지는 일 년 중 낮이 가장 긴 날이다. 이날은 중요한 터닝 포인트가 되는데, 하지 이후로는 동지가 될 때까지 낮이 점점 짧아지기 때문이다. 동지는 일 년 중 낮이 가장 짧은 날로, 낮과 밤, 그리고 빛과 어둠이 어우러져 추는 춤의 반대 지점을 뜻한다.

전통적으로 하지는 태양 그 자체의 힘을 상징하는 불을 축하하는 날이다. 물론 6월은 자연적 풍요로움 그 자체만으로도 기념할 만한 가

치가 있는 시간이다. '하지 만다라'는 자연의 아름다움을 관찰함에 있어서 이러한 요소들을 함께 가져온다. 이 만다라는 안전한 외부의 은밀한 장소에서 개인 또는 그룹으로 이루어진다. 그곳에는 불이 옮겨붙을 만한 것들이 있어서는 안 된다.

만다라 원의 중심이 될 땅에 점을 표시한다. 그 다음, 중심점 위에 서서 막대로 땅에 원을 그린다. 중심을 지나는 선을 덧붙이거나 북쪽과 남쪽, 동쪽과 서쪽으로 확장하기를 원할 수도 있다. 만약 불을 지필 계획이라면, 불을 붙이기 위해 나무나 여타 재료들을 중심점 위에 올려놓는다.

꽃, 막대, 잎, 향신료, 물감, 그리고 여타 자연재료들로 원을 채운다. 색상과 질감을 위해 마른 가루로 된 템페라 물감과 커피 알갱이를 사용할 수도 있다. 완성되면 불을 붙이거나 초에 불을 켜고, 태양과 자라나는 모든 것, 빛, 따뜻함, 그리고 변형적인 불의 힘을 축복하는 것이 반영되는 만다라와 시간을 보낸다. 당신에게 요구되는 각각의 변화를 받아들이겠다는 의지의 표시로, 가운데에 있는 불에 기도가 적힌 종이를 태운다. 이때 불과 관련된 안전규칙을 잘 준수하자.

✷ 이름 선택 만다라
Madala of choosing your name

기본 미술재료

이름은 정체성의 중요한 측면이다. 부족사회에서는 사람들의 삶의 변화를 나타내는 새로운 이름들이 주어진다. 반면에 서양문화에서는 이름과 관련된 공식적인 작업이 없기 때문에 대부분 살면서 여러 이름들로 불린다. 아이였을 때, 우리의 가족은 조상들과 관련된 이름을 부여

받는다. 또한 별명을 가지고 있기도 하다.

학교를 졸업하고 다음 과정으로 옮겨가거나 직장을 옮길 때마다 우리는 다른 이름들로 불린다. 어른이 되어 결혼한 여성은 남편의 성을 따르기도 한다. 우리 중에는 다른 사람들에게 알려지지 않은 이름으로 자기 스스로를 부르는 비밀 이름을 갖는 사람들도 있다. '이름 선택 만다라'를 통해 당신은 자신이 사용했던 모든 이름의 근원을 기억하고 기록하며, 자신을 위해 지금 가장 선호하는 이름을 짓게 될 것이다.

원을 그린 후, 공평하게 둘로 나눈다. 첫 번째 원의 안쪽에 지름의 반 이하 크기의 원을 중심이 같게 하나 더 그린다. 큰 원의 한쪽에 당신 인생의 처음 20년 동안 사용한 이름을 적는다. 다른 쪽에는 스무 살 이후에 불렸던 이름을 적는다.

아기 때의 이름이나 별명으로 시작해도 좋다. 초등학교와 고등학교 때부터 시작해서 어린 시절과 청소년기에 친구들 사이에서 불렸던 이름들을 포함시킨다. 큰 원의 반대편에는 어른으로서 받아들이게 된 이름을 기록한다. 일할 때나 친구 사이에, 혹은 전문적인 직업 안에서 알려진 이름들을 목록으로 만든다. 결혼했을 때 받았거나 당신의 이름을 다시 만들기를 요구했던 영적인 모임에서 만들었던 이름들을 기록한다.

마지막에는 당신이 자신을 부르는 이름은 무엇인지 원의 중심에 적는다. 다른 사람들이 당신을 어떻게 불러 주었으면 좋겠는가? 작품 속에 기록된 이름을 보고 싶을 때 볼 수 있도록, 만다라의 안쪽 원이나 당신이 원하는 곳에 정확하게 이 이름을 적는다. 다른 사람들과 만다라를 공유하는 것은 그들에게 당신이 불리길 바라는 이름에 대한 정보를 주는 방법이 될 것이다.

6단계 돌아보기

6단계는 근원적으로 가족으로부터 받은 정체성과 분리하는 과정에 중점을 두었다. 갈등과 역설, 그리고 분리를 경험함으로써 우리는 이 단계에서 자신의 개성에 불을 붙이게 된다. 만다라 만들기를 통해 정체성과 기호를 좀 더 명확히 규정할 수 있게 되었다. 이러한 탐색으로부터 얻은 개인적인 깨달음을 담아 '만다라 카드 6'을 만들어 보자.

❋ **만다라 카드 6**

기본 미술재료 / 판지 / 콜라주용 그림이나 사진

당신이 선택한 모양과 크기대로 카드를 자른다. 카드에 콜라주, 색칠하기, 연필화 등을 활용해 대립적인 것의 충돌, 경험하고 있는 딜레마와의 투쟁, 혹은 타인과의 갈등까지도 표현하는 만다라를 만든다. 자신과 대립적인 것들의 긴장감이 어느 정도 해소된, 당신이 발견한 제3의 위치를 나타내기 위하여 만다라 가운데에 세 번째 요소를 덧붙인다. 이러한 경험을 통해 지펴진 열정을 담는 데 도움이 되는 여타의 이미지나 말, 색상, 재질 등을 덧붙인다. 평평하게 말린 후 안전한 곳에 보관한다.

Around the circle: ⊕ POINT OF POWER ⊕ EGO SELF-IDENTITY ⊕ SKILL AND MESHING WITH THE REAL WORLD EMPHASIZED ⊕ KNOWING YOUR MISSION ⊕ HAVING THE TOOLS YOU NEED ⊕ STANDING IN THE LIGHT ⊕

Inside the cross:

⊕ CLASH OF OPPOSITES IS RESOLVED ⊕ AN EXPERIENCE OF INFLATION ⊕ SEEMS LIKE BEING ON TOP OF THE WORLD ⊕ WE HAVE WHAT WE NEED FOR A FULLY FUNCTIONING ADULT IDENTITY ⊕ READY TO "DO", NOT JUST "BE" ⊕ RATIONALITY IS APPRECIATED ⊕ TIME TO PUT OUR SHOULDER TO THE WHEEL ⊕ PIVOTAL POINT OF THE GREAT ROUND ⊕ FULL-FLEDGED ESTABLISHMENT OF THE EGO ⊕ STRONG SENSE OF AUTONOMY ⊕ A PLACE OF BALANCE BETWEEN MATERNAL AND PATERNAL POWER ⊕ FOCUSED SEXUALITY ⊕ READY FOR A MATE ⊕ CAPABLE OF INITIATING ACTION ⊕ WE TAKE A STAND ON WHAT WE KNOW WITHIN OURSELVES TO BE TRUE ⊕ STRONGLY INFLUENCED BY THE ARCHETYPE OF THE SELF ⊕ HEIGHTENED INTELLECT ⊕ POSSESSING THE ABILITY TO LEARN, PLAN AND LOVE ⊕ CONSCIOUSNESS IS AS BRIGHT AND INTENSE AS THE SUN ⊕ THE COURAGE TO BECOME TRULY HEROIC ⊕ BEGINNING OF A LIFE LIVED ACCORDING TO OUR OWN VALUES

Stage 7

원 속의 사각형:
가치를 꽃피울 자신의 자리를 찾아라

이제 자기실현을 위한 반 고비를 넘었다. 일 년 주기의 위대한 일원상에서 볼 때 우리는 7월에 와 있다. 더운 여름날 정오의 햇빛은 높고 강렬하며, 저녁의 달빛은 밝고 부드럽다. 성인 초기에 7단계를 경험하게 되는데, 이후에도 다시 여기로 돌아와 개인적인 정체성을 적극적으로 구축하게 될 것이다.

7단계에서 우리는 내면적으로 옳다고 생각되는 것을 주장하기 위하여 **사각형**(자기 내면의 자리—옮긴이)을 마련하게 된다. 이로써 자신의 가치에 따라 사는 삶을 살게 되는 것이다. 비유컨대, 우리 스스로 부모 역할을 수행하게 되는 단계라고 할 수 있다. 충분히 제 기능을 하는 어른이 되기 위하여 필요한 속성을 내면에 통합시켜 왔기 때문에 이제 더는 아이처럼 부모에게 의존하지 않는다. 대립적인 것들의 충돌이 더는 갈등의 근원이 되지 못하는 것이다.

7단계에서 개인적으로 추구하는 가치를 명확히 하는 것은 그와 관련된 가치 있는 행동을 하도록 이끈다. 도나도 그랬다. 그녀는 미국인이지만, 남미의 용감한 여성 그룹인 '실종자들의 어머니the Mothers of the Disappeared'에게 왠지 마음이 이끌렸다. 운 좋게도, 그녀는 뜻하지 않게 그 어머니들이 살고 있는 도시로 여행을 가게 되었다. 그녀는 그 순간 이 여행이 예정된 것임을 깨닫게 되었고, 주중 데모 기간에 여성들과 함께 행진을 하고 싶어졌다.

약속된 날 오후, 그녀는 도시의 중심 광장에 서 있는 수많은 구경꾼들 사이를 헤치고 어머니들 쪽으로 향하였다. 30년 전 이 나라의 암흑기에 사라진 사랑하는 가족들의 사진과 깃발, 구호들을 들고 선 어머니들은 늙었지만 단호했다. 그들이 광장에서 둥그렇게 원을 그리는 동안, 그녀는 이들과 함께 걸어야 할 의무감을 느꼈다. 피켓 중의 하나를 들게 된 것은 그들 조직을 지지하기로 한 그녀의 개인적인 선언의 징표였다. 그녀는 이것이 해야 할 바로 그 옳은 일이라는 것을 알 수 있었다.

이 단계 동안 우리는 원 안에 사각형을 그리게 된다. 의식이 위대한 일원상의 이 단계를 지배하게 될 것이다. 생각이 강조되고 이성이 좀 더 진가를 발휘한다. 뭔가를 배우고, 개인적인 목표를 수용하게 되며, 깨달음을 얻기에 좋은 시간이다. 일을 시작할 준비가 다 끝났다. 이전에는 막연했던 성 정체성도 이 단계에 이르면 활발하게 표현된다. 이제 타인을 열정적으로 느낄 준비가 된 것이다.

개성을 발전시키는 너머에는 우리가 원하는 자신이 되도록 만들어주는 역동성인 자기Self가 존재한다. 게다가 자아가 이 단계에서는 자기와 매우 가까운 위치에 있기 때문에 긍정적인 에너지가 매우 크다. 여기서는 개인적인 힘과 자율성을 강렬하게 경험하게 될 것이다.

7단계는 위대한 일원상의 중심축이다. 1단계에서 6단계에 이르는 동안은 부모와의 관련성, 특히 어머니와의 관련성이 강조된다. 왼편은 **모계**의 **영역**으로 묘사될 수 있다. 이러한 영역의 만다라는 곡선이 특징이다. 위대한 일원상의 오른편인 8단계에서 12단계까지는 **부계의 영역**으로 볼 수 있을 것이다. 이 영역에서는 기술과 실행, 생산성이 강조된다. 이 영역의 만다라에서는 직선이 주목할 만하며, 계획과 측정, 계산 등이 요구되기도 한다.

그러나 7단계에서는 남성성과 여성성의 에너지가 균형을 갖는다. 자신 안에 있는 능동성과 수동성, 양과 음, 태양과 달의 속성 양쪽을 다 활용할 수 있다. 타인의 행동을 수동적으로 받아서 존재하기보다는 행

> 이 공간은 열려 있다.
> 이곳에서 자기 몫의 태양은
> 온전하게 태어난다.
> 조앤 켈로그

동을 시도할 능력을 갖추게 된다. 이제 수동적으로 존재만 하는 것이 아니라 일을 할 준비가 된 것이다.

이 단계의 전형적인 형태의 만다라는 4라는 숫자를 기반으로 한다. 이 단계의 이름이 된 원 안(또는 바깥)의 사각형이라는 고전적인 형태뿐만 아니라 등변십자가와 사각별, 꽃잎이 4개 달린 꽃 등을 자주 볼 수 있다. 원 안의 십자가의 경우, 고대에는 태양을 상징화하기 위하여 사용되었다고 한다. 융은 이를 인식하고 있었으며, 유사한 4배수의 상징물들은 **개성화**individuation 과정의 투영을 의미한다고 하였다. "개성화 과정에 있거나 전체성을 이루는 것은 대극적인 것의 합일을 고통스럽게 경험하는 것이다. 그것이야말로 원 안에 든 십자가의 진정한 의미다".

7단계의 의도

7단계의 과업은 영혼의 짝을 찾고, 우리 삶의 과제를 명확히 하며, 사는 동안 이루어야 할 개인적인 소명에 대한 탐색에 최선을 다하는 것이다. 이 단계 중에 우리는 넘치는 에너지와 삶에 대한 열정, 그리고 보람 있는 것을 향한 방향성을 지니게 된다. 심지어 (다시) 사랑에 빠지기도 할 것이다. 이것은 사회가 가치 있게 여기도록 권장하는 몇 안 되는 단계 중의 하나이므로, 주어진 이 시간을 즐기자. 그러나 이 단계는 12단계 중의 하나일 뿐 다른 단계들보다 더 나을 것도 더 못할 것도 없다는 사실을 잊지 않도록 한다.

7단계의 만다라

7단계의 만다라에는 남성성(직선)과 여성성(곡선)의 통합이 전형적으로 나타난다. 여기에는 균형과 안정성, 그리고 대칭이 담겨 있다. 만다라 그룹의 구성원인 패티 허턴의 만다라가 그 예다. 행동으로 옮길 마음의 준비를 담고 있는 그의 작품 당신은 여기에 있다. 이제 무엇을 할 것인가?는 이 단계를 경험하면서 느끼는 심정을 다루고 있다.

이 단계 만다라에서 볼 수 있는 색상으로는 따뜻하고 밝은 노란색과 금색이 있다. 주황색, 하늘색, 빨간색, 녹색 계통, 복숭아색 역시 이 단계의 전형적인 색상이다. 이 단계의 만다라에 문장紋章의 의미를 덧붙일 때는 금속성의 금색과 은색도 쓰일 것이다.[도판 21] 참조

((연습과제))

만다라를 시작하기 전에 제시된 요가 동작[부록 B], p.356 참조처럼 서서 스트레칭과 호흡을 한다. 노래 「영혼이여 깨어나라 Soul Awake」[부록 C], p.379 참조는 마음을 흔들어 7단계와 연결되는 에너지가 만들어지도록 도와줄 것이다. 그룹의 구성원들이 둥글게 모여 이 노래를 부르면서 소리 만다라를 만들어 볼 수도 있다.

목표지향적이고 측정 도구에 의존하는 정량적인 행동이 이 단계에서 강조된다. 이 단계의 만다라 중에는 창의적인 자기표현을 통해 이러한 특성을 탐색하기 위해서 컴퍼스와 직선 자를 활용해 측정하고 배열할 것이 요구되는 만다라도 있을 것이다. 도전해 볼 만한 이러한 기술을 발견한다면 측정하는 만다라를 만드는 노력이 가치를 발한 것이다. 이러한 기술을 통해서 당신은 수학과 논리, 균형적으로 생각하는

기술을 훈련받을 수 있는데, 이것은 당신이 좀 더 편안하게 [8단계의 과업인] 세상에 기능하는 방법이 될 것이다.

원 안에 사각형 그리기는 남아 있는 위대한 일원상의 단계들로 변형되는 시점을 가리킨다. 7, 8, 9, 10단계에서는 당신이 누구인가보다는 무엇을 할 수 있는가 하는 것이 더 강조된다. 실생활에서 이러한 단계를 경험하고 있다면 사람들이 당신에게 물을 것이다. "당신에게는 어떤 기술이 있나요? 무엇을 할 수 있어요? 언제 그것을 다 끝낼 수 있죠?"

곡선뿐만 아니라 직선으로 만다라를 만드는 것이 당신에게 어떻게 느껴지는지 알아차리자. 도전에 반응하면서 에너지가 생기는 것 같은가, 아니면 집중하는 것이 피곤한가? 당신의 노력을 방해하는 자기 비난을 하게 되나? 만일 그렇다면 호흡이나 요가와 같은 자기 위안 기술을 활용하고, 작업에 집중하는 동안 내면의 비평가가 그 판단을 유보하도록 유도해 보자.

※ **확고한 토대 만다라**
Mandala of Firm Foundation

기본 미술재료(p.57~58 참조) / 문양 만다라 7([부록 A], p.336 참조)

7단계 중에 당신은 자신과 전체적인 구조 안에서 자신의 위치에 관하여 편안하게 느낄 것이다. 이것이 정체성의 확고한 토대를 형성한다. 이 만다라 속의 원과 사각형의 조화로운 균형에는 이 단계 중에 당신이 경험하게 되는 남성성과 여성성의 균형이 반영되어 있다. 밝게 빛나는 색상을 가지고 원과 사각형 안을 색칠한다. 이 단계의 속성과 당신 자신이 일치되기 위해서는 색상 배열에 있어서 균형과 대칭이 강조되어야 함을 기억하자.

❋ 원 안에 사각형 그리기 만다라
Squaring the Circle Mandala

기본 미술재료 / 원 안의 사각형 견본(선택사항; [부록 A], p.326 참조)

원 안에 사각형 그리기는 사각형 바깥에 원을 그리는 것을 의미한다. 사각형의 너비는 원의 지름과 같다. 물론 원 안에 사각형을 그리는 것도 가능하다.^{오른쪽 그림 참조} 융은 환자들의 꿈과 미술작품에서 '원 안에 사각형을 그리기 만다라'를 목격했다. 그는 이 은유가 전체성의 자연스러운 출현을 상징한다고 결론지었다.

'원 안에 사각형 그리기 만다라' 작업은 자아ego와 자기Self 사이의 연결을 촉진하는 한 가지 방법이 될 수 있다. 이 만다라를 만드는 데는 측정과 선 긋기, 원 그리기 작업 등이 요구되기 때문에 제도용 도구의 사용이 불가피하다. 이 만다라에서는 곡선과 직선의 균형이 중요하다. 만일 창의적인 과정의 하나인 제도용 도구 사용을 피하고 싶다면 [부록 A]의 원 안의 사각형 견본을 사용해도 좋다.

이 만다라는 중심이 있고 대칭적인 모양을 띤다. 도화지에 중심점을 잡고 원을 그려 보자. 원의 중심점을 지나는 수직선을 (위아래로) 그린다. 양쪽 선 모두 원 바깥으로 3~5cm가량 더 연장한다. 각도기를 방금 전에 그린 직선 위에 놓는다. 각도기의 0° 지점을 원의 위쪽을 향하게 하고, 각도기의 중심과 원의 중심을 일치시킨다.

각도기로 90°와 270° 지점을 재서 표시한다. 이 두 점 사이에 자를 대고 원의 중심을 지나는 수평선을 (좌우로) 그린다. 양쪽 선을 원 밖으로 3~5cm가량 더 연장한다.

STAGE 7 | 원 속의 사각형: 가치를 꽃피울 자신의 자리를 찾아라

원 안에 사각형 그리기

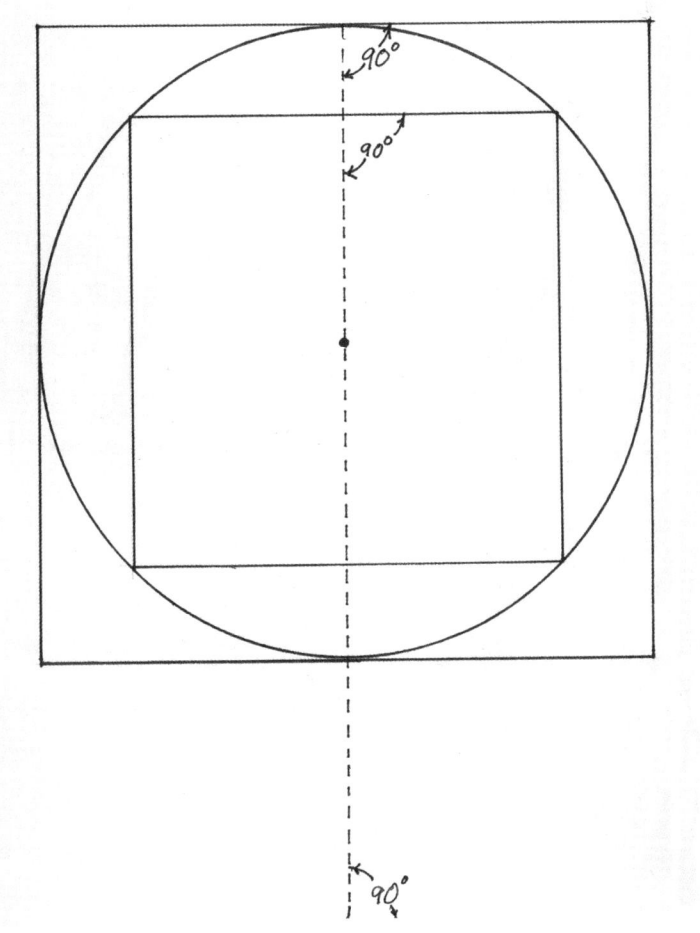

수직선과 원이 만나는 점 위에 각도기의 중심을 놓는다. 이 때 0° 지점이 수직선의 위쪽을 향하게 한다. 각도기로 90°와 270° 지점을 재서 표시한다. 이 두 점 사이에 자를 대고 수평선을 그린다. 이때 이 직선의 중점이 원과 닿아야 한다.

같은 방법으로, 원의 아래쪽과 좌우에도 90°와 270° 지점을 재서 직선을 그린다. 이때 수직선과 원의 아래쪽이 만나는 점에 각도기의 중심을 놓아야 하며, 수평선과 원의 좌우가 각각 만나는 지점에 각도기

의 중심을 놓아야 한다. 그 다음, 이 점을 다 이어서 직선 3개를 그리면 '원 안에 사각형 그리기 만다라'의 사각형이 완성된다. 만다라가 만족할 만하게 완성되도록 적절한 색상, 재질, 이미지 등을 덧붙인다. 이제 이 원형적인 만다라가 완성되었다.

✹ 금속성의 태양/달 만다라
Solar/Lunar Metallic Mandala

기본 미술재료 / 알루미늄 포일, 금속 포장 종이, 반짝이, 금속성 색상의 물감 등 / 판지

위대한 일원상에서 7단계는 빛과 가장 잘 어울린다. 고대에는 태양과 달이 빛의 기본적인 근원이었다. 오랫동안 달이 여성성의 대표로 인식되었던 것과는 달리, 태양의 경우는 시간이 흐르면서 신화를 통해 남성적인 속성이 할당되었다. '금속성의 태양/달 만다라'를 통해 남성성과 여성성 모두를 표현할 기회를 갖게 될 것이다.

또한 이 단계 중의 빛은 의식의 상징으로, 강렬하고 집중적이며 접촉이 가능하다. 이 단계는 이상적인 행동을 수행하도록 하는 개인적인 소명을 받아들이는 것과 연관된다. 충성, 자신감, 그리고 봉사하고 싶은 욕망이 임무수행 중인 중세의 기사와 같이 되고 싶은 동기를 자극한다. 그러므로 이 만다라를 발전시킬 때 순수한 보석 색상과 아울러 중세 기사의 문장과 같은 금(태양)과 은(달)의 금속성 색상을 활용하는 것은 적절해 보인다.

튼튼한 종이나 판지에 원을 그린다. 태양(남성성)과 달(여성성)의 이미지가 들어 있으면서 숫자 4를 기본으로 하는 만다라를 만든다. 이러한 양쪽 특성, 그리고 직선과 곡선에 주어지는 공간이 공평하게 균형

이 맞도록 노력한다. 이러한 방법으로 남성성과 여성성의 균형이 이 단계 중에, 그리고 당신 자신 안에서 나타날 것이다. 금속성의 물감이나 종이를 선택해 '금속성의 태양/달 만다라' 문양을 완성한다.

✹ 신성한 결혼 만다라
Mandala of the Sacred Marriage

기본 미술재료

현대 화학의 선구자인 고대의 연금술은 하찮은 재료들로 금이나 다른 귀한 물질을 창조하려는 탐구의 하나였다. 이 신비로운 과정은 주로 땅이나 배설물과 같은 기본적인 물질로 시작되는데, 이것들이 태우거나 용해시키거나 다른 화학물질과 합성하는 대상이 된다. 가장 중요한 과정 중의 하나는 '신성한 결혼'이라 일컬어지는, 새로운 결합을 통해 근본적으로 색다르게 재규정된 혼합물을 만들어 내는 과정이다. 이때 새로운 결합은 짝을 이룬 것의 기능 수준이 질적으로 훨씬 높아지도록 만든다.

결혼은 연금술이 연상되는 과정을 통해 자신들의 삶을 함께 공유하기 위해 진지하게 헌신하는 두 개인의 결합이다. 이처럼 결혼이라는 작업을 통해 그들은 그 전에 존재하지 않았던 무언가를 이루게 된다. 성공적인 결혼을 영위하기 위해서는 각 파트너가 자신의 욕구도 살피지만, 배우자의 욕구를 존중하고 가치 있게 여기며 결혼의 강점과 건강성을 배양해야만 한다. 결혼을 완성하기 위해서는 연금술 이상의 것이 요구되는 것 같다.

자기인식이야말로 결혼을 구축하는 데 중요한 요소다. 또한 당신이 어떤 종류의 결혼을 유지하고 싶은지, 그리고 그것을 성취하기 위해서 무엇을 배워야 하는지를 인식하는 것이 도움이 된다. '신성한 결혼 만다라'를 통해 당신은 자신이 아는 타인과의 관계에 대하여 생각해 볼 수 있으며, 결혼 파트너로서 자신의 욕구와 선호하는 것, 강점과 단점을 발견할 수 있을 것이다.

원으로 시작해 보자. 당신이 존경하는 커플들을 생각한다. 그들은 실존할 수도 있고, 상상하거나 신화적인 인물일 수도 있으며, 종교에 근원을 둘 수도 있다. 이러한 결합이나 결혼을 구성하는 개인들을 상징하는 이미지를 발견해 가져오거나 만든다. 원이 등변십자가를 기본으로 하는 균형적인 문양의 형태를 갖추도록 이미지들을 배열한다. 균형 잡힌 형태와 색상, 그리고 질감의 결합을 통해 '신성한 결혼 만다라'를 완성한다.

작업노트에 다음과 같은 질문에 답함으로써 '신성한 결혼 만다라'에 응해 보자.

- 이 커플에서 가장 내가 마음에 들어 하는 점은?
- 두 파트너가 지닌 어떤 특성이 그들의 결혼에 이르게 했나? (그는 ___하다, 그녀는 ___을 지녔다 등.)
- 각 파트너의 어떤 강점이 관계를 지원하고 있는가? (그녀는 ___하다, 그는 ___을 지녔다 등.)
- 각 파트너의 어떤 단점이 관계를 위협하는가? (그/그녀는 ___이 부족하다.)
- 파트너들의 특성이 내 안에 어떻게 반영되었는가? (위에 있는 문장 대신 "나는 ___이다", "나는 ___을 지녔다", "나는 ___이 부족하다", "그/그녀는 ___하다", "그/그녀는 ___을 지녔다", "그/그녀는 ___이 부족하다" 등으로 대체한다.)
- 이 커플은 나의 관계 욕구나 선호와 관련하여 무엇을 말해 주나?

✳ 자기 방패 만다라
Your Personal Shield Mandala

기본 미술재료

당신에게 중요한 것은 무엇인가? 가장 중요한 것은 무엇인가? 당신이 살아가는 원칙이자 자신을 가장 많이 지배하고 있는 핵심적인 가치는 무엇인가? 이러한 질문에 대해 깊이 생각한 후 작업일지에 대답을 기록한다. 당신이 깊이 간직하고 있었던 가치를 분명히 하고 그것들을 만다라 안에 놓음으로써, 이 만다라가 삶을 어떻게 선택할지를 상기시키는 변함없는 상징물이 될 수 있도록 하자.

도화지에 원을 그리고, 그것을 4등분한다. 만다라 각 부분마다 핵심적인 가치의 상징을 만든다. 예를 들어, "정의"는 저울로 상징화될 수 있다. "아름다움"은 장미로 나타낼 수 있다. 만일 어떤 것이 다른 것들과 비교해 더 중요하다면, 만다라에서 더 큰 공간을 할애한다. 완성되면 방패 만다라를 살펴보고 당신에 대하여 무엇을 말하고 있는지 주의 깊게 살펴보자. 당신은 자신이 주도하는(또는 주도하고 싶은) 삶 속에 이 핵심 가치들을 어떻게 가져올 수 있을까?

✳ 치유의 바퀴 만다라
Medicine Wheel Mandala

기본 미술재료

치유의 바퀴는 북미 대초원 인디언 사이에서 유래된 시간과 공간의 순환 만다라다. 이 구조는 물질적인 세계뿐만 아니라 내면적인 상징세계에도 방향성을 제시한다. '치유의 바퀴 만다라'를 통해서 당신은 네 방위와 관련된 자신의 위치를 파악하고, 지금 살고 있는 땅에 대하여 인식하며, 이러한 것들과 관련하여 떠오르는 개인적인 생각들을 기록할 기회를 갖게 될 것이다.

커다란 도화지에 30cm 이상의 원을 그린다. 동, 서, 남, 북의 네 방위를 나타내는 선들을 덧붙인다. 북쪽의 선이 북쪽을 향하도록 만다라를 돌린다. 이제 방향이나 힘을 주는 동물, 색상에 관하여 그동안 알고 있던 정보는 무시한다. 대신 당신과 자신이 살고 있는 장소에 맞는 색상이나 의미, 동물, 식물, 혹은 나무 등 자신에게 각 방향이 개인적으로 어떤 의미가 있는지 탐색한다. 나는 북쪽과 관련해서 산을 연상하는데, 내가 살고 있는 지역의 북쪽에 애팔레치아 산맥이 솟아 있기 때문이다. 동쪽에 관해서는 봄이 연상되었던 나는, '치유의 바퀴 만다라'에서 동쪽을 나타내기 위해 이른 봄에 피어나는 자두꽃을 선택했다. 당신의 '치유의 바퀴 만다라'와 관련된 개인적인 연상을 그림이나 상징으로 표현해 보자.

❋ 나무 만다라
Tree Mandala

기본 미술재료

나무는 오래된 개성화의 상징이다. 각각의 나무는 뿌린 내린 곳의 환경이 허락하는 만큼 씨 안에 부호화된 잠재력으로 가득 차 있다. 융은 나무를 자기의 상징으로 기록했는데, 이는 씨처럼 드러나지 않는 인간의 잠재력을 뜻한다. 다시 말해, 인간의 잠재력도 나무와 같이 환경의 상태나 기회와 일치될 때 숙성된다.

나무는 또한 인간의 몸을 적절하게 상징한다. 나무는 외부로 향한, 크고 작은 나뭇가지들과 땅 속에 뻗친 뿌리의 지지를 받아 튼튼하게 똑바로 서 있다. 움직이는 뿌리의 잔가지처럼 우리의 발과 발가락이 땅을 딛어 우리의 몸통이 균형을 잡도록 확고한 기초가 되어주며, 그 다음 차례로 우리의 목에 달린 뻗은 팔과 머리를 지지해 준다.

우거진 나무 한 그루를 올려다보면, 기둥을 중심으로 사방으로 뻗친 크고 작은 나뭇가지들과 함께하는 만다라를 볼 수 있다. 나무의 기둥 중심에서 밖으로 뻗친 뿌리 시스템을 내려다보아도 유사한 만다라가 나타난다. 그리고 같은 방법으로 우리의 몸을 내려다보면, 팔과 다리 사지로 뻗쳐진 중심 기둥을 볼 수 있다. 우리는 만다라처럼 몸을 볼 수 있는 것이다.

'나무 만다라'는 원 안에 나무 그림을 그림으로써 나무의 다양한 의미를 탐색할 수 있는 기회를 제공한다. 나무의 종류를 선택하고, 나무 위쪽에서 내려다보거나 위쪽으로 똑바로 올려다보는 등 보고 싶은 방향에서 나무를 관찰한다.

원을 그리고, 원의 중심을 지나도록 선을 가볍게 상하좌우로 그린다. 이것은 어느 정도 '나무 만다라'의 기준선이 될 것이다. 새의 시각에서 나무를 내려다보거나, 사람의 시각에서 그려도 좋다. 이처럼 나무를 창조하기로 선택했다면 원 가운데를 그것으로 채운다.

색과 형태를 가지고 나무와 그 주변, 그리고 만다라 원을 채워 보자. 완성하고 나면 나무와 환경의 특성에 관하여 생각해 본다. 당신의 나무는 건강한가? 나무는 성장하기에 필요한 모든 것을 가지고 있는가? 그렇지 않다면 무엇이 부족한가? 최적의 크기로 성장하기 위해서는 무엇이 필요한가? 당신의 나무가 잠재력으로 충만하기 위해서 필요한 것이 무엇인지 '나무 만다라' 그림 위에 덧붙인다.

당신의 '나무 만다라'를 살펴본 후, 나무의 상태와 나무가 필요로 하는 것들이 당신에 관하여 무엇을 말해 줄 수 있을지 숙고해 보자. 만일 나무가 물이 필요하다면, 당신 역시 더 많은 물이나 여타 필수적인 영양소가 필요할지도 모르겠다. 만일 나무가 제대로 뿌리내리지 못했다면, 당신 역시 삶에서 더 많은 안정감을 필요로 할 것이다. 만일 나무가 원 안에 갇혀 있다면, 당신도 새로운 성장 가능성에 대하여 자신의 마음을 어떻게 열 수 있을지 생각할 필요가 있다.

❋ 사사분면 만다라(소그룹 작업을 위해)
Mandala of the Four Quadrants

기본 미술재료 / 90×90cm가량의 도화지

그룹이 함께 만다라를 제작하는 것을 통해서 우리는 서로를 더 많이 알게 되고, 그룹 안에서 소속감을 증진시키며, 말보다는 우뇌 활동을 더 많이 즐길 수 있다. 그룹 만다라는 팀워크를 형성하고, 그룹의 역동성을 인식하며, 공유된 목표를 위한 협력을 연습하는 데 유용하다.
그룹 활동에 관한 더 많은 정보는 [부록 D], p.385 참조

'사사분면 만다라'는 전체성의 4가지 면에 관한 그룹 탐색 작업이 될 것이다. 예를 들면, 4계절이나 4방위, 낮/밤의 4가지 시간(일출, 정오, 일몰, 한밤중), 사고/감정/감각/직관이라는 4가지 기능, 삶의 4단계(아동기, 청소년기, 장년기, 노년기), 혹은 기타 전체성에 대한 4가지 분류 등이 있다. 그룹 전체가 선택에 대해 동의해야 한다.

도화지에 큰 원을 그린다. 연필을 줄에 부착하면 컴퍼스가 될 수 있다. 각 사분면이 공간을 가질 수 있도록 4개 부분으로 원을 분할한다. 격식을 갖추는 느낌을 들도록 그룹 구성원들이 함께 원을 돌면서 노래를 부르는 것도 좋다. 이때 부를 노래로는 「영혼이여 깨어나라」를 권하고 싶다. 당신에게 최선이라는 느낌이 오는 위치를 찾으면 그곳에

서거나 앉는다. 다른 그룹 구성원들은 각자 최선이라고 느끼지는 위치를 찾을 때까지 계속 만다라 주변을 움직일 것이다.

당신이 공유한 공간을 채우기 위하여 어떻게 하는 것이 최선인지 다른 그룹 구성원들과 의논해 보자. 공간을 나누어 구성원 각자가 개인적으로 작업하는 것을 선호하는가, 아니면 공간을 같이 공유하면서 작업을 모두 같이 하는 것을 선호하는가? 어떤 사사분면은 한 사람 이상이 하고 싶어 할 수도 있고, 어떤 사사분면은 아무도 하고 싶어 하지 않을 수도 있다. 개별적으로 만다라 작업을 하는 데 있어서 옳고 그른 방법은 없다.

모든 구성원들이 동의하는 공간을 찾았다면, 만다라 안에 자신의 사사분면을 상징하는 이미지를 그리거나 칠한다. 모든 구성원들이 만다라 위에서 하는 작업을 끝마쳤다면, 작업 결과와 경험에 관하여 함께 이야기를 나눈다. 함께 작업을 한 다음에는 만다라를 가지고 무엇을 할지에 대하여 함께 결정한다. 예를 들어, 내가 이끌었던 한 그룹은 만다라를 큰 병에 넣기로 결정하고 나서 바다로 떠내려가도록 강물에 띄워 보냈다.

7단계 돌아보기

7단계는 에너지와 균형, 그리고 전체성의 시간이다. 대극적인 것들의 성공적인 교류가 특징이다. 이 단계의 만다라를 통해 남성성과 여성성을 탐색하고, 중요한 가치에 관하여 생각하게 되었다. 원 안이나 바깥에 완벽한 사각형을 그리는 기하학적인 기술을 활용할 기회도 가졌다. '만다라 카드 7'에 이 단계의 경험을 요약해 담아 보자.

✳ 만다라 카드 7

기본 미술재료 / 판지 / 콜라주용 그림이나 사진

원하는 크기와 모양으로 카드를 만든다. 카드에 원과 사각형, 혹은 십자가가 포함된 만다라 문양을 놓는다. 많은 기술을 지닌 독특한 개인, 즉 당신을 상징화하도록 디자인이 균형에 맞고 대칭적이 되도록 한다. '만다라 카드 7'을 완성하기 위하여 여타 이미지, 말, 재질, 혹은 색상을 덧붙인다. 평평하게 말린 후 안전한 공간에 보관한다.

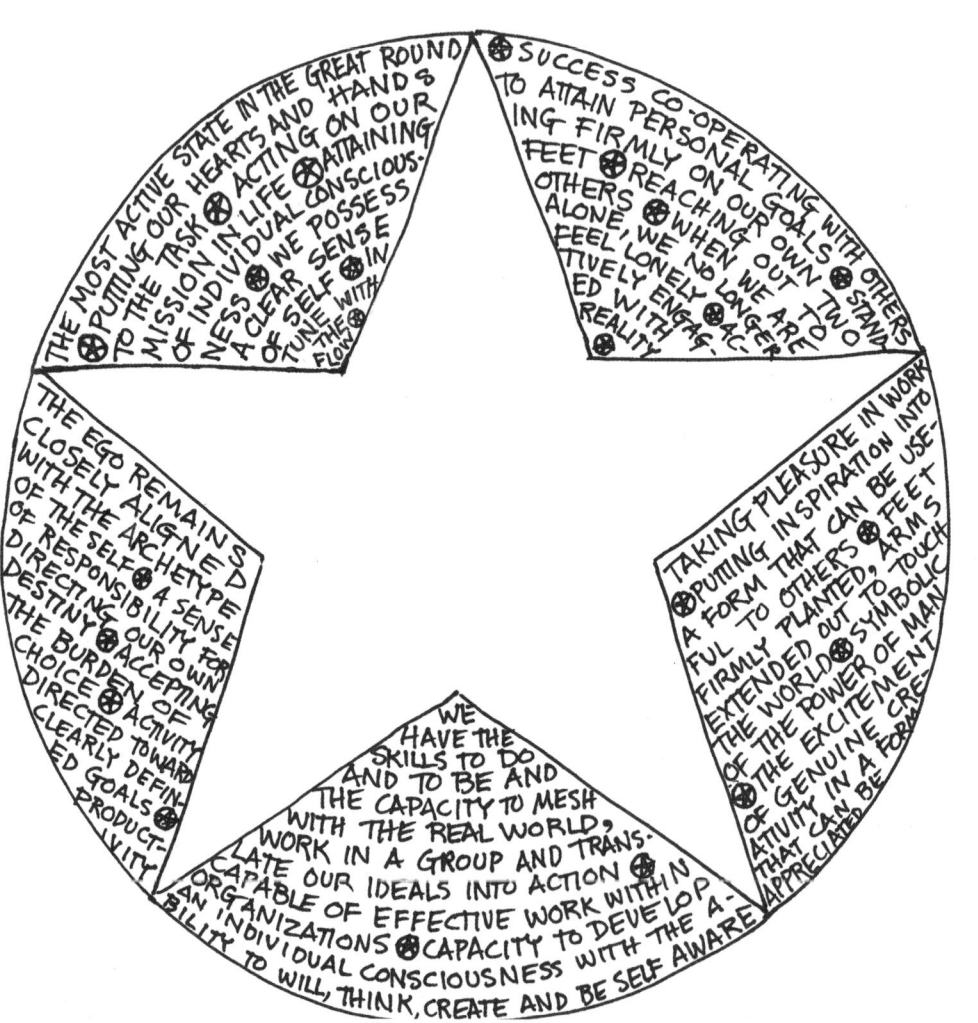

Stage 8

기능하는 자아:
세상을 헤쳐 나갈 능력을 발휘하라

8단계는 8월의 늦여름, 이른 오후의 시간과 상응한다. 이 단계와 더불어 우리는 위대한 일원상에서 외부적으로 가장 활발한 시기로 옮겨 가게 될 것이다. 이 단계는 기운이 넘치고 일과 창조, 소통에 있어서 성공적인 것이 특징이다. 개인적으로나 타인과의 관계에서나 최적의 기능을 발휘하는 것이 강조된다. 세상에서 잘 기능하는 것이다.

3단계부터 시작된 [자기실현의 여정과 관련된] 과정의 정점인 이 단계에서 당신은 개인적인 의식, 즉 자아를 얻게 될 것이다. 부모로부터 분리되어 기꺼이 자신의 삶에 대하여 책임을 지게 된다. 타인과 함께 있는 것을 즐기는 동시에, 홀로 있을 때도 마찬가지로 만족스러운 시간을 보낼 수 있을 것이다. 이에 켈로그는 이 단계를 기능하는 자아 Functioning Ego라고 불렀다.

8단계에서 우리는 총명하고 명확하게 생각하는 능력을 갖게 된다. 전형적으로 낙관적인 감정과 행복감, 흥분, 자신감, 너그러움, 그리고 열정 등을 경험하게 될 것이다. 이 단계 동안 우리는 발은 아래쪽으로 식물처럼 뻗고, 머리는 구름을 향하게 된다. 패티 허턴의 만다라[도판 22] 참조가 이 단계와 관련된 좋은 이미지를 담고 있다. 삶의 실용적인 면에 잘 적응되었기 때문에 창의적인 작업을 하는 데 에너지를 거리낌 없이 쓸 수 있다. 이 단계 동안 당신은 세상에서 잘 기능하는 데 어울리는 행동을 하게 되므로 조화로운 흐름과 공명하고 있다는 느낌이 들 것이다.

8단계는 명확히 규정된 목표를 향하여 적극적으로 행동하는 시간이다. 여기서의 **행동**이란 사람이나 사물의 세계와 관계를 맺게 되는 것을 뜻한다. 활발하게 전략을 시행하고, 문제를 해결하거나, 자신과 타인에게 이익이 되는 생산물을 만들게 된다. 게다가 이 생산물이 이해받을 만한 형식 안에 진정한 창의성의 즐거움을 담아 보여 주기 때문에 당신의 노력이 타인들에게도 잘 받아들여진다. 이제 당신은 삶의 주류에서 높은 위치에 오르게 될 것이다.

타인과의 작업도 여기서 중요하다. 순환하는 위대한 일원상의 목표를 달성하기 위하여 당신은 그룹에서 타인들과 쉽게 어울리게 될 것이다. 이 단계에서 기능이 최선으로 작용할 때 당신의 사교적인 능력, 존중, 공감 등이 제 역할을 하게 된다. 우리는 임무를 설명하고 타인의 가슴에 불을 지피기 위한, 능숙하면서도 겸허한 방법을 찾게 될 것이다. 2, 3, 4단계에서 이루어진 충분한 자기표현을 통해 영감이 떠오를 때마다 우리는 이 단계로 되돌아오게 된다.

아마도 당신은 그룹에서 이상적인 지도자의 위치에 서거나, 조용히 효과적으로 합의를 이끌어 내는 구성원이 될 것이다. 이 단계에서 당신은 자신의 삶의 과업을 완수하려고 할 것이다. 운이 좋다면, 이것이 바로 그 과업이라는 것을 인식할 수 있다. 그러나 어떤 사람들은 인생의 후반부에 이를 때까지, 자신이 하고 있는 일의 중요성이나 그 일이 나라는 사람한테 얼마나 잘 맞는지 알지 못하는 경우도 있다. 수잔도 그러했다.

수잔은 자신의 집에서 가깝다는 이유로 근처의 측량기사 사무실에서 일을 했다. 그녀에게는 초등학교에 다니는 딸이 두 명 있었다. 직장이 집과 가까워서 아이들이 방과 후에 그녀의 사무실에 올 수 있었기 때문에, 일을 하면서도 아이들을 보살필 수 있었다. 당시 수잔이 일을 하는 기본적인 목적은 어머니로서의 역할을 충실히 하고 매달 생활비를 조금이라도 보태는 것이었다. 그녀는 일을 좋아하긴 했지만 임시방

이 공간은 개성화의 재현으로 보인다. [...] 이것은 몸 이미지의 측면에서 볼 때 중요하다. 공간 안에 몸의 동작이 들어 있기 때문이다.
조앤 켈로그

편 이상으로 발전시켜 볼 엄두는 내지 못했다.

    측량기사 사무실에서 그녀는 제도를 하고, 각도를 추정하며, 검은색 잉크로 측량판을 제작하는 일을 배웠다. 작업은 꼼꼼함을 필요로 했다. 그녀가 작가로 전업을 했을 당시에는 그림 그리는 재주를 까맣게 잊고 있었다. 몇 년 후에야 그녀는 그림 솜씨의 중요성을 깨닫게 되었다. 자신이 집필하고 있는 책의 펜화를 그려 달라는 요청을 받았던 것이다. 측량기사와 일했던 경험 덕분에 그녀는 그 기술을 책을 제작하는 데 활용할 수 있었다. 그녀의 그림 대부분은 만다라였다.

8단계의 의도

8단계 동안 당신의 에너지는 가장 높은 상태가 될 것이다. 따라서 목표가 분명해지고, 그것을 달성하기 위하여 실행에 옮길 계획을 하게 된다. 당신의 임무는 옳고 그름을 지적으로 따져서 이룰 수 있는 단순한 결과물이 아니다. 이 임무는 고유한 개별적 존재성뿐만 아니라 세상과 공유해야만 하는 재능에 근거한다. 관찰 결과를 볼 때, 이 단계가 위대한 일원상에서 가장 창의적이고 생산적이다. 이 단계에서 당신은 사회에서 가치를 높이 인정받게 될 것이다. 그동안 해왔던 실수를 더는 되풀이 하지 않고 여기서는 잘 기능하리라는 기대가 가능하다.

8단계의 만다라

8단계의 만다라에는 강력한 집중에 의해 이루어지는 균형과 에너지, 움직임이 담겨 있다. 그리고 주로 숫자 5를 기본으로 한다. 즉, 오각별과 꽃잎이 5장인 꽃 또는 손 본뜨기 등이 그것이다. 이 단계의 중요한 상징은 오각별인데, 이는 2단계의 다양한 가능성에서 개발된 것으로, 당신이 (의식적 혹은 무의식적으로) 선택해 온 단 한 가지를 상징한다.

또한 별은 머리와 두 팔, 두 다리라는 5개의 꼭짓점을 지닌 육체적인 몸을 지칭하기도 한다. 균형과 동작의 중심인 발에는 발가락 5개가 달려 있다. 5는 손가락 5개와 함께 손의 중요성을 암시한다. 손은 말 그대로 무언가를 잡을 수 있게 해준다. 따라서 손의 중요성은 이 단계 중에 당신이 세상을 인식하기 위해 적극적으로 무언가를 만들어낼 때 두드러진다. 만다라 그룹의 구성원인 쉬 칸의 만다라[도판 23]는 이러한 손의 이미지를 잘 보여 준다.

이 단계의 또 하나의 전형적인 상징은 고대의 태양 상징인 卐자 십자상이다. 이는 "행복well-being"을 의미하는 산스크리스트어 스바스티svasti에서 유래했다. 卐자의 다리 4개는 고대인들이 태양이 하늘을 가로질러 "걷는" (움직이는) 능력을 표현한 것으로 보인다. 卐자의 중심점에 이 다리 4개를 덧붙이면 이 단계에서 기대되는 5각의 모양이 이루어진다. 그동안 卐자는 히틀러와 나치 정권, 학살과 부정적으로 연결되어왔다. 이제 당신의 '卐자 만다라'는 중성적/긍정적인 것으로의 상징을 되찾을 수 있을 것이다. 卐자는 이 단계에서 열정적인 움직임을 나타내며, 힘과 효율성의 중심으로서의 존재감을 상징한다.

이 단계 만다라의 색상은 햇빛을 받아 밝고 따뜻하다. 금색과 노란색, 주황색이 두드러지게 나타난다. 선명한 파란색 계통과 터키색, 빨간색, 진홍색과 초록색 역시 자주 눈에 띤다. 이것들은 익어 가는 들판의 곡물과 과수원의 과일, 그리고 텃밭의 야채들 색상이다.

((연습과제))

만다라를 시작하기에 앞서 8단계와 관련된 요가 동작[부록 B], p.358 참조을 잠시 한다. 요가를 하는 동안 5각 형태로서 자신의 몸에 집중한다. 요가 동작을 하면서 이완을 느껴 보자. 스타덤에 올랐다고 주장하는 것이 어떻게 느껴지는가?

손은 이 단계의 중요한 모티프다. 손 덕분에 당신은 도구를 잡을 수 있고, 창의적인 기술을 활용할 수 있다. 이 단계의 만다라 중에는 미술도구를 조심스럽게 사용해야 하는 경우도 있을 것이다. 당신은 '빛나는 별 만다라'를 만들기 위하여 모든 과정을 기꺼이 밟아 나가겠는가? 그것은 참는 것을 연습하고, 지시를 따르며, 기술을 익히는 일이다. 이것들이 이 단계와 관련된 중요한 특성이다. 세상에서 잘 기능하기를 연습하는 것에 대한 당신의 반응을 탐색하기 위해 작업일지에 그 내용을 기록해 보자.

✼ 기능하는 자아 만다라
Mandala of the Functioning Ego

기본 미술재료(p.57~58 참조) / 문양 만다라 8([부록 A], p.337 참조)

8단계 중에 당신이 기술과 능력, 헌신에 대하여 알아차릴 즈음, 이와 관련된 별이 출현한다. 이 오각별은 사람이 두 발과 팔을 뻗고 머리를 높이 들어 당당하게 서 있는 상태를 나타낸다. 이것이 바로 이 단계 중에 느끼는 존재감이다. 이 만다라를 완성하기 위하여 태양의 밝은 색상을 선택한다. 색칠하는 동안 반응을 보이는 신체 부위에 의식을 집중해 보자. 별은 다리와 손, 머리를 가리킨다. 별의 중심에는 심장이 있다. 만다라와 자신의 몸 사이의 이러한 연관성을 의식하는 것이 어떻게 느껴지는가? 작업일지에 기록하면서 이것에 관하여 탐색해 보자.

✷ 빛나는 별 만다라
Mandala of the Shining Star

기본 미술재료 / 금속성 물감(선택사항) / 오각별 견본(선택사항; [부록 A], p.327 참조)

우리의 몸은 머리, 두 손과 두 발 등 5개의 꼭짓점을 지니고 있다. 우리의 손과 발도 각각 5개다. 그러므로 숫자 5는 우리의 육체적인 몸과 아주 가깝다. 오각별을 관찰하는 한 가지 방법은 별을 우리의 육체적인 현존성에 대한 상징으로 보는 것이다. 손으로 뭔가를 잡고, 모양을 만들고, 물건을 만들어 내기 때문에 오각별에는 우리의 생산성이 반영되어 있다. 누군가를 스타라고 부를 때 그 의미는, 그들이 특별한 사람으로 관심을 받으며 창의적인 방법으로 자신의 재능과 인간성을 표현한다는 뜻이다.

'빛나는 별 만다라'를 통해 무엇이 스타로 만드는지를 배우는 기회를 갖게 될 것이다. 당신의 만다라를 만들기 위해서는 다음 페이지에 나오는 그림을 참조해도 좋다. 집중과 인내심, 그리고 창의성(이 모든 것은 누군가가 스타 연기자가 되는 데 도움이 된다)이 필요할 것이다. '빛나는 별 만다라'가 당신이 지닌 스타로서의 특성을 나타내는 하나의 방법이 되게 만들어 보자.

원을 그린 후, 원의 중을 지나는 수직선을 (위아래로) 긋는다. 각도기를 선 위에 놓는다. 그리고 각도기의 중심을 원의 중심에 놓는다. 각

오각별을 그리는 방법

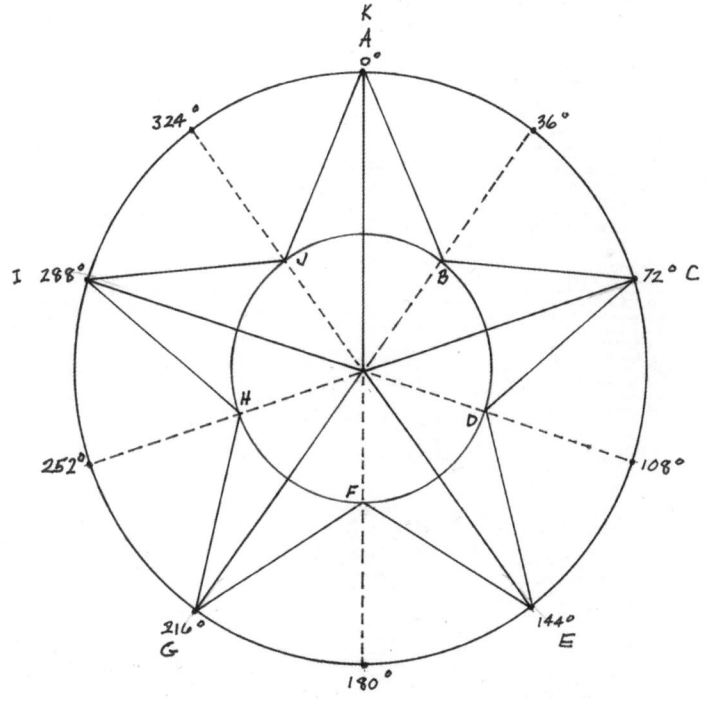

도기의 0° 지점을 수직선과 원이 만나는 점과 일치시킨다.

이 0° 지점부터 시작해서 다음과 같이 각도를 재고 표시한다.

36°

72°

108°

144°

180°

216°

252°

288°

324°

36° 점에서 원의 마주보고 있는 반대편에 있는 216° 점까지 직선을 그린다. 이 직선은 원의 중심을 통과해야 한다. 원 전체에서 서로 마주보고 있는 각도의 점들을 각각 서로 연결해 나간다. 이렇게 하면 중심점에서 원의 바깥으로 향하는 선 10개가 완성될 것이다.

이제 처음 원의 중심점을 이용하여 더 작은 원을 하나 더 그린다. (큰 원과 작은 원 사이의 거리는 별의 한 변의 길이를 결정한다.) 큰 원과 직선 1이 만나는 점에서 작은 원과 직선 2가 만나는 점을 직선으로 연결한다. 그 다음, 작은 원과 직선 2가 만나는 점에서 큰 원과 직선 3이 만나는 점을 잇는다. 기본적인 오각별 만다라가 만들어질 때까지 이러한 방법으로 계속한다.

세상과 공유하고 싶은 당신의 재능에 적극적으로 다가가고자 하는 마음이 반영되도록 만다라 별을 밝고 대담한 색, 금속성 물감이나 종이, 혹은 여타 재료로 채워 보자. 별이 지닌 힘을 강조하기 위하여 방문에 '빛나는 별 만다라'를 걸어도 좋다.

❋ 나는 스타 만다라
Star Me Mandala

기본 미술재료 / 큰 도화지(누워서 팔다리를 뻗을 정도의 크기로, 소포를 포장하거나 학교의 게시판을 덮는 두꺼운 갈색 종이 묶음이 좋다. 충분한 크기를 위하여 종이를 여러 장 붙여서 사용할 수도 있다.)

르네상스 시대 이래로 오각별이 원 안에 담겨 있는 인간의 형태와 겹쳐지는 그림을 누구나 보았을 것이다. 원에 닿도록 완전히 확장된 별의 각 꼭짓점을 다 채울 만큼 팔과 다리는 뻗어 있고 머리는 곧추세워져 있다. 이 자세는 명확히 이렇게 외치고 있는 것이다. "나 여기 있다."

'나는 스타 만다라'는 몸의 경험을 통해 원형적인 이미지를 탐색하고, 강렬한 자세로 몸의 이미지를 창조하며, 만다라 안에 몸의 이미지를 담는 것을 가능하게 한다. 자신의 만다라에 반응하고 자신이 받은 감명을 공유하기 위하여 이 만다라에 당신의 경험을 반영해 보자. 몸을 본떠 주고 '나는 스타 만다라'를 지켜봐 줄 신뢰할 만한 동료의 도움이 필요할 것이다.

도화지 위에 별 같은 자세로 손발을 뻗고 커다란 종이 위에 눕는다. 자신의 몸이 어떻게 공간을 채우고 있는지 느껴 보자. 파트너가 당신의 몸을 본뜨게 한다. 일어나 앉아서 당신의 몸이 그려진 것을 관찰해 보자. 등을 대고 누워 있는 동안 자신에 대하여 느꼈던 경험과 얼마나 다른가, 혹은 얼마나 같은가? 그 다음, 몸이 그려진 주변에 커다란 원을 그린다. 만다라를 완성하기 위해 색상과 형태를 덧붙인다. 친구와 함께 당신의 경험과 만다라에 관하여 이야기를 나누어 보자.

※ 문제해결의 卍자 만다라
Problem-Solving Swastika Mandala

기본 미술재료

卍자는 태양이 하늘을 가로질러 걷는다는 의미를 지닌, 고대로부터 내려오는 상징이다. 그것을 2차 세계대전 당시 독일의 나치당이 자신들의 선전을 위해 마음대로 사용했던 것이다. '문제해결의 卍자 만다라'는 이 상징을 새롭고 긍정적으로 사용해 보려는 시도다. 원 속의 만다라는 개인적인 문제를 탐색해 가는 과정에 맞는 구조를 띠게 된다. 이러한 탐색 과정은 당신에게 중요한 것이 무엇인지를 명확히 하고, 이를 통해 해결책을 찾는 데 도움이 될 것이다.

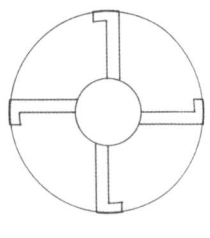

卍자 연습

지름 25cm가량의 원을 하나 그리고, 상하좌우에 일정한 간격으로 점을 4개 찍는다. 원 안에 중심을 공유하는, 지름 8cm가량의 작은 원을 하나 더 그린다. 작은 원의 중심에서 큰 원의 위쪽에 해당되는 점 사이에 자를 놓는다. 작은 원 안은 비워 두고, 작은 원의 윤곽선에서 큰 원의 점에 이르는 구간만 선을 긋는다. 이 직선에서 시계 방향으로 2.5cm가량 옆으로 떨어진 곳에 직선을 나란히 긋는다. [이렇게 "다리"처럼 보이는] 굵은 선 4개가 작은 원에서 큰 원 사이에 만들어질 때까지 나머지 세 점에도 이 같은 방법으로 평행한 선을 긋는다. 卍자 형태가 되도록 ["다리"의 끝부분을] 원을 따라 왼쪽으로 2.5cm 이상 확장시켜서 "발"을 덧붙이는 작업을 맨 윗점부터 시작해 보자. 남아 있는 "다리" 3개도 같은 방식으로 작업을 한다. **왼쪽 그림 참조**

卍자의 중앙에 당신이 더 많이 탐색해 보고 싶은 문제를 나타내는 단어나 이미지를 놓는다. 卍자의 가장 위쪽 다리부터 시작해 다리 형태와 그에 부착된 발을 벗어나지 않는 범위 내에서 이 주제에 대한 당신의 **생각**을 적거나 그림을 그린다. 이것은 아마도 자기고백이거나 흑백논리, 혹은 상황에 대한 **논리적인** 관점이 될 것이다. 그 다음 반대쪽 다리와 발에 그 주제에 대한 감정을 쓰거나 그린다. 여기에는 이 문제와 관련된 긍정적·부정적인 느낌들이 다 포함될 수 있다.

卍자의 오른쪽 다리로 옮겨 가서 주제에 대한 감각적인 정보를 탐색해 보자. 당신의 문제와 관련된 정보를 제공하는 무언가가 보이거나, 소리가 들리거나, 맛이 느껴지거나, 냄새가 나는가? 혹은 무엇이가 만져지는가? 예를 들어, 탐색 중인 주제에 대하여 당신이 해봤거나 들었거나 주어진 경험, 혹은 관찰한 내용이 있으면 이를 반영하는 말이나 이미지를 포함시켜 보자. 끝으로, 왼쪽 다리로 옮겨 가 상황에 대한 꿈이나 초자연적인 **깨달음**, 예감, 육감 등 **직관**을 통해 당신이 받아들인 정보를 탐색해 보자.

작업일지나 '문제해결의 卍자 만다라' 주변에 다음과 같은 문장을 써서 완성하게 되면 조금 더 통찰이나 이해를 잘하게 될 것이다.

나의 문제에 관하여
나는 _____라고 생각한다.
따라서 나는 _____라고 결론을 내렸다.
나는 _____라고 느낀다.
따라서 나는 기꺼이 _____을 (안)하겠다.
나는 _____을 보거나, 듣거나, 냄새를 맡거나, 맛을 보거나, 만졌다. 따라서 나는 _____을 경험한다.
나는 _____라고 자연스럽게 이해하게 되었다.
따라서 나는 _____을 안다.

이제 열린 마음으로 당신의 문제에 대한 생각과 감정, 감각적인 깨달음, 직관 등에 주의를 기울여 얻게 된 더 많은 정보를 다시 살펴보자. 다시 한 번 만다라의 중심 이미지로 돌아가라. 문제에 대하여 확장된 관점의 총체나 핵심을 표현하기 위하여 필요하다고 느끼는 만큼 중앙에 이미지나 말을 덧붙인다. 그리고 나서 다음과 같은 문장을 완성해 보자.

내가 지닌 정보를 분석해본 결과 나는 _____하는 것이 최선이라고 생각한다.

✻ 치유 시리즈 만다라
Mandala Series for Healing

기본 미술재료

이 작업은 마이클 브라운이 개발한 만다라 시리즈에서 영감을 받았으며, 레이철 노먼트의 『꿈의 안내 Guided By Dreams』(2006)에서 인용한 것이다.

 우선 삶의 지금 단계에서 발전시키거나 치유되어야 할 필요가 있는 것이 무엇인지 생각한다. 자기 자신과의 관계나 타인과의 관계, 직업생활, 그리고 삶의 의미나 목적을 규정하는 종교생활 등의 영역을 생각해 보자. 이 생각을 바탕으로, 치유적인 변화를 위한 목표를 체계적으로 나타내 보자. 이제 도화지 4장에 각각 원을 1개씩 그린다. 도화지에 1부터 4까지 숫자를 매긴다. 2에서 4까지의 종이는 일단 옆으로 치워 둔다. 탁자 위에 빈 원 1이 그려진 도화지를 놓는다. 여기에 첫 번째 만다라를 만든다. 이제 다음과 같은 목표를 나타내는 만다라 4장을 시리즈로 완성해 보자.

  만다라 1:
  자신과 목표를 나타내는 이미지를 간단히 혹은 구체적으로 담는다. 이 만다라를 옆으로 치워 놓는다. 다음 만다라를 만들기 위해 두 번째 도화지를 가져온다.

  만다라 2:
  자신의 목표를 상징화하는 이미지를 만든다. 위에 제시된 방법으로 계속 세 번째, 네 번째 만다라를 만든다.

만다라 3:
목표를 달성하기 위하여 해야 할 필요가 있는 것을 나타내는 이미지를 담는다.

만다라 4:
이 목표를 달성하는 데 도움을 줄 자원을 나타내는 이미지를 만든다.

각 만다라를 그린 다음, 색상이나 형태가 의미하는 바가 무엇인지를 시작으로 전체적인 이미지가 당신에게 이야기하고 싶어 하는 것이 무엇인지에 대하여 쓴다. 그 다음, 마음의 눈으로 이미지를 부르고 당신에게 무엇을 가르쳐 주고자 하는지 묻는다. 이러한 상상의 대화를 통해 당신에게 무엇이 전해졌는지 적는다.

만다라 4장에 대한 작업을 모두 끝낸 다음에는 그것들을 관찰할 수 있는 곳에 함께 놓는다. 만다라와 각 요소들에서 당신이 받아들이게 된 메시지에 대하여 생각해 보자. 작업일지에 자신의 경험에 대한 글을 써서 반응한다. 치유적인 변화를 위하여 받아들인 안내가 어떤 것인지 요약한다.

창조력 만다라
Mandala Invoking Your Creative Energy

기본 미술재료

우리의 몸은 온갖 종류의 에너지를 만들어 낸다. 운동에너지를 통해서 우리는 근육을 움직일 수 있다. 신경세포가 뇌의 전기적인 에너지로 신호가 바뀌는 덕분에 우리는 생각하고, 압력이나 통증을 느끼며, 신체의 화학적인 균형을 이루게 된다. 동양철학에서는 기氣나 풍風, 혹은 쿤달리니와 같은 미묘한 에너지가 몸의 기능 중의 자연스러운 일부로서 순환된다고 여기고 있다. 이것은 몸의 육체적이고 정신적인 건강에 중요한 공헌을 한다. 주디스 코넬은 저서『만다라: 치유를 위한 빛나는 상징 *Mandala: Luminous Symbols for Healing*』에서, 검은 도화지 위에 흰색 연필로 만다라를 그려 몸의 기 에너지를 북돋우고 표현하는 만다라 작업을 제안하였다. '창조력 만다라'는 그녀의 작업에서 영감을 얻은 것이다.

먼저 원을 그린 후, 본격적으로 작업을 시작하기 전에 조용히 앉아서 눈을 감고 몇 분간 이완하는 시간을 갖는다. 창조적인 에너지를 표현하기 위하여 우리 안에서 손을 통해 흐르는 풍성한 에너지를 상상한다. 이 에너지가 만다라를 만드는 손을 이끌도록 하자. 이제 눈을 뜬다. 원 안에 손의 윤곽을 그린다. 손을 통해 흐르고 있는 창조적인 에너지를 표현하기에 적당한 형태와 색을 덧붙여 만다라를 완성한다. 우리 만다라 그룹의 구성원인 애니 켈라한은 이 지시에 따라서 만다라를 완성하였다.[도판 24] 참조

❋ 평화의 바람개비 만다라
Whirled Peace Mandala

기본 미술재료 / 바람개비 문양([부록 A], p.328 참조) / 핀 / 지우개 달린 연필 / 판지

8단계에서 가치 있는 목표를 향하여 작업하는 동안 타인과 교류가 빈번해질 것이다. 그러므로 세상에 긍정적인 변화를 일으키기 위한 개인적인 노력을 하는 것은 이 단계에서 지속적으로 탐색해야 하는 일이다.

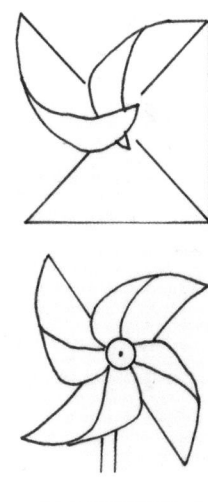

바람개비 만드는 방법

'평화의 바람개비 만다라'는 평화를 위한 지지를 보여 주는 세계적인 노력의 일환이다. 이 노력에 관하여 더 알고 싶다면 웹 페이지 www.pinwheelsforpeace.com 참조 또한 이 작업은 평화를 사랑하는 개인적인 시각을 표현하기 위한 하나의 방법이기도 하다. 이 책에 들어 있는 모든 만다라와 마찬가지로, 이 작업 역시 저마다의 특별한 욕구에 따라 다르게 채택될 수 있다.

견본을 활용해 바람개비 사각형의 윤곽을 본뜬 후 자른다. 본뜰 때는 모든 선뿐 아니라 가운뎃점도 빼놓지 않는다. 종이 한 면에는 세계 평화에 대한 자신의 느낌을 적는다. 그 뒷면에는 마커나 색연필, 물감, 혹은 기타 미술재료를 가지고 자신의 느낌을 시각적으로 표현한다. 두꺼운 종이에 동전을 대고 작은 원을 그린다. 세계평화를 상징하는 색이나 이미지로 이 원을 채운다. 원을 자른 뒤 옆에 놓는다.

중심에서 5cm가량을 남기고 본뜬 사각형 안의 대각선 4개를 모두 자른다. 대각선 하나를 가운뎃점 쪽으로 부드럽게 (접지 말고) 구부린다. 그 다음 대각선은 건너뛰고, 그 다음 것을 구부린다. 가운데서 점 4개가 만날 때까지 건너뛰기와 구부리기를 계속한다. 작은 원을 가운데 위에 놓는다. 점 4개가 다 모이는 작은 원의 중심과 바람개비 뒷면까지 핀을 꽂아 보자. 이 핀을 연필의 지우개에 꽂아 고정시키는데, 지우개와 바람개비 뒷면 사이에 공간을 조금 남겨 움직일 수 있도록 한다. 바깥으로 나가 바람개비를 날려 본다. 바람이 바람개비를 돌리는 것처럼, 당신이 살기 위해 해결해야 할 것들이 평화로운 에너지로 가득 차도록 해보자.

8단계 돌아보기

8단계 만다라를 통해서 우리는 자신의 힘과 창의력, 문제해결력을 탐색해 볼 수 있었다. 이 단계에서는 협력과 생산성, 그리고 세상에 기능하는 실질적인 기술이 강조된다. 세상에 기능하기라는, 이 단계의 특성을 생각해 보면 개인적인 성장과 자기 이해가 특별히 더 중요해진다. 「노래에 빠져 보세 Deep in the Song」[부록 C], p.381 참조를 불러 보자. 당신의 반응을 자극하고 이 단계의 정수를 간직할 수 있는 '만다라 카드 8'을 발전시키는 데 도움이 될 것이다.

✳ 만다라 카드 8

기본 미술재료 / 판지 / 콜라주용 사진이나 그림

자신의 '만다라 카드 8'에 맞게 원하는 크기와 형태로 자른다. 그리고 색칠하거나 콜라주를 활용하여, 오각별이나 卐자가 담긴 만다라를 만든다. 이 단계의 개인적인 경험에 대한 상징을 담는다. 에너지와 창의성, 그리고 적극적인 약속과 관련된 이미지를 덧붙인다. 단어나 재질, 혹은 색상을 덧붙여서 카드를 완성한다. 빳빳하게 말려서 안전한 곳에 보관한다.

Stage 9

투명화:
깨달음의 창에 깃든 보상을 받아라

일 년을 단위로 하는 위대한 일원상에서 9단계는 수확의 계절인 9월에 해당된다. 땅에서 일하는 사람에게도, 혹은 그렇지 않은 사람들에게도 생산성이 중요하다. 이 단계는 창의적인 에너지가 열매를 맺게 되는 시기이기도 하다. 하루 중 오후 또는 거의 만월에 가까운 달을 상기시킨다.

9단계는 이른 중년기와 거의 일치한다. 우리가 원하는 가치와 일로 세상에서의 위치를 정해야 하는 일이 이 시기의 과업이다. 전 단계에서 꿈꾸고 실제로 추구했던 계획들이 이 단계에서 완성되면서 보상을 받기 시작한다. 자기실현의 여정에서 공동체의 인정도 받게 된다. 혹은 비전이 이루어짐으로써 개인적인 만족감도 느끼게 될 것이다.

지난 몇 단계 중에 형성된 창의적인 에너지는 여기서 속도를 늦추기 시작한다. 마치 마라톤 주자가 마지막 지점을 통과하면서 속도를 늦추기 시작하는 것처럼, 이제는 노력이 덜 필요하다. 긴장을 늦추고 그동안의 성취에 대하여 생각하는 것이 가능해진다. 세상과 그 안에서의 위치에 대해 지적인 이해를 할 만큼 생각도 분명해진다. 열심히 주어진 과제를 완성해 낼 때마다 이 단계를 다시 반추하게 될 것이다.

9단계 중에 우리는 보상을 받게 된다. 대부분의 중년들은 가족과 친구들 사이에서 기쁨을 느낀다. 가족이나 성년이 된 자녀, 형제, 자매, 이모 또는 고모로서의 역할도 즐기게 될 것이다. 교회나 사업, 그리고 어떤 그룹에서든 중요한 역할을 맡는다. 우리는 모든 것들이 제대로 기능하도록 지켜 주는 구성원이자, 지도자이며, 재정적인 지원자라고 할 수 있다.

생각이 감정의 깊이만큼 명확해짐에 따라 이 단계 중에 더 큰 영적인 이해도 이루어진다. 남성성과 여성성을 바탕으로 하는 존재방식의 특성들이 이 단계에서 균형과 조화를 이루게 된다. 그리고 평화로운 지혜가 주는 영적인 통찰에 이르게 될 것이다. 사회적인 역할 안에서 영적인 존재로서의 자신에 대한 인식은 행동의 중요한 근간을 제공한다. 패트의 이야기는 이것을 설명하기에 적당하다.

패트는 아일랜드에서 미국으로 건너온 가난한 이민자였다. 그는 아일랜드에서 부두 하역일을 했었다. 그는 날이 저물면 맥주 마시는 것을 좋아하는, 건장하고 강한 남자 중의 남자였다. 그는 일을 찾아 뉴욕에서 시카고로 왔고, 한동안 동네의 가톨릭 성당 지하에서 잠을 청했다.

한 장인이 성당의 스테인드글라스 창문에 난 흠을 고치러 왔을 때, 패트가 돕기 위해 나섰다. 장인은 패트가 일에 소질이 있고 허리가 튼실한 것을 알아차렸다. 이것은 구조물 해체작업을 해야 했던 장인에게는 중요한 사실이었다. 결국 패트는 돌아다니면서 스테인드글라스를 수리하는 장인과 일을 같이 하게 됐다. 세월이 흘러, 그는 스테인드글라스 공예에 능숙하게 되었다. 그는 새로운 사제를 위해 창문 작업을 했던 한 성당에 작업장을 냈다. 그는 결혼을 하고, 딸과 아들 두 자녀도 낳았다.

어느 토요일 아침, 그는 성 테레사 가톨릭 성당의 제단 뒤에 장미 창문을 설치하는 작업을 감독하고 있었다. 복잡한 디자인이 스테인드글라스로 변형되면 디자인이 서로 어우러지면서 아름답게 변모한다. 그러나 아직 색이 주는 전체적인 효과를 볼 수는 없다. 목수들이 자리에 맞게 창문을 끼우고 단단한 목재로 틀을 만들어 보호 장치를 한다.

그들이 틈새를 메우는 작업을 마무리하는 동안 그는 숨을 죽인 채 기다리고 있었다. 목수들이 자리에서 물러나자 마침내 창문을 통해 흐르는 아침 햇살과 함께 장미 창문을 볼 수 있었다.

창문은 매우 아름다웠다. 그는 전율했다. 그 아름다움에 놀란 몸을 지탱하기 위해 그는 제단에 손을 얹어야 했다. 뒤쪽 긴 의자에 앉아 있던, 그녀의 딸이 아주 부드럽게 그를 불렀다. "아빠, 이리 오셔서 창문을 좀 보세요." 그녀 곁에 앉으려고 다가가는 동안 그는 숨을 쉴 수가 없었다. 자신이 이루어 놓은 작품은 너무나 놀라운 것이었다. 자랑스러운 느낌이 용솟음쳤다. 그 순간, 그는 영적 각성에 이르렀다. 눈물이 그의 뺨을 타고 흘러 내렸다. 그의 딸이 그를 안으며 속삭였다. "정말 아름다워요."

"그래. 그렇구나." 패트가 대답했다. "네가 봐도 참 예쁘지?" 그가 그녀의 손을 쓰다듬으며 말했다. 그날 이후로, 패트의 스테인드글라스 작업은 그에게 완전히 다른 의미를 갖게 되었다. 그것은 하나의 기도와 같은 것이었고, 그는 성심을 다해 기도했다.

패트가 만든 장미 창문과 같이 우리는 수많은 전통이 만들어 낸, 이 단계와 연관된 질서 있고 균형 잡힌 만다라를 많이 본다. 이슬람식 미술의 장식적인 모티프, 동유럽과 러시아, 인도의 수많은 민속미술품들도 이러한 특성을 보여 준다.

9단계의 의도

오후의 햇살 아래 자라나는 만개한 장미는 9단계의 속성을 시사한다. 이 단계는 이전의 단계에서 두드러졌던 문제를 지적·감정적·영적으로 해결하는 시간이다. 완성을 향하여 최선의 노력을 기울였던 계획들이 여기서 이루어지게 된다. 이 단계의 과업은 당신이 하는 일과 당신이 누구인가를 혼동하지 않고 최대한 성공을 즐기는 것이다. 당신은 보상을 즐길 자격이 충분히 있다.

9단계의 만다라

9단계의 만다라는 복합적이고, 균형이 잡혀 있으며, 멋이 있다. 만다라의 균형은 숫자 4 이상을 기반으로 하는 패턴과 일치하는데, 이는 삶의 여러 가지 면들이 동시에 다가오는 것을 반영한다. 이 단계의 만다라 만들기는 이성적인 생각과 감정을 반영하는 색상 선택으로 이루어지는 즐거운 조합이라고 할 수 있다

 9단계 만다라는 계획이 빈번히 요구되는데, 자와 컴퍼스, 그리고 각도기 작업으로 구성된다. 동심원 구조는 만다라 만들기에 도움이 되는 격자를 구성하는 중요한 요소의 하나다. 이것은 중심부로부터 빛처럼 퍼져 나가는 선들로 이루어진다. 일단 하나의 패턴이 만다라의 한 부분에서 만들어진 다음, 나머지 부분에서 그 패턴을 반복하는 것은 긴장을 이완시키는 명상이 될 수 있다.

 사고나 감각 능력에 의존하는 사람들은 자연스럽게 9단계 만다라에서 매력을 느끼게 된다. 반면에, 측정과 정밀함을 추구하는 것이 도전이라고 생각되는 사람들은 만다라를 직관적으로 만드는 것을 선호한다. 이 접근법을 따르게 되면 만다라가 적절한 균형을 보일 때가 언제인지 느껴질 것이다. 그러므로 이 단계의 만다라를 만들 때 자신에게 익숙하지 않은 접근법을 시도해 보는 것은, 그동안 개발되지 않았던 자신의 일면을 보강하는 중요한 연습이 될 것이다.

 9단계의 전형적인 색상은 여름에서 가을로 옮겨 가는 계절적인 변화를 연상시킨다. 주변의 자연에서 볼 수 있는 것처럼 빨간색, 파란색, 보라색, 오렌지색, 초록색, 밤색, 금색이 흔히 보일 것이다. 이 색상들

> 이 공간은 모든 잎들이 지기 전에 잠깐 동안 보여 주는 만개한 장미처럼 현재의 조화와 상태에 관하여 이야기하고 있다. 거기에는 행위doing보다는 존재being하는 것에 대한 느낌이 더 크다.
> **조앤 켈로그**

은 추수의 시기가 지닌 풍성함을 연상시킨다.

((연습과제))

만다라 만들기를 시작하기 전에 이완과 호흡을 위해서 노래 「바로 여기에It Is Here」[부록 C], p.381 참조를 부르는 것을 고려해 보자. 9단계의 요가 동작[부록 B], p.360 참조도 들떠 있는 에너지를 낮춰 집중하는 데 더욱 도움이 될 것이다. 이러한 기본 동작을 따라한 후 평평하게 잘 깔린 표면 위에 필요한 재료들을 배열한다. 그림재료 위에 손을 가볍게 올리고, 잠시 조금 더 깊고 편안한 호흡을 한다. 그 다음 손을 들어서 무릎 위에 놓는다. 이제 만다라 만들기를 시작할 준비가 되었다.

9단계 만다라는 고대 인도와 아라비아, 그리스 등지에 알려진 기하학적인 원칙을 기본으로 한다. 제도용 도구는 수천 년 전에 발명이 되어 거의 지금까지도 변함이 없는 것들이 사용될 것이다. 작업 초기에 당신이 숙달하게 될 기술은 신성하고, 심지어 신비롭기까지 하다. 과정에 깊이 몰두해 보자. 각도를 측정하고 원을 그린 다음 선을 긋는 작업이 하나의 명상이 되게 한다면, 이 과정은 당신이 인내심을 갖고 각 단계를 제대로 인식하는 데 보탬이 될 것이다.

색을 칠하기 전에 만다라를 측정하고 구조화하는 것이 어떻게 느껴지는지에 주목해 보자. 구조를 잡는 것이 즐거운가? 아니면 불만스러워서 그저 다음 단계로 넘어가기를 원하는가? 반응이 즐거운 쪽이라면, 아마도 당신은 주로 사고 기능에 의존하는 사람일 것이다. 그렇다면 9단계 만다라를 선호하게 될 테니, 즐겨라.

필수적인 만다라 눈금 제작이 불편하다면, 아마도 당신은 자신을 안내하는 기본적인 자원이 감정일 것이다. 과정이 불편하게 느껴질 때마다 멈추고 긴장을 이완시키는 호흡을 해 보자. 이 만다라를 발전시키는 각 단계를 천천히, 그리고 신중히 선택하게 되면 그동안 별로 활용하지 않았던 개인적인 능력을 연습하게 되므로 성취감도 느껴질 것이다.

9단계 만다라 제작과 관련된 자신의 경험을 작업일지에 적어 보자. 이러한 만다라를 제작하는 과정에서 무엇을 배웠나? 자기 자신에 대하여 알게 된 것은 무엇인가?

❋ 얀트라 만다라
Yantra Mandala

기본 미술재료(p.57~58 참조) / 문양 만다라 9([부록 A], p.338 참조)

9단계 중에 우리는 사물을 외형을 통해 보고 실제의 기본적인 구조를 파악하기 시작한다. 이 만다라는 힌두교에서 존재의 과정을 더 완전히 이해하기 위해 명상에 사용되었던 신성한 문양을 기본으로 한다. 이 문양에 나오는 수렴적인 삼각형들은 부단히 우주를 형성해 가는 두 가지 특성, 즉 능동성과 피동성의 역동적인 조화를 뜻한다. 이 만다라에 풍성하고 보석 같은 색상을 사용해 보자. 색을 칠하는 동안 당신 삶에 대하여 큰 그림을 떠올려 본다. 이 작업을 통해 든 생각과 경험을 작업일지에 옮겨 적는다.

✳ 기본 만다라 격자
Basic Mandala Grid

기본 미술재료 / 기본 만다라 격자 견본([부록 A], p.329 참조)

9단계 만다라는 크리스털과 비슷하다. 수많은 꼭짓점이 있고, 내부적인 패턴은 동심원 구조를 하고 있다. 이렇게 정확함을 지닌 매력적인 만다라를 제작하려면 격자Grid가 필요하다. 이 격자를 만드는 일은 사고와 인내심을 요구한다는 점을 명심하자. 과정 중에 이완 상태를 유지해야 즐거운 경험이 될 것이다. 이 격자에 숙달되는 것은 모든 복잡한 만다라를 제작하는 데 더할 나위 없이 중요하다.

 이 만다라를 만들 때 여기 보이는 그림을 참조하면 좋을 것이다. 그러나 이것은 앞으로 만들게 될 만다라보다 더 작은 크기임을 고려하자. 또한 원한다면 대고 그릴 수 있는, 더 큰 격자 견본이 부록에 나와 있으므로 활용해도 좋을 것이다. 지침에 따라 자를 이용해 30×46cm가량의 종이에 한 쪽 모서리 끝에서 대각선 방향으로 직선을 긋는다. 종이의 다른 두 모서리에도 마찬가지로 대각선을 긋는다. 두 선의 교차점에 컴퍼스의 끝을 놓는다. 반지름 2.5cm가량의 원을 그린다. 같은 방법으로, 원의 중심점을 같게 하여 반지름 5, 7, 10, 12cm 간격으로 원을 4개 더 그린다.

 이제 반지름 12cm 원의 위쪽에서 시작해 원의 중심점을 지나 도화지의 아래쪽으로 향하는 수직선을 긋는다. 이 수직선은 [수평선에 해당하는 선과] 90° 직각을 이루어야 하며, 12cm 원의 아래쪽에서 끝난다. 각도기의 0°가 되는 선을 이번에 그린 수직선 위에 놓되, 각도기의 중심점과 원의 중심점을 맞춘다.

 이제 22.5°를 시작으로, 다음과 같은 각도 9개를 차례로 각도기로 측정해 연필로 살짝 표시한다.

기본 만다라 격자

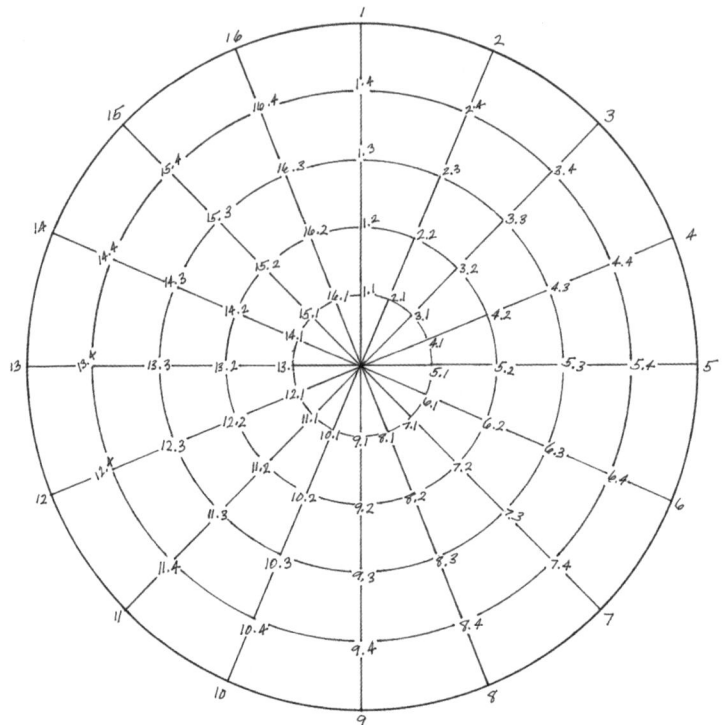

22.5°

45°

90°

135°

180°

202.5°

225°

270°

315°

표시된 22.5° 와 202.5° 점 사이를 연결하기 위해 자를 두 점 사이에 놓는다. 12cm 원에 이르도록 두 지점 사이에 직선을 긋는다. 이때 원의 중심점을 지나도록 한다. 45°와 225°, 90°와 270°, 135°와 315° 사이에도 같은 방법으로 직선을 긋는다.

이제 각도기를 오른쪽으로 돌려서 중심이 원의 중심과 겹치고 0° 선이 22.5°와 202.5° 지점 사이의 선과 닿도록 한다. 다시 숫자에 해당하는 각도를 측정해 연필로 살짝 표시한다.

45°

90°

135°

180°

225°

270°

315°

(22°와 202.5°는 이미 표시했을 것이다.)

앞에서와 같이, 자를 대고 45°와 225°, 90°와 270°, 135°와 315° 사이에 원의 중심을 지나면서 12cm 원에 이르는 선을 긋는다.

이 부분의 만다라 만들기와 관련된 지시를 따르기 위해서는 선과 원 사이의 교차점에 흐린 연필로 표시를 하면 도움이 될 것이다. 이렇게 해서 기본 만다라 격자가 완성되었다. 축하한다!

❋ 직관적인 이들을 위한 기본 만다라 격자
Basic Mandala Grid for Impatient People

기본 미술재료 / 기본 만다라 격자 견본

이 만다라 격자는 일부 사람들만이 좋아할 것이다. 이 만다라에는 자와 각도기, 컴퍼스를 사용해 정확하게 측정하는 대신 눈짐작으로 거리를 재는 기술이 활용된다. 사고보다 직관적이거나 감각적인 인식에 의존하는 사람들은 이 눈금이 더 편하다고 느껴질 것이다. 이 격자를 제작하는 동안에는 호흡과 함께, 짧더라도 이완시키는 여유를 좀 가져야 한다는 점을 기억하자. 이 과정을 자신이 즐기는지, 혹은 싫어하는지를 인식하고 통찰한 바를 작업일지에 옮겨 적는다.

앞의 '기본 만다라 격자' 연습과제에서 설명한 바와 같이, 도화지 위에 중심점을 찍고 원을 그린다. 그 다음, 원의 중심점을 지나면서 반지름 12cm 원의 위아래를 연결하는 수직선을 그린다. 원의 중점과 교차되는 선 위의 한 점에서 수직선과 90° 직각을 이루는 점을 측정해 표시한다. 이 표시된 점과 원의 중점 사이에 자를 놓는다. 원의 중심점을 지나면서 수직선과 교차되며 원의 좌우에 이르는 수평선을 그린다.

앞의 '기본 만다라 격자'의 그림[P.228 참조]에서 볼 수 있는 것처럼, 선이 원(1, 5, 9, 13)과 교차하는 지점에 숫자를 적는다. 원 위에 1과 5, 5와 9, 9와 13, 13과 1 사이 중간점을 눈짐작으로 측정하고 표시하다. 이제 원의 중심점을 지나는 선 4개가 교차하는 원이 되게 이러한 점들을 연결하는 선을 긋는다.

이제 이 과정을 반복하여, 중심을 가로지는 총 8개의 선이 생길 때까지 원에 이미 표시된 점들 사이에 중간점을 찾아서 표시하고, 이 점들 사이를 선을 그어 연결한다. 그림에서 볼 수 있는 것처럼, 남겨진 점들에 숫자를 매긴다. 이렇게 하면 '기본 만다라 격자'가 완성된다.

❋ 만돌라 만다라
Mandola Mandala

기본 미술재료

만돌라Mandola는 "아몬드 모양"이라는 뜻을 지닌 이탈리아어다. 만돌라는 두 원이 교차할 때 만들어진다. 만돌라는 하늘과 땅, 물질과 정신, 삶과 죽음, 혹은 창조와 파괴 등과 같이 기본적으로 다른 영역 2개가 공존하는 것을 나타낸다. 기독교의 예에서 볼 수 있듯이, 예수는 신성과 인성을 상징하는 원의 교차점인 만돌라를 점유하고 있다.

당신은 삶에서 어떤 것을 만돌라 안에 함께 가져오고 싶은가? 지금 딜레마를 겪고 있는가? 정신과 육체, 질서와 혼돈, 혹은 선과 악 사이에서의 분열? 어쩌면 직업이냐 육아냐, 산이냐 바다냐, 친구냐 가족이냐 등등의 선택의 기로에서 고심하고 있을는지도 모르겠다. 당신은 만돌라 만들기를 통해서, 생각 안에서는 멀리 떨어진 것처럼 보이는 특성들 사이에 시각적으로 다리를 놓을 수 있는 방법이 있다는 것을 깨닫게 될 것이다. 창의적인 자기표현을 통해 새로운 관점이라는 커다란 보상을 받게 된다. 자신에 관하여 통찰하거나 배운 것이 무엇인지 작업일지에 기록하는 것을 잊지 말자.

먼저 30×46cm가량의 도화지에 중심점을 찾아서 표시한다. 도화지 좌우로 중심점을 지나게 수평선을 긋는다. 이 수평선 위에 중심에서 6cm 정도 되는 지점을 찾아서 점을 찍는다. 그 중심의 반대편에도 같은 거리의 점을 찾아서 점을 찍는다.

컴퍼스를 반지름이 10cm 정도 되게 맞춘다. 컴퍼스 끝을 표시한 점 위에 놓고 원을 그린다. 이제 컴퍼스를 그 반대편 점 위에 놓고 또 다른 원을 그린다. 그렇게 하면 만돌라를 제작하는 데 필요한 교차하는 두 원이 생긴다. 딜레마의 양면을 나타내는 색상과 형태로 문양을 완성한다. 예를 들어, 한 원이 '몸'을 상징한다면 다른 원은 '정신, 영혼 또는 의식'을 나타낸다. 아몬드 모양의 만다라 공간에는 직관에 따라 색상과 형태를 선택해 보자. 일단 만돌라 만다라가 완성되면 무엇이 보이는지 생각한다. 만돌라에 관하여 생각나는 것들을 작업일지에 적는다. 만돌라는 딜레마에 관하여 당신에게 무엇을 이야기하려 하는가?

❋ **팔각별 만다라**
Eight-Pointed Star Mandala

기본 미술재료 / 기본 만다라 격자 견본(선택사항)

만다라를 만드는 일은 동양에서 기원한 명상 수행의 하나로, 중앙아시아와 유럽 문화의 영향으로 변형되고 응용되었다. 예전에는 기하학적인 형태를 측정하고 그리는 작업에 대한 지식은 특별한 몇 사람에게만 공개되는 은밀한 비밀에 가까웠다. 이제는 이 지식이 널리 알려져서 결국에는 상품의 제조 공정 과정에서 계측을 하거나, 건축 도안을 그리거나, 사고 팔 땅의 도면을 작성하는 데 사용되는 세속적인 도구가 되었다.

'팔각별 만다라'를 통해 당신은 기하학적으로 아름다운 형태를 제작하는 일에 빠져들게 될 것이다. 요즘은 주로 컴퓨터가 하지만, 이번에는 당신이 직접 손으로 계산을 하게 된다. 보기에 따라서 당신은 지금 고대의 수행방법을 부활시키고 있는 것이다. 창의적인 표현과 자기 발견을 향한 당신의 성취동기는 숫자와 선, 각도에서 신성함을 찾으려 했던 고대 학자들의 그것과 비슷하다.

만다라 제작에 있어서 충동적이고 직관적인 방법에 의존하는 사람들의 경우는 '팔각별 만다라' 제작에 요구되는 질서정연한 순서가 불

편하게 느껴질 수 있다. 그러나 속도를 늦추고 과정의 각 단계를 인식하게 되면 이러한 창의적인 계획을 통해 커다란 대가를 받을 수 있다. 이 책의 전반부에 나오는 덜 구조화된 만다라가 힘들었던 사람들은 '팔각별 만다라'가 익숙한 작업방법으로, 자기 집으로 돌아온 것 같은 편안한 느낌을 받을 것이다.

어떤 그룹에 속하던 그 과정을 즐기자. 만다라를 시작하기 전에 잠시 호흡을 하고 긴장을 늦추는 시간을 갖는다. 필요하다면 그리는 과정 중에 이완하기 위하여 중단해도 좋다. 기존의 '기본 만다라 격자' 연습과제 p.227와 p.230 참조에서 지시한 대로 기본 만다라 격자를 제작하는 것으로 시작한다. 다음의 숫자가 적힌 점 사이에 선을 긋는다.

1과 2.3
2.3과 3
3과 4.3
4.3과 5
5와 6.3
6.3과 7
7과 8.3
8.3과 9
9와 10.3
10.3과 11
11과 12.3
12.3과 13
13과 14.3
14.3과 15
15와 16.3
16.3과 1

이제 팔각별을 만들 차례다.

더 복잡한 구조의 별을 만들기 위해서는 다음의 점 사이에 선을 긋는다.

1.4와 2.2

2.2와 3.4

3.4와 4.2

4.2와 5.4

5.4와 6.2

6.2와 7.4

7.4와 8.2

8.2와 9.4

9.4와 10.2

10.2와 11.4

11.4와 12.2

12.2와 13.4

13.4와 14.2

14.2와 15.4

15.4와 16.2

16.2와 1.4

다음을 연결하면 별 구조 안에 또 다른 별을 덧붙일 수 있다.

1.3과 2.1

2.1과 3.3

3.3과 4.1

4.1과 5.3

5.3과 6.1

6.1과 7.3

7.3과 8.1

8.1과 9.3

9.3과 10.1

10.1과 11.3

11.3과 12.1

12.1과 13.3

13.3과 14.1

14.1과 15.3

15.3과 16.1

16.1과 1.3

이제 다음 점끼리 연결해 이 매력적인 문양을 완성해 보자.

1.1과 5.1

2.1과 6.1

3.1과 7.1

4.1과 8.1

5.1과 9.1

6.1과 10.1

7.1과 11.1

8.1과 12.1

9.1과 13.1

10.1과 14.1

11.1과 15.1

12.1과 16.1

13.1과 1.1

14.1과 2.1

15.1과 3.1

16.1과 4.1

축하한다! 당신의 팔각별이 완성되었다. 연필선은 그대로 두어도 좋고, 지워도 좋다. 이제 잉크나 색연필로 그 선들을 따라 그리면 된다.[도판 25] 참조 삶에서 균형을 가져올 무언가를 상징하는 색을 선택해 보자. 직관적으로 선택해도 좋고, 자신에게 그 색이 무엇을 상징하는지 생각해 본 후에 선택해도 좋다. 만다라 문양과 색에 대하여 작업일지에 쓰는 것은 자신과 삶에 대한 통찰을 명확히 하는 데 도움이 될 수 있다.

✸ 변형 팔각별 만다라
Eight Star Mandala, Variation

기본 만다라 격자 견본 / 25×25cm가량의 판지 / 송곳 / 가구용 천 혹은 직물용 바늘, 골무 / 다양한 색상의 코바늘용 면실, 리본, 털실, 줄, 자수용 실, 기타(노끈, 야자섬유 등등) / 가위

'변형 팔각별 만다라'에서는 선을 긋는 대신 실을 사용할 수도 있다. 그 과정은 천천히 이루어지며, 자수와 같은 공예작업이 될 것이다. 그리는 만다라 작업과는 달리, 싫으면 실을 떼어 내거나 다른 것으로 대체할 수 있다. 완성된 만다라는 굉장히 아름다울 것이다.

바느질을 하는 동안 실을 중심에서 원의 끝 쪽으로 잡아당기는 느낌이 어떤지 인식한다. 이 만다라를 완성하기 위해서는 이렇게 잡아당기는 동작을 셀 수 없이 반복해야 한다. 가끔씩은 동작과 함께 호흡을

한다. 바늘을 중심에 넣을 때 숨을 들이마시고, 원에 난 구멍 사이로 바늘을 잡아당길 때 숨을 내쉰다. 호흡이 작업에 깊게 집중하는 데 도움이 될 것이다. 이것이 어떻게 느껴지는지에 주목해 보자. 경험에 대한 기록으로 작업일지에 몇 마디 기록한다.

우선 판지에 기본 만다라 격자를 만든다. 어떤 변형 만다라를 만들기 원하는지 결정한다. 그 다음, 숫자가 적힌 점 중에 적당한 곳을 찾아 송곳으로 판지에 구멍을 뚫는다. 바늘에 실을 꿰고 끝에 매듭을 짓는다. 이제 바늘을 통과하고 싶은 구멍 속으로 집어넣는다. 만다라가 완성되도록 하기 위해서는 '팔각별 만다라' 만들기 설명에서 묘사된 대로 점을 계속 연결한다. 원하는 팔각별 만다라 문양을 만들기 위하여 필요하다면 구멍을 더 뚫고 선을 더 덧붙여도 좋다.

❋ 다윗의 별 만다라
Solomon's Seal Mandala

기본 미술재료 / 기본 만다라 격자 견본

삼각형이 교차하는 문양의 '다윗의 별(이스라엘의 다윗왕의 아들 솔로몬왕이 이스라엘과 유대를 통합한 후 수호의 상징으로 삼음—옮긴이) 만다라'는 아마도 인도 고대의 우주적 상징인 얀트라yantra에서 기원을 찾을 수 있을 것이다. 신비주의적 유대교파에서 이 문양은 신과 여성적 원형인 세키나Shekina의 재결합을 의미한다. 이 두 삼각형은 동작의 매개자가 된다. 위를 향하는 삼각형과 아래를 향하는 삼각형은 완벽한 균형을 향한 공평하고 대극적인 동작이 활발하게 공존하는 것을 뜻한다. 동작은 자연적인 요소들의 결정화 뒤에 따라오는 침묵 상태 중의 하나다.

이 만다라에 매력을 느낀다면 위와 아래를 향하는 삼각형이 공존

만다라 미술치료 워크북

다윗의 별 격자

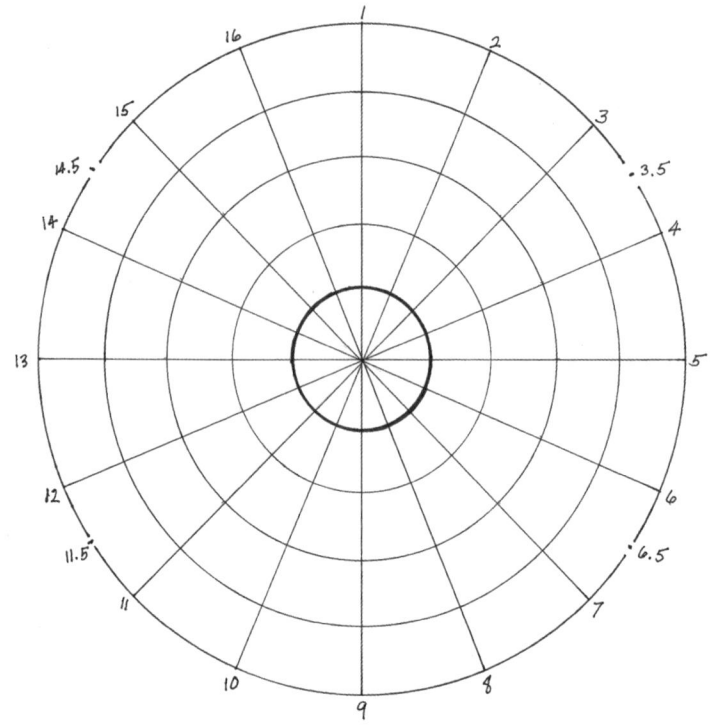

하는 것으로 상징되는, 삶에서 일어나고 있는 정력적인 과정을 생각해 본다. 이 깨달음이 만다라 형태를 제작하는 데 반영되도록 한다. 이 작업을 하면서 시각적인 표현과 내면적인 과정이 연결되는 것을 경험할 수 있다. 그럴 때 만다라는 당신이 내면적인 균형과 조화에 이르도록 돕는 도구가 될 것이다.

먼저, 견본을 활용하거나 '기본 만다라 격자' 만드는 연습과제에서 묘사된 것처럼 도화지에 기본 만다라 격자를 그린다. 3과 4 사이의 중간점을 재서 표시하고, 이것에 3.5(위의 '다윗의 별 격자' 그림 참조)라고 이름을 붙인다. 같은 방법으로 6과 7(6.5), 11과 12(11.5), 14와 5(14.5) 사이에 중간점을 재고 표시한다. 자로 다음과 같은 점들 사이에 선을 긋는다.

3.5와 9

9와 14.5

14.5와 3.5

이제 두 점 사이에 선을 긋는다.

1과 6.5

6.5와 11.5

11.5와 1

다음과 같은 점 사이에 선을 긋는다.

1과 9

3.5와 11.5

6.5와 14.5

이 선들은 서로 교차되면서 '다윗의 별 만다라'를 형성하는 선들의 중간점들이 된다. 이 중심점들을 연결하면 이미 그린 큰 원 안에 맞는 또 다른 다윗의 별이 완성될 것이다. 이제 완성된 만다라를 보전하기 원한다면 선을 따라 그린다. 여기에는 반경 3cm와 13cm가량의 원들뿐만 아니라 이미 끝낸 다윗의 별 문양도 포함된다. 연필로 그린 선들은 지우고, 선택한 재료를 가지고 다윗의 별 만다라에 색상을 입힌다.

※ 숭고함의 꽃 만다라
Sublime Flower Mandala

기본 미술재료

이 고대 만다라 문양은 동양과 중앙아시아 및 유럽의 그림과 공예품에서 볼 수 있다. 이 문양은 단순히 컴퍼스를 몇 번 움직이기만 해도 거의 예술처럼 꽃잎이 12개 달린 꽃으로 나타난다. 꽃잎 12장은 12궁도와 불교의 윤회사상[그림 8], p.30 참조, 그리고 위대한 일원상의 원형적인 12각 만다라[그림 12], p.42 참조와 자연스럽게 연결된다.

숭고함의 꽃 만다라 만들기는 컴퍼스를 잡고 조정하면 쉽게 만들어진다. 만다라를 시작하기 전에 잠깐 깊이 호흡하고 긴장을 푸는 시간을 갖는다. 노래「바로 여기에It Is Here」[부록 C], p.381 참조를 부르고 싶다면 그리해도 좋다.

컴퍼스로 도화지에 지름 25cm가량의 원을 그린다. 컴퍼스를 원의 반지름인 12.5cm 정도로 벌린 채 컴퍼스 끝을 원 둘레 어느 지점에든 놓고, 원 안에 호를 그린다. 이 호는 원 둘레의 두 점과 만나게 된다. 그 중 한 점에 다시 컴퍼스 끝을 대고 호를 하나 더 그린다.

시계 방향으로 돌아가면서 원 둘레 위에 생긴 모든 점들이 호와 만나게 될 때까지 계속한다. 이제 꽃잎이 6개가 보일 것이다. 이제 원 둘레에서 두 꽃잎 사이에 정확히 반이 되는 지점에 점을 찍는다. 그 점 위에 컴퍼스의 끝을 놓는다. 위에서 한 것과 같은 방법으로, 호의 두 점이 원 둘레와 만나도록 호를 그려 나간다. 시계 방향으로 움직이면서 꽃잎 12개가 완성될 때까지 계속한다. 이제 선택한 색상을 칠한다. 이러한 만다라는 쉬 칸이 만든 작품[도판 26] 참조에서 볼 수 있다.

이 고대의 만다라 형태를 제작하는 것이 어떻게 느껴지는가? 문양을 만들기 위한 기초적인 도구로서 컴퍼스를 사용하는 것이 어떻게 느껴지는가? 만다라 안에 사용된 색상들과 관련해 연상되는 것은 무엇인가? 작업일지에 글을 써서 답해 보자.

❋ 초월적인 힘 만다라
Mandala of Your Higher Power

기본 미술재료

원형적인 만다라 주기 중 9단계는 지적이고 영적인 깨달음을 자주 경험하는 시기다. 아마도 이 시기 동안 전통적인 종교 개념을 받아들이거나 깊게 이해할 수 있게 될 것이다. 또한 비전통적인 신념에 대한 확신을 가지게 될지도 모른다. 이미 초월적인 힘에 관한 느낌은 느껴 봤을 것이다. 그렇지 않다면 신이나 당신에게 지혜를 주는 인물, 혹은 삶을 안내하는 다른 원천에 관하여 작업일지에 적어 보자. '초월적인 힘 만다라'에 대한 생각을 정리하는 데 도움이 될 것이다.

다른 차원에서, 당신은 만다라 제작과정 자체가 탐색이 되기를 원할 수도 있다. 이럴 경우, 중심에 무엇을 둘까 결정할 때 즉흥적인 영감을 따라 보자. 상징을 넘어 비워 둔 채로 있기를 더 원하는 사람들도 있을 것이다. 자신의 영성에 대한 정보에 도움이 되도록 만다라 중심에 무엇이 오든 마음을 열자. 영적인 지도자나 믿을 만한 친구와 만다라를 공유한다. 작업일지는 당신의 통찰을 더 많이 탐색하는 데 도움이 될 것이다.

컴퍼스로 반지름 2.5cm가량의 원을 그린다. (따라서 원의 지름은 5cm가 될 것이다.) 컴퍼스의 끝을 같은 중심점 위에 놓고 반지름 10cm가량의 원을 그린다. '숭고함의 꽃 만다라'에서 지시한 바와 같이, 반지름 10cm의 원에서 대칭적인 꽃문양을 만든다. 그러나 호를 그릴 때는 안쪽 원은 놔두고 반대편에 호를 그려서, 안쪽 원의 내부에는 선이 지나가지 않도록 한다.

계속 진행하기 전에 재료를 늘어놓고 잠시 조용히 앉는다. 긴장을 풀고 호흡을 한다. 원하면 눈을 감는다. 만다라를 시작하는 데 도움이 되도록 이미지, 선, 소리, 색상, 느낌, 혹은 움직임을 가져다줄 신이나 초월적인 존재를 상상으로 초대한다. 준비가 되었다고 느끼면 눈을 뜨고 최선을 다해서 안쪽 원 안에 자신이 받은 것의 핵심을 놓는다.

만다라를 강화시키기 위하여 색상을 더한다. 완성되면 '초월적인 힘 만다라'에 대하여 생각하는 시간을 갖는다. 만다라 중심에 나타나 있는, 초월적인 존재에게 하는 질문은 다음과 같다. "이 순간 나에게 안내해 주고 싶은 것은 무엇입니까?" 작업일지는 이러한 대화를 글로 담아낼 수 있는 적절한 공간이다. 또한 대화가 완성되면 초월적인 존재의 보호 아래 맡기고 싶은 것의 이름이나 걱정거리를 꽃잎에 적는다. 영적 지도자나 믿을 만한 친구와 이 만다라에 대하여 공유하자.

✱ 투명화의 순간 만다라
Mandala of Crystallization Moments

기본 미술재료

작업일지를 활용하여 자신의 노력이 결실을 맺었거나 특별한 성취를 이룬 순간에 대한 기억을 탐색해 보자. 이를테면, 졸업이나 운동경기의 승리, 혹은 사업의 성공적인 시작과 같은 것들 말이다. 어려운 청소년기를 안전하게 보낼 수 있도록 아이를 지도하는 일, 와병 중인 사랑하는 이를 돌보는 일, 혹은 척박한 텃밭을 비옥한 채소밭으로 만든 일은 타인이 결코 알지 못하는 중요한 순간이다. 현재 관심을 끄는 기억들을 무작위로 적어 본다. 그것들이 이토록 중요한 성취였는지 그동안 미처 깨닫지 못했을 것이다.

　이 만다라를 통해 자랑스럽게 이루어 낸 것들을 소중하게 여기는 방법을 알게 될 것이다. 가장 중요한 투명화의 순간을 6개 또는 8개 선택한다. 그 순간 성취에 대한 만족감을 느끼거나 지금 자신이 이룬 것의 중요성을 깨닫게 될 것이다. 각각의 것들을 상징하는 그림을 그리거나 잡지 사진들을 선택한다. 만다라 원을 그린 다음, 중요한 공간에 각각의 것들이 담길 수 있도록 이러한 상징들을 배열한다. 문양을 완성하기 위해 필요한 만큼 선, 형태, 색상 등을 덧붙인다. 만다라가 완성되면 작업일지를 펴고 다음과 같은 질문에 답한다.

　　나는 내 자신이 ＿＿＿한 것이 자랑스럽다.
　　나는 이제 내가 ＿＿＿에 가치를 두고 있다는 것을 깨달았다.
　　나는 이 만다라를 통해 내가 ＿＿＿한 사람이라는 것을 알게 되었다.
　　점점 더 내가 ＿＿＿한 것을 받아들이게 된다.
　　나는 앞으로 더 ＿＿＿하기를 기대한다.

9단계 돌아보기

보상 받는 9단계는 창의적인 에너지가 천천히 흐르는 해결의 시간이다. 계획은 이루어지고, 영적인 자각은 높아지며, 위대한 일원상의 이전 단계의 약속 역시 이루어진다. 이 단계의 탐색을 마무리하는 작업으로 '만다라 카드 9'를 만든다. 카드 안에 모든 것들이 공존하는 투명화에 대한 이해를 표현하는 이미지를 담아 보자.

✳ 만다라 카드 9

기본 미술재료 / 판지 / 콜라주용 이미지들

원하는 모양과 크기로 카드를 자른다. 그리기나 색칠하기, 혹은 콜라주를 활용해 카드에 다윗의 별이나 꽃잎이 6개 또는 8개 달린 꽃, 혹은 숫자 6이상의 얽힌 선으로 된 문양과 닮은 만다라를 만든다. **보상 받는 느낌**을 표현하는 문양을 완성하기 위해 필요한 이미지나 말, 재질, 혹은 색을 더해도 좋다. 카드를 평평하게 말린 다음 안전한 곳에 보관한다.

Stage 10 죽음의 문:
상실과 이별의 시간, 다 놓아주어라

10단계는 위대한 일원상의 마지막 단계로 가는 관문이다. 위대한 일원상에서 상층부의 밝은 태양의 양陽 기운이 이 단계에서는 어둡고 유동적인 달의 음陰 기운으로 대체되기 시작한다. 이 단계는 일 년 중 위대한 일원상의 10월에 상응한다. 10월이면 자연의 모든 것들이 몸을 비우기 시작한다. 꽃잎이 떨어지고, 단풍으로 물든 잎들도 이내 낙엽이 된다. 열매들도 씨를 만들 준비로 웅크린다. 자연의 피조물인 우리도 마찬가지다. 삶의 주기가 거의 완성될 무렵에는 놓아주는 것이 요구된다.

우리도 끝을 맞이하게 될 것이다. 다른 사물들도 그러하듯, 우리의 삶 역시 그런 자연스러운 방식을 따르게 된다. 이전 단계에서 자신의 긍지를 정당화했던 모든 성취들은 이제 더는 관심을 끌지 않는다. 혹은 당신은 부담스러운 인간관계를 계속 유지해 왔거나, 일에서 이룰 수 있는 모든 것들을 이미 다 이루었을지도 모르겠다. 아마도 우리의 통제 너머의 것들, 즉 자연재해, 해고, 진단, 혹은 사랑하는 이의 죽음 등으로 삶이 훼손되고 다른 방향으로 길을 가야만 할 수도 있다. 이 단계에서 맞이하게 되는 것이 무엇이든, 그것은 명백한 깨달음을 가져다줄 것이다. 깨달음이란 다름 아닌 '모든 것에는 결국 끝이 있게 마련'이라는 점이다. 당신도 마찬가지다.

아마도 아프거나 우울 할 때, 혹은 깊은 실망감이 밀려드는 시기에 이 단계와 조우하게 될 것이다. 우리가 누구인지, 그리고 삶에서 기대할 수 있는 바가 무엇인지에 대한 그간의 가정이 흔들린다. 어떤 이들에게는 이것이 완전한 공포로 경험될 수도 있다. 그러나 어떤 이들에게는 이것이 모험을 하도록 자극하는 부름이 될 수도 있다. 이 단계는 의식의 중심으로서 자아의 최고경지에 이르는 결말을 상징한다. 우리는 정신적인 삶에 강력하게 영향을 미치도록 압박하는, 우리 너머의 무언가에 대하여 깨닫게 될 것이다. 그리고 놓아주게 된다.

모험은 이미 시작되었으며, 우리 안에 있는 무언가를 놓아줄 때만 이 변화를 받아들일 수 있다는 사실을 인식하게 될 것이다. 충격을 받고 슬퍼하며 방향감각을 상실하는 힘든 시간을 경험하지 않으면 결코 부름에 응답할 수 없다. 이제는 그동안 삶 속에 건재했던 질서를 놓아주고 버려야 한다. 10단계는 이러한 중요한 내면 작업에 우리를 초대한다.

어쩌면 세상에 뒤처진 자신을 발견하게 될지도 모른다. 과거를 다시 붙잡기 위하여 시간을 뒤로 돌리고 싶을 수도 있다. 그러나 삶은 지속되고, 우리는 그 흐름을 막을 수 없다. 10단계 중에 자신의 통제 너머의 냉혹한 힘에 움직이는 자신을 경험하게 될 것이다. 위협적이고 요상한 메신저들이 꼴사나운 형상을 하고 문 앞으로 찾아올 수도 있다. 치욕적이고, 사지가 절단 나고, 죽는 꿈을 꾸거나 상상하게 된다. 이 시간은 지원이 필요한 도전의 시간이다. 친구나 가족에게 돌아가는 사람들도 있을 수 있다. 혹은 평온해지기 위하여 초월적인 존재에게로 향하는 사람들도 있을 것이다. 티나도 그랬다.

티나는 그룹 모임에 바느질감을 가져왔다. 스웨터를 뜨고 싶었는데, 잘 안됐다고 한다. 그래서 그녀는 스웨터를 풀었다. 스웨터 한 쪽을 잡아당겨 풀어진 실을 실패에 감기 시작했다. 티나는 이 일이 자신이 10단계를 경험하는 것에 대한 비유로 여겨졌다. 그간의 노동 시간과 특별한 결과를 만들려던 계획에 대한 생각들을 놔버리듯이, 그녀는 스웨터를 놓아주었다. 그녀는 새로운 시작, 즉 다른 뜨개질 계획을 준비하기 위해서 지금의 스웨터를 풀고 있는 것이다. "놓아줘서 실제 잃게 되는 것은 아무것도 없다는 생각이 들었어요. 그저 변형될 뿐이죠."

정신역동적인 관점에서 볼 때, 이 단계는 정체성의 중심으로서 자아의 최고단계다. 이 단계는 융이 자기라 칭하는, 정체성의 진정한 중심을 경험하기 위한 정신 상태를 준비하는 시기다. 자기는 무의식보다 더 광범위한 개념일 뿐만 아니라 자아의 의식영역까지 포함한다. 처음 자아의 관점에서 보면 자기가 위협적이라고 인식될 수도 있다. 그러나 자기의 우위성을 수용하게 되면, 자기라는 깊은 정신적인 중심에 의해 개인적인 정체성이 새로운 방식으로 배열될 수 있다. 이를 통해서 지지받고 함께하며 품에 안긴 듯이 편안한 느낌이 들 것이다.

일 년을 주기로 하는 위대한 일원상의 10단계에 해당하는 10월 말경 전통적인 축하행사가 여러 공동체의 지지를 받으며 치러진다. 핼러윈Halloween과 만성절All saints, 켈트족의 삼하인Samhain, 그리고 멕시코의 죽음의 날Day of Dead 축제는 공동체의 결속을 강화하고, 죽음이나 임종과 관련해 터부시되는 에너지를 상쇄한다. 힌두교 신자들은 삶의 여정에서 어두움이 몰려들 때 여신 칼리Kali가 그 길을 지켜준다고 믿는다. 애니 켈러핸의 만다라는 칼리 여신을 상징하는, 아래로 향하는 삼각형의 원형적인 이미지와 유사하다. [도판 27] 참조

깊은 지혜를 향한 출발이 될 10단계는 신화와 동화에서 그 예를 많이 찾아볼 수 있다. 주인공 혹은 여주인공은 길을 막아서고 쫓아오는 음침하고 거친 존재와 마주치게 된다. 결국 주인공은 익숙한 곳을 떠나 미지의 곳을 향해 길을 나서게 된다. 『빨간 모자Little Red Riding Hood』와 『이상한 나라의 앨리스Alice in Wonderland』와 같은 동화에서는, 어린 주인공들이 또 다른 현실(늑대의 배 속)을 맞게 되거나 혼란스러운 세상에 빠지는 것을 보여 준다. 페르세포네가 지하세계의 지배자인 하데스에게 유괴된 이야기, 그리고 메소포타미아의 여신 이난다(수메르 지역의

그 자체로 돌아가기 위해 필요한 것은 삶의 완벽함perfection이 아니라 완결성completeness이다. 그리고 이를 위해서는 생선을 먹을 때 나오는 가시와 같은, 계륵도 필요하다. 결함으로 인한 괴로움이 없다면 어떠한 진전도, 어떠한 향상도 결코 없을 것이기 때문이다.
C. G. 융

전쟁과 사랑, 풍요의 여신—옮긴이)가 자신의 쌍둥이 언니가 지배하는 지하세계로 하강한 이야기 등은 변형을 가져오는 어둠의 신비와의 만남을 가리킨다.

10단계의 의도

위대한 일원상의 마지막 반환점인 10단계를 통해 당신은 어둠과 미지, 무의식, 그리고 죽음으로 하강하게 된다. 의식이 지배하던 에너지가 약화되기 시작하고, 무의식이 더 활성화되고, 삶에 대해 그동안 내렸던 가정들이 도전을 받는다. 새로운 전망, 예기치 않은 현실, 그리고 그동안 너무 바빠서 알아채지 못하고 멀리했던 존재 방식을 경험하는 데에 조금씩 마음을 열게 될 것이다. 이 시기의 과업은 그림자와 대면하고 신비한 인물의 소리에 귀 기울이는 것, 간단히 말해, 포기하고 이전의 질서가 무너지도록 놔두는 것이다. 10단계는 놓아주는 시간이다.

10단계의 만다라

10단계의 만다라는 아래로 향하고, 주저앉거나 하강하는 것들의 상징과 관련된다. 이 상징에는 동굴로 가는 문이나 입구가 포함된다. 아래로 향하는 삼각형과 예수의 수난을 상징하는 십자가도 여기서 볼 수 있다. 해적선 깃발의 해골과 대퇴골로 된 X표는 삶에 대한 위험 표시의 전형이다. 희생과 집요한 시간의 통과의례를 상징하는 바퀴의 은유 역시 여기서 볼 수 있다. 문양은 자유로운 형태를 띠는데, 즉흥적이고 느슨한 구조를 지닌다. 우리 만다라 그룹의 구성원인 에드나 베이컨의 만다라[도판 28]도 이러한 이미지를 보여 준다.

STAGE 10 죽음의 문: 상실과 이별의 시간, 다 놓아주어라

이 단계의 색상은 어둡고, 가을과 땅의 빛깔을 띤다. 밤색과 남색, 빨간색 계통, 빛바랜 금색과 어두운 초록색이 이 단계와 맞는다. 이러한 색상들은 강렬한 노란색과 주황색, 그리고 빨간색과 잘 어울린다. 전통적인 핼러윈 색상이 출현하기도 한다. 그리고 이 단계의 만다라는 분노와 두려움, 괴로움, 애도와 같은 강렬한 감정들과 소통한다. 때로는 무시무시함이나 불길한 예감, 혹은 강렬한 신비감을 담기도 한다.

((연습과제))

10단계 만다라를 탐색하기 전에 [부록 B]에 제안된 요가 동작을 탐색한다. 또한 노래 「놓아주리라 I will let go」 [부록 C], p.382 참조를 부르는 것을 추천하고 싶다. 이 활동으로 작업을 시작하면 편안해지고 집중이 되어서 중심을 잡는 데 확실히 도움이 될 것이다. 또한 특별히 이 시간을 챙기기 위하여 촛불을 밝히는 것도 좋다.

    10단계 만다라 작업을 하는 동안 놓아주는 것이나 미지의 것과 마주하는 일, 혹은 삶의 어려운 사건과 마주치는 것이 어떠한지에 주목해 보자. 손가락 사이로 모래가 빠져나가거나, 완성된 만다라를 불에 태우거나, 최악의 경우를 떠올리는 일이 당신에게 어떻게 다가오는가? 이 과정은 자신에게 익숙한 것들과 함께 하는 것인가? 삶의 자연스런 부분으로서 신비로운 것에 굴복하는 것에 대하여 수용적인가, 아니면 저항적인가? 작업일지에 이러한 단계와 만다라에 대한 반응을 탐색해 적어 보자.

✲ 희생 만다라
Mandala of Sacrifice

기본 미술재료(p.57~58 참조) / 문양 만다라 10([부록 A], p.339 참조)

놓아주는 10단계는 희생을 요구한다. 무언가를 놓아주는 것은 갈림길에 서 있다가 갑작스럽게 낯선 곳으로 들어가게 될 때의, 괴로우면서도 즐거운 느낌과 비슷하다. 심지어 십자가의 고난을 받아들이는 것과 같을지도 모르겠다. 이제 당신은 더는 필요 없는 것과 결별하게 된다. 이 만다라에 있는 것과 같은 켈트족의 십자가는 스코틀랜드 풍경화의 백미다. 무수한 시간이 흐르는 동안 바람과 비로 닦여진 하늘을 배경으로 말없이 의연하게 버티고 서 있는 돌은, 사물은 변화해도 그 일부는 당신 안에 계속 존재한다는 사실을 상기시킨다. 이 만다라를 칠하는 데 노을 빛깔의 색을 사용해 보자.

✲ 놓아주기 만다라
Mandala of Letting Go

기본 미술재료

삶의 순환 주기는 더는 필요치 않은 것을 보내고 새로운 것을 가져온다. 놓아주는 것이 기쁠 때도 있지만, 지니고 있었던 것을 보낼 준비가 되지 않았다고 느낄 때도 있다. 과정은 계속 움직이며, 그 움직임에 우리도 함께한다. 우리는 놓아주는 것이 삶의 자연스러운 부분임을 배우게 된다.

　　당신은 무엇을 놓아주고 있는가? 가장 좋아하는 계절이 지나고 있는가? 동네에서 손꼽히던 음식점이 문을 닫았나? 집이나 차, 혹은 말을 팔려고 하는가? 무엇인가—안락함, 자존심, 직업과 같은—에 대한 희생을 요구받고 있는가? 당신은 누군가를 놓아주고 있는가? 누군가가 떠나거나, 자라거나, 혹은 멀리 가려 하는가? 파국을 맞은 관계가 있는가? 누군가가 세상을 떠났는가? '놓아주기 만다라'를 통해 당신은 지나가고 있는 것들에 관하여 인식하는 방법을 알게 된다. 만다라는 놓아주기를 통해 휘저어진 감정을 담는 안전한 그릇 역할을 한다.

원을 그리고, 「놓아주리라」를 부르면서 바닥에 앉아 자신에게 집중한다. 원 안에 X자나 수직으로 긴 라틴 십자가를 그린다. 이러한 가로지르는 선들이 만다라의 시작점이 된다. 무엇인가, 혹은 누군가를 놓아주어야 하는 삶의 요구에 대한 당신의 감정적인 반응이 즉흥적으로 반영되어 드러나도록 하자.

'놓아주기 만다라'가 완성되면 그것을 전체적으로 볼 수 있도록 놓아둔다. 만다라에서 표현된 것들을 존중하는 방식으로 초를 켜거나 가까이에 향을 피우기 원한다면 그렇게 해도 좋다. (몇 분이나 며칠, 혹은 몇 주 후에) 준비가 되었다고 느껴지면 안전한 장소에 당신의 만다라를 치워 두거나, 의도적으로 만다라를 불태워서 그것을 놓아준다. 당신의 **놓아주기**는 살아가기 위해 해야 할 책무의 하나다.

✽ 불타는 바퀴 만다라
Burning Wheel Mandala

야자잎, 빨대, 넝쿨, 혹은 마른 잔가지들 / 8cm가량의 막대나 장대 / 종이, 잎, 불에 잘 타는 재료 약간(선택사항)

바퀴살이 8개 달린 바퀴는 시간의 지배자로서의 태양을 가리키는 고대의 상징이다. 이것은 힌두교나 불교 미술에서도 지속적으로 나타난다. 제임스 조지 프레이저에 의하면, 동유럽과 영국의 섬 일부에서는 하지와 동지가 되면 불타는 바퀴를 일 년의 순환을 나타내는 데 활용한다. 시골에 거주하는 사람들은 절기를 축하하는 행사의 일환으로, 짚으로 수레바퀴를 엮어서 불을 붙인 후 언덕에서 아래를 향해 굴린다. 겨울 동지 때, 불타는 바퀴는 점차로 길어졌던 밤이 다시 짧아지고 낮이 점차로 길어지는 중요한 전환을 상징하는 방법으로 활용되었다.

계절의 변화는 삶의 순환에 대한 적절한 비유다. 10단계에서 우리는 순환의 종결을 시작하게 된다. 그것이 10년을 주기로 한 연령대의 마지막 생일이나 학교에서 보낸 마지막 아동기에 대한 작별이 될 수도 있고, 바쁘게 지냈던 직업에서 은퇴하는 일이 될 수도 있다. 때로는 그러한 변화로 인하여 휘저어지는 복잡한 감정들이 상징적인 행위를 통해 훨씬 더 잘 표현된다. 여기서는 삶의 순환주기를 나타내는 영혼의 작업으로 '불타는 바퀴 만다라' 만들기 과정을 소개할 것이다. 안전한 예방책이 필수임을 명심하자.

원 형태를 만들기 위해 야자잎이나 풀을 꼬아서 그 끝을 잇는다. 야자잎 꼰 것이나 마른 막대 4개를 활용하여 바퀴살 8개를 만들고, 그것들을 원에 부착한다. 바퀴를 꾸미기 위해서 막대나 야자 몇 가닥, 혹은 짚이나 마른 잎, 넝쿨을 덧붙인다. 바퀴살이 8개 달린 바퀴가 만들어질 때까지 이와 같은 방식으로 작업을 계속한다. 당신의 변화와 관련하여 감사와 후회, 얻은 것과 잃은 것들에 관하여 적은 종이들을 가지고 꼬는 작업을 하고 싶다면 그래도 좋다.

막대 하나를, 엮어진 바퀴의 중심을 지나도록 통과시킨다. '불타는 바퀴 만다라'에 불을 붙이기 전에, 살고 있는 지역의 행정당국에서 불을 피워도 된다고 허용한 곳을 불 피울 장소로 결정한다. 만일 필요하다면, 다져 넣을 내화 재료들(수돗물, 버려진 쓰레기, 소화기 등)과 함께 불을 안전하게 피울 수 있는 장소를 조심스럽게 준비한다. 일단 이러한 안전예방책이 마련된 장소라면 '불타는 바퀴 만다라'에 불을 붙여도 좋다. 불타는 동안 놓아주기에 대하여 생각해 보자.

❋ 두려움의 유령 잡기 만다라
Ghost Catcher Mandala

기본 미술재료

변화란 이상하고 도무지 예견할 수 없는 미지의 영역으로 움직이는 것을 뜻한다. 우리 중에는 통제할 수 있는 익숙한 상황일 때만 안전하다고 느끼는 이들이 있다. 하지만 당연하게도, **놓아주기**에 의해서 이루어지는 전환은 우리의 통제 너머에 있을 것이다. 우리는 가능한 모든 결과를 고려해서 변화를 준비해야 한다.

긍정적인 면보다는 부정적인 가능성에 더 집중하는 경향을 보이는 이들이 있다. 이들은 변화가 일단 시작되면 받아들이기 어려워서 자연히 두려움과 불안, 걱정에 떨게 된다. '두려움의 유령 잡기 만다라'는 잘 드러나지 않는 가능성들을 밝은 부분으로 가져와 전체를 조망하는 방법을 제시한다. 그리고 나면, 우리는 이야기했던 것을 행동으로 옮기고 두려움의 유령에 대한 생각으로 빠져나갔던 에너지들을 통합할 수 있는 기회를 가질 수 있을 것이다.

당신에게는 어떤 두려움이나 불안, 걱정이 있는가? 그것들을 '두려움의 유령 잡기 만다라'에 맡겨 보자. 강렬한 원을 그리고, 개인적으로 [유령이나 초자연적인 현상과 같이] 밤에 부딪치게 되는 것들의 목록을 나타내는 이미지를 안에 놓는다. 자신의 두려움을 강렬하게 담아내기 위하여 원을 강화시키고 싶다면 그렇게 해도 좋다. 원 안의 두려움 이미지 위에 X자를 입히는 것도 고려할 만하다. 당신이 지금 느끼고 있거나 만다라에서 본 것을 기반으로 하는 긍정적인 문장을 만들어서 '두려움의 유령 잡기 만다라' 옆에 적는다. 예를 들면, "이제 나의 두려움이 통제할 만하다는 것을 안다", "이 원이 담고 있는 나의 두려움은 대면할 만하다", "이제 나는 내가 할 수 있고 좋게 느끼는 _____을 보고 있다" 등등. 만다라가 완성되면 그것을 상자나 서류함에 넣는다. 걱정하기 시작하는 자신을 발견하게 되면 이것을 밖으로 꺼내 살펴보고 무언가를 덧붙여도 좋을 것이다.

✱ 신체 상실의 애도 만다라
Treasured Body Part Mandala

기본 미술재료/ 전신 사진이나 직접 그린 전신 그림

우리는 모두 신체의 어떤 부분을 잃으면서 산다. 어릴 때는 유치를 빼고, 머리를 자르며, 무릎이나 팔꿈치가 까져서 울기도 한다. 어른이 되어서는 주름 제거나 지방 흡입, 혹은 가슴이나 콩팥, 폐, 자궁, 담낭 등을 수술로 제거해야 할 수도 있다. 육체의 일부에 대한 포기는 큰일은 아니지만, 이로 인해 긍정적으로든 부정적으로든 감정의 소용돌이에 휘말리는 경우가 종종 있다. 우리는 우리의 감정을 존중하고 육체의 일부에 안녕을 고하는 공간을 가져 본 적이 거의 없다. '신체 상실의 애도 만나라'는 그러한 공간을 만드는 데 목적이 있다.

원을 그리고, 원 안에 아래로 향하는 삼각형을 덧붙인다. 삼각형 안에 자신에 대한 그림을 그린다. 색상이나 상징을 이용해 자신의 이미지 안에 신체 부분의 포기를 나타낸다. 만다라를 완성시키기 위하여 필요한 색상이나 선들을 덧붙인다. 신체 부분이 떨어져 나가는 것과 관련된 이야기를 적는다. 믿을 만한 친구나 사랑하는 사람, 혹은 치료사와 함께 이야기와 만다라를 공유해 보자.

❊ 최악의 문 만다라
Mandala Gateway to the Worst thing that can happen

기본 미술재료

변화에 직면할 때 우리는 자신에게 엄습해 오는 불길한 가능성을 무의식적으로 상상하게 된다. 이러한 두려움을 밖으로 꺼내 드러내는 것은 생각한 것보다 두려움을 줄이는 데 도움이 된다. 이 '최악의 문 만다라'는 두려움을 담아내고 통제할 수 있는 방법이 될 수 있다. 모린은 최악의 두려움에 대하여 열거나 닫을 수 있는 문의 이미지를 만들었는데, 통제할 수 있다는 측면에서 두려움에 대해 훨씬 더 편하게 느끼게 되었다고 말했다.

원을 그리고, 삶을 살아가기 위해 요구되는 변화에 관하여 생각해 보자. 완전히 깨달음이 올 때까지는 변화에 대한 두려움을 느껴도 괜찮다. 당신 자신에게 물어 보자. "이러한 변화에서 일어날 수 있는 최악의 상황은 무엇인가?" 만다라 원 안에 이 부정적인 가능성을 그린다. 이제 문 이미지를 그린 다음, 부정적인 것이 담긴 원 위를 덮는다. 당신의 문은 열리거나 닫혀도, 혹은 속이 보이거나 안 보여도 괜찮다. 당신에게 안전감을 줄 수 있도록 문을 원하는 만큼 튼튼하게 만들어 보자. 원할 때 열거나 닫을 수 있도록 문을 디자인한다. 심지어 만다라 원 안이나 주변에 다음과 같은 자기긍정의 메시지를 적어 넣기 원하면 그리해도 좋다. "나는 변화와 놓아주기의 스트레스를 조절할 수 있는 효과적인 방법을 알고 있다."

✲ 상실과 이별 만다라
Mandala for the Lost and Gone

기본 미술재료 / 잃어버린 친구, 사랑하는 사람, 애완동물 사진(선택사항) / 집과 고향, 지난 직업, 혹은 삶의 방식과 관련된 상징(선택사항) / 관계의 상징(선택사항)

가을의 달 10월은 성장의 계절이 끝나고 밤의 어둠이 더 길어지는 것을 기념하는 축제의 시기다. 이후에 모든 성인의 날 이브All Hallow's Evening, 혹은 핼러윈으로 발전된 켈트족의 삼하인축제Samhain는 저승과 이승 사이에 접촉이 가능한 시기를 상징한다. 이 시기에 가족들은 난로 주변에 모여서 가족 중에 죽은 영혼의 방문을 조용히 환대하고 추도한다.

멕시코 문화권에서는 죽음의 날인 만령절El Dia de los Muertos에 죽은 가족들에 대하여 추모한다. 모인 가족들과 친구들 사이에서는 밤새도록 추도하는 분위기가 이어진다. 죽은 이들의 사진과 천수국, 그리고 좋아하는 음식이나 음료수 등을 올려놓는 제단을 만들고, 죽은 이들의 삶을 넓은 마음으로 공유함으로써 사랑하는 이들의 삶을 기억하는 시간을 갖는다.

수많은 삶의 시간의 순환 중의 하나가 10단계를 통과하는 동안 거의 끝나감에 따라 놓아주는 것이 요구된다. 놓아주기는 자연스럽게 우리가 잃어버린 것, 그리고 떠나보낸 것에 대한 기억들을 불러일으킨다. 그렇게 애도가 이루어지거나 재방문되어야 하는 것이다. 또한 축하하고 감사를 표현하는 일도 필요하다. '상실과 이별 만다라' 만들기는 우리가 잃어버린 공간과 동물, 사람들을 돌아보고 존중하는 방법이 될 수 있다.

원을 그린 다음, 은유의 배경으로 라틴 십자가를 그려 보자. 십자가 안에 찢겨진 심장 또는 원을 겹쳐 그린다. 그것들이 당신이 잃거나 떠나보낸 것에 대한 사진, 혹은 다른 기념품들의 배경이 될 것이다. 이러한 만다라를 존중하는 마음이 배경에 담기도록 색상과 형태를 덧붙인다. 무엇을 느끼든, 느낌에 그냥 자신을 맡기는 시간을 가져 보자. 잃거나 떠나보낸 것에 관하여 만다라 안에서 무엇이 보이는지 작업일지에 적거나, 누군가와 이야기하기를 원한다면 그리해도 좋다.

잃거나 떠나보낸 것에 관한 만다라 과정을 다 마치고 나면, 그것을 조심스럽게 부드러운 종이로 덮어서 상자나 서류함과 같은 안전한 용기 안에 넣는다. 어쩌면 집이나 제단에 전시하거나 추억의 스크랩북 안에 놓아두기를 원할 수도 있다. 혹은 불을 붙이거나, 묻어버리거나, 소금물에 녹여서 만다라를 놓아줄 수도 있다. 당신의 마음이 이끄는 대로 선택하자.

❋ 대면 만다라
Mandala for Facing it

기본 미술재료 / 가면 제작 재료 / 반짝이, 깃털, 리본(선택사항)

우리에게는 누구나 절대로 마주치고 싶지 않은 상황이나 사람, 혹은 내 자신에 관한 것들이 있다. 이 사실을 부정하면 개인적인 성장이 지연되고 책임 있는 선택을 위해 필요한 정보를 갖지 못하게 될 수 있다. '대면 만다라'는 자신 안에 숨겨진 계획의 일부를 탐색해 볼 기회를 준다. 이것을 통해서 자기인식으로 향하고 자신의 일부로 인정하지 않았던 부분을 인정하는 유익한 전진이 이루어질 것이다.

당신이 대면하고 싶지 않는 상황과 사람, 그리고 감정의 목록을 만드는 것으로 작업을 시작해 보자. 아마도 이 목록에는 특정한 사람이나 두려움, 분노, 상실감과 같은 감정들이 포함될 것이다. 집이나 일, 생일, 무능력감 또는 중독과 같은 것이 목록에 있을지도 모르겠다. 목록을 작성하는 용기를 냈다는 것만으로도 칭찬받을 만하다. '대면 만다라'를 위해 목록 중에서 항목을 하나 선택한다.

판지에 원을 그리고, 원 안에 라틴 십자가를 그린다. 여기서 수직선 중앙에 코를, 그 아래쪽에 입과 턱을 그려 얼굴을 만드는 시작점으로 삼는다. 수평선상에는 눈을 그린다.

이제 대면하는 목록에서 선택한 항목을 표현한다. 만일 사람을 선택했다면, 색상이나 머리 색, 그리고 여타 자세한 부분을 써서 만다라의 얼굴이 그 사람의 얼굴과 닮아 보이도록 바꿔 나간다. 집이나 일과 같은 다른 항목을 위해서는 얼굴 선 위에 다른 이미지를 추가한다. 예를 들어, 집과 관련된 이슈와 대면하기를 원한다면 눈이 집의 창문처럼 보이는 얼굴을 만들어도 좋다. 감정적인 문제라면 감정을 표현하는 얼굴을 보여 주어도 좋다.[도판 29] 참조

만다라가 완성되면 볼 수 있도록 기대어 놓는다. 이제 글로 그것에 대면하게 될 것이다. 한발 더 나아가기 위해서 작업일지를 펴고 대면하는 만다라와 나누는 상상의 대화에 참여해 보자. 다음과 같이 시작하는 문장을 몇 개 완성한다. "당신은 _____이다." 그 다음에는 "나는 _____이다"라는 말 대신, "당신은 _____ 이다"로 대체한다. 한동안 작업일지에 기록하면서 경험을 마무리한다. "나는 _____을 대면할 수 있기 때문에 _____을 할 수 있다."

가면 벗기 만다라
Mandala Mask for Letting Go

기본 미술재료 / 가면 제작 재료: 판지, 비닐 테이프 / 깃털, 반짝이, 리본(선택사항)

때때로 우리는 더는 우리에게 맞지 않는 역할에 여전히 빠져 지낼 때가 있다. 조용하고 사람들을 진심으로 대하는 사람이 되고 싶음에도 불구하고, 당신은 사회적인 상황 속에서 과한 행동을 하는 광대 역할을 할 런지도 모르겠다. 진정으로 여유 있고 사교적인 사람이 되기를 원하는데 일은 당신이 서두르거나 거칠기를 요구한다고 느낄지도 모르겠다. 내면적으로는 자신이 침착하고 유능하며 독립적이라고 알고 있는 그 순간에도, 충동적이고 강박적이며 의존적인 행동을 하고 있는 자신을 발견할 수도 있다. 아마도 당신은 이제 막 부모가 되어 자식에 대한 책임을 온전히 다하기 위하여 반항적인 청소년기의 정체성은 옆으로 미뤄 두어야 할 시기일 수도 있다. '가면 벗기 만다라'를 통해서 당신은 보호적인 만다라 원 안에서 창의적인 자기표현을 통해 당신의 역할을 탐색할 기회를 가지게 될 것이다.

원을 그린 후, 이것을 당신이 놓아주기 원하는 역할을 상징하는 얼굴 가면의 시작점으로 삼는다. 역할의 일부에 대한 얼굴 표정이나 감정을 그림으로 나타내는 것을 꼭 포함시키자. 역할에 어울리는 특정한 머리 모양이 있나? 그것을 만다라 가면 속에서 보여 주자. 역할과 관련된 특정한 도구나 지식 영역이 있나? 만다라에 이와 관련하여 언급할 것이 있다면 이 역시 포함시킨다.

만다라 가면이 완성되면 작업을 살펴보고 그에 반응한다. 믿을 만한 이들과 공유하거나, 그것에 관하여 작업노트에 적는다. 그것을 태우거나 파묻어서 제의적으로 놓아주는 작업, 혹은 더 낫게 변화시키기 위하여 만다라에 무언가를 덧붙이는 것도 고려해 보자. 이러한 상징적인 행위는 당신이 원하는 변화에 대한 메시지를 무의식적으로 취하는 데 도움이 될 것이다.

❋ 칼리 얀트라 만다라
Kali Yantra

기본 미술재료

힌두의 여신 칼리는 파괴도 불러오지만 동시에 사랑으로 그 희생을 감싸주기도 한다. 우리는 대부분 머리가 여럿이고 소름끼치는 목걸이를 건, 어둡고 무서운 여신의 이미지에만 익숙하다. 그러나 그녀에게는 삶을 긍정적으로 바라보는 면도 있다. 칼리는 파괴와 혼돈, 고통에 단련되었기 때문에 경험이 아무리 끔찍한 것이라도 그것을 겪은 사람들과 함께 할 수 있다고 여겨져 왔다.

힌두교에서는 그녀를 만다라와 흡사한 성스러운 그림인 얀트라 속에 묘사했다. 아래를 향한 삼각형이 칼리 얀트라를 점하고 있다. 몇 가지 다른 얀트라에서 보면, 시작과 회귀점인 빈두를 나타내는 중심점 주변에 점점 작아지는 삼각형 둥지가 5개 나온다. 이러한 칼리의 얀트라에서 영감을 받은 이 '칼리 얀트라 만다라'는 이 단계를 경험하는 동안 겪게 되는 삶의 파고를 받아들이는 방법의 하나가 될 것이다.

원을 그리고 9단계의 얀트라 만다라(혹은 [부록 A]의 견본) 연습과제에서 묘사된 기본 만다라 격자를 그린다. 가장 안쪽의 아래를 향하는 삼각형을 만들기 위해서는 3.1과 4.1 사이, 그리고 14.1과 15.1 사이의 중간 지점에 점을 찍는다. 이 두 점을 연결하고, 두 점과 9.1도 연결한다.

이렇게 만들어진 아래를 향하는 삼각형의 둘레 바깥에 1cm가량 떨어진 점들을 표시한다. 작은 삼각형과 나란히 되도록 이 점들을 연결해 더 큰 삼각형을 그린다. 아래를 향한 삼각형 5개가 그려질 때까지 이 방법으로 작업을 계속한다.

기본 만다라 격자의 중심점에 컴퍼스를 대고, 이 삼각형들을 에워 싸지만 점들은 건드리지 않는 원을 그린다. 이제 다시 컴퍼스와 같은 중심점을 가지고 처음 원보다 각각 1cm, 3cm, 4cm가량 더 큰 원 3개를 더 그린다. 큰 바깥 원과 그 바로 안쪽에 있는 원 사이의 공간에 꽃잎을 그려 넣어도 좋다.

자신의 문양을 완성시키기에 적절하다고 여겨지는 색상과 재료를 활용한다. 아마도 당신은 색상을 의도적으로 선택할 것이다. 혹은 단순히 직관이나 변화가 자신을 이끌도록 하고 싶을지도 모르겠다. 전통적인 칼리 얀트라에는 남색과 검정색, 빨간색이 자주 출현한다.

✸ 동반자 가면 만다라
Mandala Mask

기본 미술재료 / 얼굴을 덮을 만큼 크고 두꺼운 도화지 / 도움을 주는 사람이나 동물의 이미지 / 물감 / 접착제, 반짝이, 끈

고대로부터 가면을 쓰는 것은 가면이 나타내는 존재의 강점과 힘을 취하는 행위다. 그렇다는 것은 마스크의 창조자로서 당신이 이미 그러한 속성들을 지니고 있다는 뜻이라고 할 수 있다. 가면은 당신이 하는 행위를 상기시킨다.

놓아주기라는 이 단계를 지나는 이번 여정에 함께 가고 싶은 사람이나 동물은 무엇인가? 티베트 만다라에서 때때로 무서운 신은 방어

자나 안내자 또는 동반자로서 설명된다. 그러한 존재를 선택하고 싶은가? 혹은 마법사 머린Merlin(고대 브리튼의 전설에 나오는 위대한 마법사—옮긴이)이나 여신 해카테Hecate(그리스로마 신화에 나오는 죽음과 재생의 여신으로, 여행자 보호자의 상징이기도 함—옮긴이)와 같은 지혜로운 연장자를 원하는가? 아마도 궁극적인 안내자로 당신의 선택은 단테의 베아트리체와 같은, 영혼이 순수한 젊은 여성일 수도 있을 것이다. 충성스러운 개나 까마귀, 늑대, 독수리 또는 말을 동반자로 고려할지도 모르겠다. 이러한 만다라 만들기를 활용하여 동반자의 이미지를 만들어서 여정의 한 부분으로 삼고 싶을 수도 있을 것이다.

판지에 얼굴을 덮는 데 필요한 것보다 더 큰 원을 그리고 오려 낸다. 원 안에 원하는 동반자의 얼굴을 그리고 색칠한다. 이 단계의 분위기가 나도록 원 안과 가면 얼굴 바깥에 색을 더한다.

눈과 입, 그리고 코에 구멍을 뚫는다. 구멍에 줄이나 리본을 부착해 얼굴에서 가면이 떨어지지 않도록 한다. 아마도 몇몇 친구들 앞에서 가면을 쓴 채 가면 안 존재의 역할극을 하거나, 거울에 비친 자신의 모습을 바라보는 일을 즐기게 될 것이다.

※ **놓아주기 동작 만다라**
Kinesthetic Mandala of Letting Go

기본 미술재료 / 모래가 담긴 그릇

만다라를 제작하고 경험하는 데 있어서 동작은 매우 중요하다.[부록 B]의 요가 동작 참조 만다라를 만들려고 재료를 탐색하는 과정에서 내면의 정신적 리얼리티의 균형을 잡고 원기를 회복할 수 있는 정보를 인식하거나 새로운 통찰을 얻을 수 있을 것이다. 재료를 가지고 경험하는 동작은 세상에 대한 우리의 개념에 기초가 되는 벽돌과 같은 것을 형성한다. '놓아주기 동작 만다라'는 놓아주는 동작을 경험하도록 해줄 것이다.

모래가 가득 담긴 그릇을 앞에 놓는다. 모래를 한 움큼 잡아서 손 밖으로 빠져나가지 않도록 쥐고 있으려고 해보자. 이제 손가락을 펴서 모래가 빠져나가도록 한다. 모래가 손을 빠져나가는 것을 느껴 보자. 이 작업을 반복한다. 모래를 잡았다 놓아주는 시도가 어떻게 느껴지는지에 주목해 보자. 작업일지에 써서 당신의 경험에 반응하거나 믿을 만한 파트너와 경험을 공유한다. 당신이 놓아주는 동작을 함에 따라 모래에 만들어지는 패턴을 이리저리 시험해 보거나, 놓아주는 동작을 비육체적인 것으로 표현하고 싶다면 종이나 다른 재료를 더해도 좋을 것이다. 이제 '놓아주기 동작 만다라'를 마치고 놓아주기의 경험을 한 번 더 할 시간이다. 정원이나 강, 혹은 편지를 찾으러 매일 들르는 통로에 작은 습지가 있다면 그곳에 만다라를 부어 보자.

10단계 돌아보기

이 단계의 만다라를 통해서 숨겨진 부분과 마주하고 불필요한 역할은 놓아줌으로써 삶의 여정에 알맞은 동반자를 찾았다. 이 단계에 대한 탐색을 마치면 다음 단계를 계속하기 전까지 짧은 충전의 시간을 갖는다. 물이나 차를 마시든지, 천천히 스트레칭을 해도 좋다. 초를 켰다면 지금은 불어서 끌 시간이다.

쉬는 시간 다음에는 이 만다라 작업을 하면서 무엇을 경험했는지 생각해 본다. 창의적인 탐색 기간 중에 드러난 놀라움과 깨달음, 감사함, 혹은 후회에 집중한다. 무엇을 했으며, 그것이 당신에게 어떤 영향을 미쳤는지를 작업일지에 적어 보면서 감응한다. 작업일지를 마치면 자신과 관련된 이 시기의 중요한 특성들에 대하여 깨닫게 될 것이다.

이것을 '만다라 카드 10'으로 발전시켜 보자.

✹ 만다라 카드 10

기본 미술재료 / 판지 / 콜라주용 사진들 / 상자

원하는 크기와 형태로 카드를 자른다. 개인적으로 의미 있는 카드를 한 벌 만들기 위하여 카드에 10단계의 주제인 놓아주기의 특성을 표현하는 만다라 문양을 만든다. 문양은 문 입구나 예수 희생 장면, X자 혹은 아래를 향한 삼각형 등과 관련 있을 것이다. 이미지와 말, 재질, 색을 덧붙여 카드를 완성한다. 평평하게 말린 다음 안전한 곳에 보관하자.

Stage 11 분열:
혼돈의 밤, 무너짐을 두려워 마라

위대한 일원상에서 11단계는 일 년 중 11월에 상응한다. 추운 날씨로 인해 식물들은 자취를 감추고, 동물들도 따뜻한 쉼터를 찾는다. 추운 계절 내내 동면하는 동물들도 있다. 이 단계는 저녁의 어둠과 더불어 작게 줄어들고 있는 달을 연상시키기도 한다. 7, 8단계에 그토록 두드러졌던 의식과 태양의 양陽에너지는 이 단계에 이르면 무의식과 관련된 어둠과 순종의 음陰에너지로 바뀌게 된다.

이 단계는 변화된 환경으로 인하여 당신이 방향감각을 잃은 때일 수도 있다. 어쩌면 병치레를 하면서 기운이 확 떨어져서 여기에 이르렀을지도 모르겠다. 자연재해의 불운한 피해자일 수도 있다. 혹은 잠재력을 발휘하도록 당신에게 자극을 주었던 자기Self가 여기로 이끌었을 수도 있다. 11단계의 도전과제는 자아가 정신의 진정한 중심이 아니라는 것을 받아들이는 것이다. 당신 안에 [자아와는 별도로] 깊은 우주의 중심이 있다는 것을 떠올리게 되는 신비한 체험은, 때때로 [자아 중심의] 당신이 **무너지는** 경험을 하도록 이끌 수도 있다.

이 단계 동안 우리는 다시 한 번 **모계사회**로 하강한다.

심리적으로 모든 자신감과 가식이 사라지는 것을 발견하게 될 것이다. 그래야만 진정으로 겸손하게 상처에 마음을 열게 되기 때문이다. 오직 이러한 방법을 통해서만 신처럼 경계가 없는 사랑의 바다를 경험할 수 있다. 이것은 새로움이 기적적으로 다시 부활되도록 만드는 자연적이고 필수적인 과정이다. 이를 기억한다면 힘들어도 위로가 될 것이다. 깊은 질서에 대한 믿음은 이러한 변형의 시간 중간에 꽃을 피우기도 한다. 상처 난 마음은 사랑과 자비, 지혜에 마음의 문을 열기 때문이다.

켈로그는 11단계를 분열Fragmentation이라 불렀다. 이 단계 동안 당신의 세계는 마치 무너진 것처럼 보일 것이다. '원 안의 사각형'이라 불리는 7단계 동안 존재로서 자부심을 가졌던 사람은 차라리 몰랐으면 싶은 감정과 행동, 그리고 성격 등과 대면하게 된다. 자아에서 오는 저항이 느껴질 것이다. 자아는 통제하에 있다는 가정을 선호하기 때문이다. 꿈이나 인간관계, 혹은 일상생활에서 접하게 되는 그림자와의 조우를 통해서, 우리는 자신이 좋은 사람이기도 하지만 불미스러운 행동도 할 수 있다는 사실을 수용하는 위험도 감수하게 될 것이다. 또한 자기본위의 믿음이 무너지면서 남을 돕기 위한 봉사활동에 나서게 된다. 이것은 자신과 타인을 향한 인간성과 지혜, 자비를 익히는 자연스러운 과정의 일부라고 할 수 있다.

11단계 중에 상실감, 버림받음, 분노, 난폭함, 슬픔, 의심스러움, 통제 불능 상태를 느낄 수도 있다. 나날의 업무에 쏟을 에너지도 거의 바닥난다. 자주 삶이 혼돈스럽게 보일지도 모르겠다. 왜냐하면 이 단계 동안에는 청구서에 돈 내는 일을 기억하거나 약속을 지키고 관계를 유지하는 일이 힘에 부치기 때문이다. 식욕도 거의 없고, 건강한 음식 대신에 편안한 인스턴트 음식을 더 찾게 될 수도 있다. 밝은 빛도 거슬린다고 느껴질 것이다. 수면 리듬도 깨질 수 있다. 제니퍼가 그랬다.

제니퍼는 거의 마흔이 다 되어갈 즈음에 가족들과 갈등 상황에 놓이게 되었다. 처방전과 다르게 약들을 남용하면서 그녀가 겪게 된 혼란이 원인이었다. 부모님과 오빠는 그녀의 점점 흐트러지는 일상을 염려하여 그녀의 관심을 다른 곳으로 돌리려 애를 썼다. 그녀는 집에서 일하는 자유기고가였다. 그녀가 편집자에게 뭔가를 넘긴 일이 한 달도 더 지났다.

아들을 학교에 데려다 주려면 일찍 일어나야 하는데, 그럴 힘조차 없어서 여섯 살 난 아들을 며칠 째 결석시키고 있었다. 집에는 시리얼, 과자, 청량음료 외에는 먹을 것이 거의 없었다. 빨래도 거의 안 했고, 집은 엉망이었다. 제니퍼의 전남편은 아들의 안전이 걱정된다고 소리치며 양육권을 되찾으려고 알아보는 중이었다. 한마디로, 제니퍼의 인생은 망가져 버렸다.

부모님이 아들을 돌보는 동안 그녀는 치료를 받기 위해 병원에 입원하기로 했다. 입원 치료 후 일단 머리가 맑아지기 시작하자, 그녀는 그동안 자신의 삶이 불미스럽고 창피하다는 느낌에 사로잡혔다. 그녀는 고통스러운 자기 탐구와 상실감, 그리고 혼돈의 나날들을 참아 내야만 했다. 그녀는 치료를 통해 점차 육체적·정신적으로 건강을 회복하면서, 중독에서 벗어나 맑은 정신으로 자신의 삶을 지속해 나갈 수 있게 되었다.

제니퍼가 다시 무너지는 자신을 발견하게 되는 재발의 순간들이 찾아오곤 했다. 그 시간들 동안 그녀가 대면해야 하는 현실은 너무나 가혹한 것이었다. 전남편이 아들의 양육권을 가져간 것이다. 그러나 자신이 엉망이 되었다고 느낄 때마다 이전 경험을 통해 얻은 교훈이 도움이 되었다. 그녀는 곧 중독에서 회복될 수 있었고, 필요한 도움도 요청할 수 있게 되었다. 친한 친구에게 그녀는 솔직하게 말하였다.

> 망가질까봐 두려워지면 다시 중독에 빠지게 되곤 했단다. 오해하지는 마. 더는 그런 일은 없을거야. 그건 왜냐하면 […] 내가 많이 알면 알수록, 무슨 일이 생기든 내가 어떻게 해볼 수 있는 여지가 더 커지거든.

우리가 무너지는 것을 삶에서 언제나 일어날 수 있는 일상으로 받아들인다면 그 또한 자연의 섭리에 순응하는 일이다. 빵을 만드는 요리사가 파이를 잘라 친구들 모임에서 함께 나누어 먹는 일과 같이, 누군가의 귀한 창작물을 희생시킨다는 것은 영양분을 공급하기 위한 희생적인 몸짓이라고 볼 수 있다. 요리사인 그녀는 손수 만든 작품이 부서지는 자연적인 해체과정을 기다리기보다는 타인에게도 유용할 수 있도록 먼저 무너졌던 것이다. 그녀가 파이를 자른 것은 요리사로서 과거의 성취에서 자유로워지는 행동이기도 하다. 이는 새롭게 도래할 무언가를 위한 공간을 만드는 일이 되기 때문이다.

11단계는 또한 잠재력의 표현을 방해하는 제한으로부터 자유로워지는 시기이기도 하다. 생계를 꾸리거나 가족과 동료로부터 인정받기 위하여 필요한 기술 개발에 관심을 가지다 보니, 자신의 가장 훌륭한 속성들은 안으로 숨어 버리고 말았다. 당신이 가치 있게 여기는 것을 많이 잃은 것처럼 보이는 이 순간, 그 숨겨진 장점과 능력들이 보이기 시작할 것이다. 이 단계는 자기에게 부과되는 요구를 편안히 포기할 수 있을 때 비로소 **아름다운** 무언가를 만들기 위한 창의성이 고조되는 시기이기도 하다.

이 단계는 신화적으로는 망나니처럼 집어삼키려는 어둡고 강력한 괴물로 해석될 수 있다. 신비주의자들은 이 시기를 믿음이 시험을 받는 **영혼의 어두운 밤**이라고 부른다. 두려움과 어두움, 혼동 속에서 불확실한 기간 동안 예측불허의 힘에 압도된다고 느낀다는 점에서, 성경에 나오는 고래에게 잡아먹힌 욥과 요나의 고생담은 이 단계의 좋은 상징이 될 것이다. 이 과정은 참으로 위험한 통로여서 모든 이들이 다 제대로 통과할 수 있는 것은 아니다. 그럼에도 이 위험한 통과제의를 수행한 이들은 대부분 변화되고 더 나아진 자신을 발견하게 된다.

11단계의 의도

11단계는 자아가 가장 도전받는 단계다. 아마도 정화의 시간으로 경험될 수 있을 것이다. '다 내려놓고 신에게 맡겨라'라는 구절이 여기서 아주 깊은 의미를 지니게 될 것이다. 허세를 벗어 버리면 무의식적인 것들 안으로 더 깊숙이 들어가 통합을 이룰 수 있다. 모두 다 내어 줄 기회를 갖고 진정한 중심인 자기에 대한 믿음을 배우게 될 것이다.

11단계의 만다라

원은 이 단계에 자주 동반되는, 강력하고 혼돈스러운 감정을 안전하게 담는 그릇 역할을 한다. 구조적으로는 분열되고, 혼돈스러우며, 어지러운 양태를 띤다. 조각마다 다른 색상을 띠는 파이처럼 보일지도 모르겠다. 혹은 중심도 없고 질서나 조화도 없는, 어지러운 퀼트처럼 보일 수도 있다. 그러나 두려워하지 않고 미술작업 과정에 몸을 맡기다 보면, 비록 외관상으로는 가끔 좀 경멸스럽게 보일지라도, 신선하고 생생하며 심지어 튀어 보이기까지 하는 많은 특성들을 엿볼 수 있을 것이다. 우리 만다라 그룹의 일원인 카렌 노위키도 그런 만다라를 만들었다.[도판 30] 참조

이 단계의 만다라에서는 창의적인 과정의 일부로서 파괴가 눈에 띤다. 수잔의 깨진 거울 만다라[도판 31] 참조와 다이애나의 안경 만다라[도판 32] 참조가 좋은 예다. 파괴는 강렬한 감정의 안전한 통로로서, 무너지기 단계에 흔히 동반되는 혼란스러운 정신 상태가 구체성을 띤 것이라고 볼 수 있다.

색상은 어둡고 탁한 범주에서부터 지나치게 밝고 화려하며, 심지어 형광색을 띠기도 한다. 때로는 무질서하게 어질러진 결과 색상이 겹쳐지면서 생기는 분열감이 나타나기도 하는데, 보기에 썩 좋지는 않다.

> [11단계의] 중심 없는 파이는 이 단계인 속성인 분열의 상징으로 중요하다. 각각의 조각 자체는 다른 조각들과 상충된다. 중심의 부재는 분열된 자아를 환기한다고 볼 수 있다.
> 조앤 켈로그

또한 우리가 좋아하지 않아서 선택해 본 적인 없는 색상이 나오기도 할 것이다. 이는 거부당하고 억제되었던 개인적인 속성이 그 존재를 알린다고 볼 수 있다. 이것이 나쁘지만은 않다. 계획 없이 "추한" 색상으로 만들어지는 만다라는 생동감과 날 것의 미, 그리고 예상치 못한 예술적 재능을 드러낼 수 있기 때문이다.

((연습과제))

[부록 B]p.363 참조에 제시된 자유 포즈 요가를 하면서 창의적인 작업을 시작해 보자. 노래「무너지네Falling Apart」[부록 C], p.383 참조를 부르는 것도 11단계에 맞게 자신을 조율하는 데 도움이 될 것이다. 창의적인 작업의 시작을 알리기 위해 재료들을 배열하고 촛불을 켜자.

이 단계의 만다라 연습과제들은 재료를 찢고, 질서를 흐트러뜨리며, 유리를 부수는 작업에 당신을 초대할 것이다. 심지어 만다라 중에 하나는 망쳐 보라는 부추김도 있을 것이다. 파괴적이 되는 것이 당신에게는 어떻게 느껴지는가? 여기서 우리는 행복을 찾는 방법의 하나로 자신이 좋아하는 것을 추구하도록 격려 받게 될 것이다. 싫어하는 색상과 싫어하는 사람들에 집중하게 되면서 자신에 대하여 무엇을 알게 되었는가? 이 단계의 만다라 작업 후에 혼돈에 대한 느낌은 어떠한가?

✹ 분열의 만다라
Mandala of Fragmentation

기본 미술재료(p.57~58 참조) / 문양 만다라 11([부록 A], p.340 참조)

11단계 중에는 삶이 그 전처럼은 돌아갈 희망이 전혀 없이 부서져 버린 것처럼 보일 수 있다. 그러나 당신이 알 수만 있다면, 파편 속에는 다이아몬드가 들어 있다. 여기서 당신의 도전과제는, 동요가 되더라도 혼돈이 오면 오는 대로 그대로 두고 조용히 인내하며 기다리는 일이다. 믿음을 갖자. 위대한 일원상은 언제나 순환하고 있으며, 이 시간이 영원히 지속되지는 않는다. 이 만다라를 위해서 밝으면서 서로가 충돌하는 색상을 집어 들자. 작업을 마친 만다라가 무엇보다도 더 추해 보이도록 시도해 보자. 이 접근법은 그동안 주로 해온 작업과 어떻게 다르거나 같은가? 원하면 작업일지에 이것에 관하여 기록한다.

✹ 찢기 만다라
Mandala of Tearing Apart

기본 미술재료 / 오래된 카드나 편지, 학교 신문 등

'찢기 만다라'를 통해 당신은 파괴와 생산의 이중성을 경험하게 될 것이다. 무언가를 새롭게 만들기 위해서는 무언가를 파괴해야만 한다. 물감 통은 그림을 그리는 데 소모되고 버려진다. 찰흙을 담는 주머니는 그릇을 만들기 위해서는 비워져야 한다. 오믈렛을 만들기 위해서는 그 전에 일단 계란을 깨야만 한다. 이 과정이 다른 말로 **변형**transformation이다.

색지에 원을 그린다. 그 다음, 다른 색상으로 된 색지를 선택해 잘게 찢는다. (오래된 카드나 편지, 학교신문, 혹은 악보나 신용카드 전표 등을 찢어도 좋다.) 그려진 원 안에 찢어지고 부서진 조각들을 배열한다. 그러나 아직 풀로 붙이지는 않는다. 디자인이 완성되면 종이를 집어서 마구 헤집는다. 그 다음 닥치는 대로 찢어진 종잇조각들을 풀로 붙인다. 이런 작업이 마음에 드는가? 디자인을 마구잡이로 흐트러뜨리는 작업[도판 30] 참조이 어떠했나?

이제 만다라를 찢어서 모든 조각들을 손에 든다. 이것을 휘젓는 기분이 어떠한지 알아차리자. 이 무너지기 단계에서 했던 다른 작업들이 마음에 드는가, 아니면 싫은가? 찢어진 조각들을 내려놓고 '찢기 만다라'에 대한 반응을 적는다. 이제 찢어진 조각마다 긍정적인 메시지를 적는다. 예를 들면, 삶은 축복이다, 끝은 새로운 시작이다, 희망은 부서진 심장 틈으로 온다 등. 특별한 그릇에 조각들을 모은다. 용기를 얻을 필요가 있다고 느껴지면 언제든 조각을 집어 들고 뭐라고 쓰여 있는지 읽어 보자.

❋ 최악의 색상 만다라
Mandala of your Least Favorite Color

기본 미술재료 / 30×46cm가량의 검은 색지 / 다양한 색상과 패턴, 질감을 지닌 종이 스크랩 / 풀 / 반짝이

우리 모두는 인식하지 못하지만, 무의식 속에 숨겨진 개인적인 특성들을 지니고 있다. 이러한 특성들이 그림자를 만든다. 운동에 재능이 있는 가족 사이에서 태어났는데 운동 능력을 인식하지 못했다면, 그 운동 능력이 우리의 그림자가 된다. 어떤 가족이 문제를 다루는 방법으로 감

정을 과도하게 드러내는 것을 선호한다면, 그들은 의도하지는 않았지만 자녀들에게 자연스러운 사고 능력을 개발하지 못하도록 억제했을 수도 있다. 그렇게 되면 사고는 자녀의 그림자의 특성이 된다.

그림자는 자아에 대한 거울 이미지와 같다. 그림자 안에 숨겨져 있던 재능과 능력을 인정하는 것은 모든 잠재력을 실현하기 위하여 전체성으로 향하는 우리 여정의 일부라고 할 수 있다. 그림자의 개별적인 특성을 발견하고 통합함으로써, 우리는 무의식적으로 그 특성들을 숨기는 데 몰입했던 에너지를 다시 돌려받을 수 있게 된다. '최악의 색상 만다라'는 숨겨진 그림자 자체에서 뭔가를 배울 수 있는 조심스러운 접근법이다.

검정색 도화지에 원을 그린 다음 옆으로 치워 둔다. 다양한 종이 스크랩 중에 가장 싫어하는 색상을 선택한다. 작업일지 도구를 꺼내고, 이 색상과 대화를 시작한다.

색상에게 말을 걸면서 글을 쓰기 시작하자.

> 당신은 ____이군요.
> 당신을 보면 나는 ____이(가) 느껴져요.
> 당신을 보면 나는 ____이(가) 생각나요.

다음에는 마치 당신이 색상인 것처럼 색상의 입장이 되어 이미 쓰인 것에 대한 반응을 적는다.

> 당신은 ____이군요
> 당신을 보면 나는 ____이(가) 느껴져요.
> 당신을 보면 나는 ____이(가) 생각나요.

이제 대화 안에서 나와 자기 자신으로 돌아가서 색상이 말한 것에 대하여 반응해 보자. 대화가 자연스럽게 끝나는 지점에 왔다고 느껴질 때까지 주거니 받거니 대화를 계속 한다.

이제 당신이 가장 싫어하는 색상의 종이를 잘게 찢는다. 검정색 도화지 원 안에 가장 싫어하는 색상의 종이 전부를 올려놓는다. 어느 조각 하나도 버려서는 안 된다. 원 안에 그것들이 다 들어차기 위해서라면 조각들이 겹쳐져도 상관없다. 좋아하는 디자인이 되도록 원 안이나 주변에 다른 색상들을 덧붙인다. 반드시 가장 싫어하는 색상의 조각들을 전부 사용한다. 조각들을 그 공간 안에 풀이나 테이프로 붙인다.

가장 싫어하는 색상에 대하여 당신이 표현하는 감정들에는 자신의 그림자에 대한 무언가가 드러나기 마련이다. 예를 들어, 만일 당신이 그 색상에게 "너무 강해"나 "너무 똑부러져" 또는 "너무 밝아"라고 말한다면, 강함과 지성, 그리고 카리스마가 아마도 당신 그림자의 일부일 것이다. 만다라 원 안에 가장 싫어하는 색상의 조각들 전부를 사용함으로써 당신은 상징적으로 그림 안의 의식적인 정체성 속에 그것들을 통합시킨 것이라고 할 수 있다.

만다라에서 표현되는 그림자의 내용들과 더 많이 통합되기 위해서, "당신은 ＿＿＿이군요"를 "나는 ＿＿＿이예요"로 시작하는 문장을 다시 적어 본다. 이것은 당신이 자아에서 그림자로 밀어 넣었던 투사들을 버리는 데 도움이 될 것이다.

※ **무너짐의 기억 만다라**
Memory Mandala

기본 미술재료

누구에게나 무너져 본 경험이 있다. 일터로 가려면 오직 그 차만 이용할 수 있을 있는데 하필 그 차가 갑자기 멈춰 버린 경우, 혹은 프로젝트 마감시한이 얼마 남지 않았는데 독감에 걸려 결국 기회를 잃은 적도 있을 것이다. 10년이 넘도록 한 번도 자신이 원하는 방식으로 생일을 보내지 못했다는 생각이 들 때, 당신은 시나브로 눈물에 젖게 될 것이다. 그렇다. 우리 모두는 무너진 적이 있지만, 거기서 살아남아 오늘 여기에 이르렀으며, 전보다 훨씬 더 지혜로워졌다.

위대한 일원상에서 삶의 크고 작은 파편들을 맞춰 나가는 동안 이와 관련해 배운 기술들이 있을 것이다. 과거의 경험은 우리 자신을 돌볼 수 있는 방법을 알려 주는 풍성한 원천이다. 그리고 '무너짐의 기억 만다라'는 이것에 대하여 당신이 이미 알고 있는 것을 깨닫도록 해줄 것이다. 그러나 우리 대부분은 여전히 무너지기가 재앙이라고 믿고 있다. 꼭 그렇지 않다. 이것은 삶 전체를 살아가는 순환 안에 자리한, 또 다른 자연스러운 과정에 불과하다. 즉, 다른 것보다 더 나을 것도 못할 것도 없는 것이다.

흰색 도화지에 원을 그리고, 옆으로 치워 둔다.

이제 작업일지를 편다. 한동안 깊고 여유 있는 호흡을 한 다음, 무언가가 허물어졌던 시간을 떠올린다. 파괴적인 위력의 태풍이 불어서 전기가 끊겼거나, 대학의 장학금을 놓쳤거나, 혹은 배우자가 이혼을 요구했을 수도 있을 것이다. 작업일지에 이러한 시간 중의 하나에 대하여 적는다. 어떠했었나? 당시에 당신이 지녔던(혹은 지니지 않았던) 에너지에 관하여 묘사한다.

이제 작업일지를 옆으로 치우고, 원으로 옮겨 간다. 그림재료를 가지고 만다라 원 안에 색상과 선으로 무너지기의 에너지를 표현한다. 에너지와 관련된 두 번째, 더 나아가 세 번째 원을 그리고 채울 수도 있을 것이다. 에너지가 가라앉는 것 같으면 이제 다음 단계로 간다.

만다라를 보는 동안 과거의 경험을 떠올린다. 무너지기에서 나오는 좋은 것이면 무엇이든 회상해 보자. 당신의 삶을 더 낫게 바꾼 책을 발견했거나, 그간 원했지만 그러지 못했던 우정이 더욱 깊어졌거나, 혹은 이전에는 진단이 명확하지 않았던 병에 관하여 확실하게 알게 되었을 수도 있다. 작업일지로 다시 돌아가서, 무너지기의 경험에서 나온 선물과 발견, 그리고 새로운 성장에 관하여 기억하고 적어 보자.

만다라 안과 주변에 파편화 시기 중에 당신이 경험한 개인적인 성장을 반영하는 색상과 형태를 덧붙인다. 재료의 층이 두꺼워짐에 따라 거기에 그리고 색칠하거나 콜라주뿐만 아니라, 뭉툭한 도구를 가지고 긁어서 패턴을 만들 수 있을지도 모르겠다.

과거의 무너지기 경험으로 다시 생각을 옮겨 가서, 당신 자신이 편안하고 보호적으로 느껴졌던 방법을 기억해 보자. 누구에게 전화를 했는가? 어떤 책이나 시, 혹은 성경 구절이 희망을 주었나? 갇힌 에너지를 방출하는 데 도움이 된 활동은 무엇이었나? 건강한 음식과 휴식, 그리고 우정이 필요할 때 어떻게 자신을 돌보았는가? 다시 작업일지로 돌아가서, 누가 그리고 무엇이 그때 도움이 되었는지 적어 보자.

삶의 어떤 단계에서는 무너지기의 경험이 자연스럽다는 사실을 기억하자. 우리도 언제든 그 단계로 돌아갈 수 있다. 그럴 때 무너짐을 넘어서 기력을 회복할 수 있도록 하기 위해, 지금 우리는 어떤 창의적이고 영적인 훈련을 할 수 있을까? 아마도 손쉽게 고를 수 있는 편안한 음악을 선택할 수 있을 것이다. 혹은 잠시 편안하게 기댈 수 있는 나무를 알고 있을지도 모른다. 특별히 연마해 온 명상이나 요가, 혹은 춤 솜씨여도 좋을 것이다. 어떤 것이 나에게 최선일까? 이렇게 나 자신을 돌보는 모든 작업과 활동의 목록을 적어 보자.

글이나 그림의 형태로 만다라에 양육적인 활동들을 덧붙인다. 11단계에서는 생각조차 힘들 때가 있기 때문에 편안하게 자신을 돌보는 활동을 떠올리는 것 자체가 도움이 될 수 있다. 그러나 무너질 때까지 왜 기다리는가? 당신을 돌보는 방법으로, 매일 목록에서 적어도 한 개씩 자신을 돌보는 작업을 선택해서 그것을 실행하는 일을 즐기자.

❋ 싫은 사람 만다라
Mandala of People Dislike

기본 미술재료 / 잡지에 나오는 사람들 사진

우리 대부분은 우리 자신에 대하여 좋게 생각하고 싶어 한다. 삶의 초기에 양육자나 사랑하는 사람이 좋아하지 않는 우리의 행동들은 억제를 당한다. 대신 그들이 좋아하는 행동이 배양된다. 이러한 방식으로 우리의 자아는 우리 안에서 선善한 것의 형태를 이루게 되고, 우리의 그림자는 억제되어야 하는 악惡의 보관소가 된다. 이것이 우리가 문명화된 사회에서 살기 위해 허락된 필수불가결한 균형이다. 그런 점에서 볼 때 우리의 그림자에 내몰린 특성의 일부는 거기[사회]에 있을 필요가 없는 것들이라고 할 수 있다. 인정될 수 있는 특성들이 있다면 점차로 우리의 자아에 통합될 수 있다.

모든 것이 무너지는 11단계는 우리의 자아에 도전하는 시기로, 특히 우리 자신이 만족스럽고 믿음직하며 냉철하게 존재한다고 자신할 때다. 무너짐을 경험할 때 우리는 만족스럽지도 믿음직스럽지도 않을 수 있으며, 혼란스러울 수 있다는 것 역시 배우게 된다. 우리의 자랑스러운 자아가 일시적으로 허물어지는 것이다. 무너지는 경험은 전체성을 향한 한 걸음이 될 수 있다.

자신에 대한 진실을 참아 내고 그림자적인 특성을 의식적인 자아 정체성과 통합할 수 있을 때 우리는 좀 더 지혜롭고, 참을성 있고, 겸손해지며, 더 많은 탄력성을 지니게 될 것이다. '싫은 사람 만다라'는 개인적인 취향에 대한 탐색이다. 이 만다라를 통해 당신은 그림자에 관하여 더 많이 알게 될 것이다.

별로 좋아하지 않는 색상의 마분지에 원을 그린다. 신경에 거슬리게 하는 사람들 사진을 찾기 위해 잡지를 훑어본다. 그들은 아마도 당신이 좋아하지 않는 특성을 갖고 있을 것이다. 외모가 별로이거나, 행동이 외계인 같거나, 기괴하거나, 혹은 불법적으로 보일 수 있다. 원 안에 사진들을 배열하고 풀칠을 해서 붙인다. 그려진 원이 당신을 기분 나쁘게 하는 '싫은 사람 만다라'를 위한 튼튼한 그릇이 되도록 무언가 덧붙인다.

마치 차례대로 각 인물들에게 공개적으로 이야기하는 것처럼, 만다라 안의 사람들에 대하여 탐색해 보고 작업일지에 쓴다. 다음과 같은 문장들을 완성한다. "나는 당신이 ____하는 방식이 싫어요." "나는 당신이 ____하는 것이 역겨워요." "당신이 ____하는 것이 당황스러워요." "다른 사람처럼 ____을 해보지 그래요?"

융 학파 심리학에 의하면, 우리는 자신이 싫어하는 성격을 자신 안에서 보는 것을 피하기 위해 무의식적인 기제에 따라 타인에게 투사를 하게 된다. 만일 (더 큰 전체성을 향하여 성장하고자 하는 목표를 가지고) 투사를 어느 정도 멈추기 위해 이 만다라 과정 안에서 더 나아가기를 원한다면, 다음과 같은 지시를 따른다. 작업일지의 문장을 "당신" 대신 "나"로 대체하여 쓰기 시작한다. 새롭게 쓴 문장을 큰 소리로 자기 자신에게 읽어 준다. 그런 다음, 당신에게 적용된 이러한 진술을 듣는 것이 어떠했는지에 관하여 작업일지에 더 적는다. "나"에 관한 진술에서 조금이라도 진실하다고 인정한다면, 투사되었던 에너지를 어느 정도 회복하고 의식이 확장되는 것을 즐길 수 있을 것이다.

✳ 어지러운 퀼트 만다라
Crazy Quilt Mandala

기본 미술재료

어지러운 퀼트는 옷감이나 천 쪼가리, 파편, 잔여물, 헌 옷가지 등을 사용하는, 예로부터 전해내려 온 예술 형식이다. 이는 패턴이 없이 그저 천의 문양 그대로 무작위로 채택된 조각들로 구성된다. '어지러운 퀼트 만다라'는 무너져 버린 것들에서 따뜻하고, 유용하며, 아름다운 무언가를 만들어 내는 사람들의 절약과 창의성을 존중하는 작업이다. 여기에는 우리가 무너졌을 때 우리의 성장과정에서 무엇이 가능한지 보여 주는 좋은 가르침이 담겨 있다.

흰색 도화지 한 장에 원을 그리고, 좌우로 선을 그려서 무작위로 구역을 나눈다. (원의 중심을 지나도록 선을 그을 필요는 없다.) 각 구역에 색상을 다르게 칠한다. 내키는 대로 색칠하면 된다. 질서정연하게 칠하든 혼란스런 충돌을 일으키도록 칠하든 마음대로 해보자.

만다라가 완성되면 무작위로 조각이 나게 자르거나 찢는다. (만다라를 파괴하는 것이 어떻게 느껴지는지에 집중한다.) 검정색 종잇조각을 퀼트의 배경으로 하여 파괴된 만다라 조각 전부를 활용해 새로운 디자인을 만든다. 원한다면 디자인에 다른 재료를 덧붙인다. 디자인은 원의 형태가 되도록 하는 것이 좋다.

작품에 제목을 달고, 이것을 작업일지에 기록한다. 그런 다음, 작품과 그것이 이루어지는 과정에 대한 자신의 반응에 대하여 적는다. 작업일지를 적을 때 시를 구상해 보자. 이를 위한 방법의 하나로, 작품 제목이나 작업일지 중에서 미술 작업 과정의 정수를 표현할 단어가 생각나면 그것으로 시를 짓기 시작해 보자. 작품에 시를 덧붙인다.

변형

종이 대신 옷감 스크랩을 활용해 보자.

✳ 깨진 거울 만다라
Mandala of Broken Mirror

기본 미술재료 / 이미 깨졌거나 깨질 것 같은 거울(크기가 좀 작은 것) / 세라믹 타일(선택사항) / 합판, 테이블 판, 나무 쟁반, 혹은 모자이크하기에 적당한 표면을 지닌 재료(편히 작업할 만한 크기) / 접합용 반죽 혹은 타일 풀 / 망치 / 옷감 또는 견고한 비닐 주머니 / 손 및 눈 보호 장구 / 작품을 돋보이게 할 수 있는 금속 테두리 또는 나무 액자

무언가가 해체될 때 우리에게는 갈라지는 느낌이 남을 수 있다. 내면의 파편화 경험을 반영하는 외부의 무언가를 갖게 된다면 우리는 굉장히 편안해질 수 있을 것이다. '깨진 거울 만다라' 만들기를 통해서 당신은 파괴의 과정에 대해 실감을 하게 될 것이며, 창의적으로 강렬한 반응을 하게 될 것이다. '깨진 거울 만다라'는 과거의 고통스러운 사건의 기억을 회상하고 정리하는 은유적인 작업이 될 수 있다.^{[도판 31] 참조}

　모자이크를 붙일 표면에 원을 그리고, 옆으로 치워 둔다. 손과 눈에 보호 장구를 착용하고 거울을 비닐 주머니에 넣은 다음, 조각이 아무렇게나 나도록 망치로 두드린다. 조각이 2.5cm 정도 이상이면서 네모 모양이면 다루기 쉬울 것이다. 그 다음, 패키지에 나와 있는 순서에 따라 모자이크 표면에 접합용 반죽을 바른다. 반죽 위에 깨어진 거울 조각들을 원형이 되도록 배열한다. 표면 전체가 다 덮일 때까지 조각들을 계속 덧붙인다. (돌이나 세라믹 타일과 같은 다른 재료로 배경을 덮기를 원한다면 그리해도 좋다.) 이제 말린다. 조각들의 가장자리를 갈무리

하기 위해 금속 테두리나 나무 액자를 덧붙여도 좋다. 순서에 따라 모든 틈과 공간이 다 메워지도록 타일용 풀을 바른다.

'깨진 거울 만다라'에서 파편화가 반영된 곳을 살핀다. 당신은 자신을 보게 될 것이며, 그동안 익숙했던 일상적인 반영과는 다른 느낌을 받게 될 것이다. 이러한 새롭고도 묘한 유사성은 개인적인 성장 경험의 거울이 될 수 있다. 당신은 바뀌었지만, 새로운 존재방식에 익숙해질 때까지는 일관성이 없다고 느낄 것이다. 이 만다라는 당신이 여기서 조금씩 성장하고 변화하고 있으며, 원에 이것이 담겨 있음을 상기시킨다.

변형

지금 당신이 놓아주거나 양도한 것을 상징하는 오래된 접시나 찻잔, 세라믹 타일, 보석, 안경, 그리고 버려지거나 망가진 것들을 활용해 보자.
[도판 32]의 오래된 안경들을 사용한 다이애나 그레고리의 만다라를 참조

※ 무너지기 만다라
Falling Apart Mandala

기본 미술재료

존재 상태를 일깨우는 분위기를 연출하는 음악적 경험을 통해, 우리는 존재의 심연으로 안내된다. 음악은 소리와 멜로디, 그리고 리듬을 통해 안정감을 준다. 우리는 미술 매체를 통해 과거의 음악적인 경험을 창의적인 자기표현의 장으로 가져올 수 있다. 이것이 '무너지기 만다라'의 이면이다.

원을 그린 후, 조용히 앉아서 셸턴의 「무너지네」를 부른다. 미술재료를 가지고, 음악과 노래를 통해 자극받은 감정으로부터 자기표현 작

업으로 옮겨 간다. 이 분리와 혼돈, 그리고 변형의 단계가 당신에게 어떻게 느껴지는지를 표현하기 위하여 손이 자유롭게 움직이도록 놔두자.

만다라가 완성되면 조금 떨어진 곳에 두고 비판 없이 바라보자. 작업일지에 무엇을 보았는지, 노래 부르고 만다라를 만드는 일이 어떠했는지 묘사한다. 계속 가지고 있기를 원한다면 만다라를 안전한 곳에 보관한다. 만일 놓아 버리고 싶다면, 의미 있게 격식을 갖추어 만다라를 놓아주자.

❈ 긁기 만다라
Scratch Art Mandala

기본 미술재료 / 날카로운 막대, 플라스틱 포크, 혹은 긁을 수 있는 도구

강렬한 감정이 들 때 우리에게 감정을 담고 표현하는 데 도움이 되는 만다라가 필요하다. 이 만다라는 내가 가장 좋아하는 초등학교 미술작업 프로젝트를 변형시킨 것이다.

원을 그린다. 그 다음, 크레파스나 오일 파스텔로 밝은 색상의 형태가 뒤섞이도록 원을 메운다. 원 안의 종이가 꽉 차도록 크레파스나 오일 파스텔을 전력을 다해 문지른다. 그 다음, 검정색 크레파스나 검정색 오일 파스텔로 원 안의 밝은 색상의 형태를 전부 다 덮는다. 이제 긁는 도구로 검정색 아래의 색상들이 드러날 수 있도록 무작위로 선 형태를 긋는다.

만다라가 완성되면 판단하지 말고 그저 바라보자. 그 다음, 작업일지에 만다라에 대한 반응을 적는다. 다음과 같은 질문을 던진다. "이 만다라를 만드는 것이 어떻게 느껴지는가?"

※ 항구적인 질서 만다라
Mandala of Abiding Order

기본 미술재료 / 폭이 10~20cm 정도 되는 커다란 원형의 꽃 사진이나 그림 두 장(한 장은 다른 한 장보다 더 작은 것) / 판지

인생이 시작과 끝의 반복적인 순환으로 구성된다는 시각을 수용할 수 있을 때 비로소 우리는 외형상 분열되고 혼돈스러우며 무너진 것 아래 자리한 항구적인 질서를 알아볼 수 있을 것이다. 우리 주변을 돌고 있는 인생의 자연스러운 순환을 눈여겨본다면 이러한 고대적인 시각의 증거를 볼 수 있다. 썩은 식물 아래에는 또 다른 발아가 준비되어 있다. '항구적인 질서 만다라'는 삶을 바라보는 이러한 시각에 대한 하나의 명상이다.

원을 그리고, 꽃 사진 두 장 중 더 큰 것을 잘라서 원 안에 붙인다. 작은 꽃은 1~2cm 정도의 사각형 조각 형태로 자른다. 이 조각들을 큰 꽃으로 변형시킨다. 배경이 되는 큰 꽃 위에 이 작은 꽃 조각들을 각각 2cm 간격을 두고 배열한다. 배열을 마치고 나면, 작은 꽃 조각들 사이로 큰 꽃이 보일 것이다. 이제 그 공간에 제멋대로 배열된 조각들을 풀로 붙인다. 작업일지에 만다라 안에 담긴 파편과 완벽한 질서에 대한 자신의 반응을 기록해 보자.

※ **피자 만다라**(그룹 작업)
Pizza Mandala

피자 반죽 / 토마토소스 / 치즈 / 말린 토마토, 올리브, 양파, 소시지(익혀서 조각을 낸 것), 초록색 및 빨간색 피망, 버섯, 안티초크 잎 등

농경문화적인 순환의 주제는 식물을 추수하고, 인간이 음식을 소화할 수 있도록 변형시키는 것이다. 먹는 과정은 파괴적인 행동이지만, 우리의 몸을 살게 하고 영양을 주며 에너지를 창조한다. 중남미에서 전해지는 '옥수수의 신' 신화의 자기희생적인 이야기는 음식을 성찬으로까지 승격시키는 역할을 한다. 교회의 미사에서는 성찬의 전례가 행해진다.

'피자 만다라'는 의도적으로 음식물 섭취를 하면서 마음 편히 즐길 수 있는 접근법이다. 또한 이 연습과제는 만다라를 만들기도 하지만 소비도 해볼 수 있는 기회이기도 하다. 당신과 그룹 구성원들은 이러한 즐거운 그룹 작업을 시도함으로써 하나가 되는 경험을 즐기거나, 그룹 경험에서 얻을 수 있는 열매를 상징적으로 공유할 수도 있을 것이다.

재료들을 자른다. 양파를 많이 사용해 보자. 눈물을 많이 흘리면 피자 만다라가 적당히 맛을 낼 것이다. 토마토소스를 피자 반죽 위에 펴 바른 다음, 토핑 재료들을 올려놓는다. 준비하는 과정 중에 재료와 관련해서 연상되는 것이 있으면 공유해도 좋다. 그것들은 지금 놓아주고 있는 무언가를 연상시키는가? 피자를 400° 정도에서 15~20분가량 굽거나 요리책의 지시를 따른다. 변형을 위하여 만다라를 오븐에 양도한 것이 어떻게 느껴지는가? 자르고 함께 먹으며 그룹 구성원들과 '피자 만다라'를 즐기자. 자신의 창작물을 먹는 기분이 어떤가?

11단계 돌아보기

11단계에서 우리는 무너지기라는 주제에 대해 탐색을 해보았다. 깨진 유리와 그림자 작업, 어지러운 만다라 작업을 통해 그 주제를 경험할 수 있었다. 엔트로피entropy(열역학에서 빌려온 개념으로서, 무작위성 또는 무조직성을 의미함—옮긴이)는 자연스러운 인생의 순환의 일부로서 이 단계의 특성을 말해 준다. 만일 창의적인 작업을 시작할 때 촛불을 켰다면, 계속 이 단계를 돌아보기 전에 끄도록 한다. 스트레칭을 하거나 차를 한 잔 마신다. 이러한 작업들은 창작에서 돌아보기로의 전환에 도움이 될 것이다.

　11단계의 만다라와 함께 한 경험을 돌아볼 때 어떤 특성이 특별히 더 두드러지게 나타났는가? 그 과정에서 당신 자신에 대하여 무엇을 알게 되었나? 이 무너지기의 단계에 대하여 이해한 핵심은 무엇인가? 돌아보는 작업이 '만다라 카드 11'을 발전시키는 시작점이 되게 하자.

✻ 만다라 카드 11

기본 미술재료 / 판지 / 콜라주용 그림이나 사진

원하는 크기와 형태로 카드를 만든다. 콜라주, 색칠하기, 혹은 그리기 작업을 활용해 '만다라 카드 11'의 이미지를 발전시킨다. 만다라 안에 무너지기에 대한 당신의 경험이 담기도록 한다. 문양은 아마도 깨진 유리, 결대로 잘라진 파이, 혹은 혼돈스럽게 선이 뒤섞이는 것을 닮았을 것이다. 카드 디자인을 완성하기 위하여 이미지와 단어, 질감, 그리고 색상 등을 덧붙인다. 빳빳하게 말린 다음 안전한 곳에 보관한다.

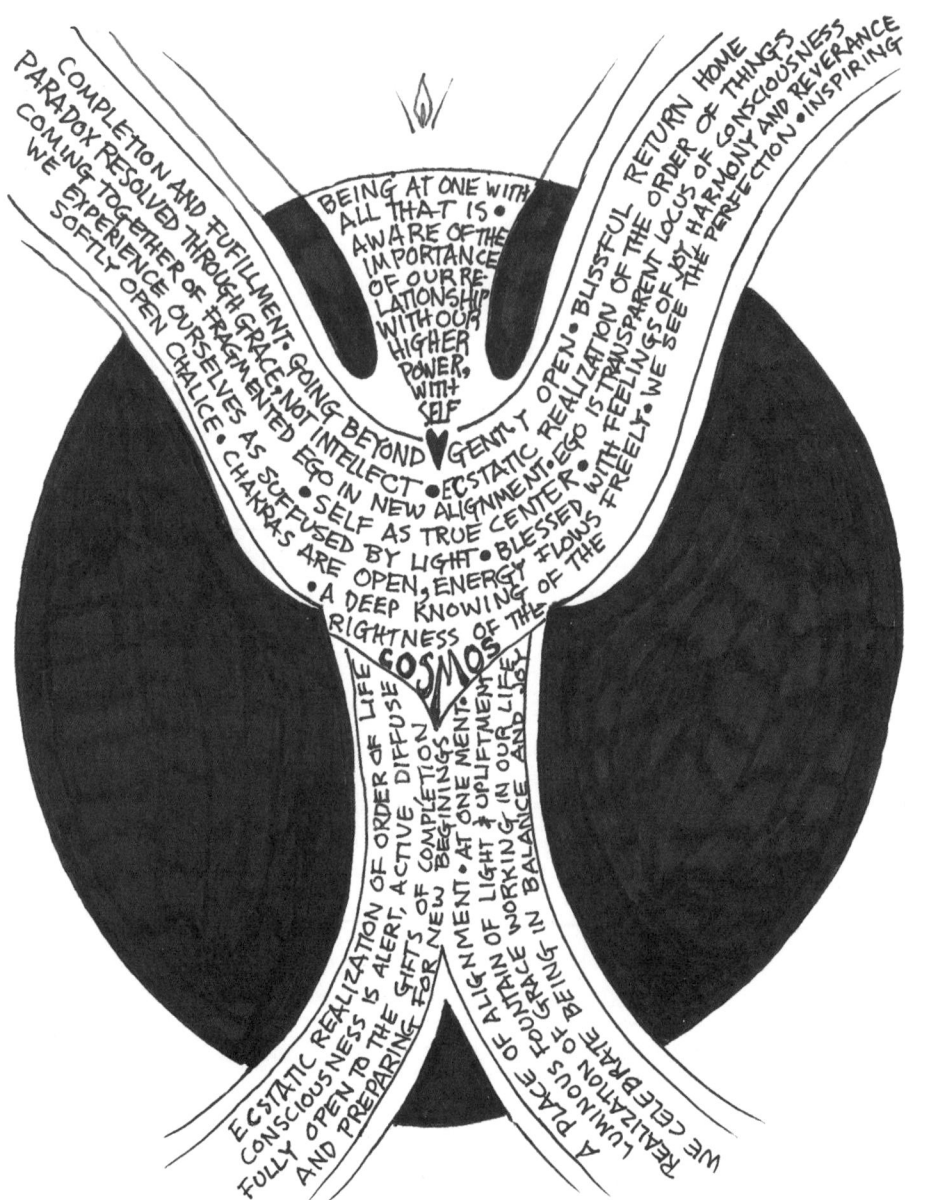

Stage 12 신성력의 무아지경:
축복의 성배를 들어라

12단계는 일 년 중 가장 어두운 달인 12월에 상응한다. 사실상 일 년 중 밤이 가장 긴 동지가 이 달에 들어 있다. 많은 문화권에서 크리스마스, 하누카Hanukkah(유대교), 디왈리Diwali(인도) 등과 같이 어둠에 빛을 밝히는 특별한 축제를 벌인다. 이 단계는 발광성 식물과 야광 벌레, 그리고 빛을 반사하는 동물의 눈을 통해서만 빛을 볼 수 있는 한밤중의 어둠을 연상시킨다. 인간의 일생에 비유하자면, 12단계에는 노년의 지혜로 가득하다.

개인적인 여정의 부침이나 기복 중에도 당신을 계속적으로 지지하는 무언가가 있을 것이다. 그 지지의 기반이 바로 존재의 바탕인 자기Self다. 이 단계에서는 이를 신뢰하고 기대도록 우리를 초대한다. 자아 너머의 질서와 교감하는 것을 통해 **축복받기**가 가능해진다. 예전의 불안감을 조성하던 역설은 비이성적인 방법으로 해결된다. 내면적인 모순은 새롭고 더 복합적인 정체성으로 변형될 것이다.

이 단계는 파편화되었던 자아가 새로운 배열을 통해 합쳐지는 것을 상징한다. 이 단계에서 자아는 투명한 의식 속에 있다. 당신은 자기 인식이 있지만, 더 고차원적인 힘과의 관계가 중요하다는 것을 확실히 더 이해하게 된다. 자아 기능이 내면적인 지혜인 자기의 역동성의 표현임도 받아들이게 된다. 자아가 당신이 누구인지에 대하여 전부를 말해 줄 능력이 없다는 사실을 수용하고, 동반자로서 믿을 만한 가치가 있는 새로운 신비로움을 받아들이게 될 것이다.

이 단계에서는 자신이 낯설고 늙은 영혼을 지닌 것처럼 느껴질지도 모르겠다. 그리고 자아와 자기가 재배열된 결과, 강력한 에너지가 자아를 관통하게 된다. 그렇게 극치의 경험을 이 단계에서 느끼는 것은 당연하다. 빛이 들어온다는 느낌보다는 자신이 빛을 내뿜는 듯한 느낌을 경험할 것이다.

12단계는 11단계의 무너지기의 긴장된 감정으로부터 해방되는 시기다. 때로는 과거를 되돌아보는 것도 과정의 일부다. 과거의 사건을 새롭게 바라봄으로써 전에는 그저 고통과 혼돈, 그리고 분노만이 있었던 자리에 새로운 의미의 패턴이 생기고, '아하!' 하는 커다란 깨달음을 갖게 된다. 기쁨과 안도, 사랑과 용서를 경험할 수 있을 것이다.

그리고 이 순간에 우리를 존재하도록 만들어 준 모든 경험을 인식하게 될 것이다. 경험 중의 일정 기간을 돌아보고, 그 시기를 통과하는 위대한 일원상의 순환을 지켜보자. 이것은 우리가 일상적인 현실의 끊임없는 변화와 흐름 아래 자리한 항구적인 질서를 이해하는 데 도움이 될 것이다. 만일 충분히 통합된다면, 이 단계의 특성으로 인하여 무엇이 다가오든 차분히 받아들이고 준비할 마음의 자세를 갖게 된다.

켈로그는 이 단계를 **신성력의 무아지경**Transcendent Ecstasy이라고 불렀다. 어떤 이들은 성관계의 절정에서 이 단계를 경험하기도 한다. 숨겨져 있던 어두운 자신과의 힘겨운 투쟁 후에 이러한 깨달음에 이르는 이들도 있다. 중독에서 회복된 사람들은 이 과정을 이해할 것이다. 여성들은 자연분만 후에 절정감을 느꼈다고도 말한다. 죽을 뻔한 경험, 그리고 죽음 그 자체가 이 단계에 가장 잘 어울린다. 기독교적인 신비주의에서는 이 단계를 **신과의 교감**이라고 묘사한다.

일단 경험하게 되면, 이 단계를 다시 맛보고 싶은 욕망이 들 것이다. 단식, 성찬의 전례, 인디언식 수련장sweat lodge(사우나 시설이지만 영적인 모임이 주로 열리는 장소—옮긴이), 비전탐구vision quest(인디언 남성들이 들판이나 산에 혼자 가서 여러 날 동안 단식하며 영적 탐구를 하는 의식—옮긴이)와 같은 훈련을 비롯하여 기도와 명상, 암송, 노래, 그리고 춤을 장기간 추는 것은 이 단계와 연관된 초월적인 깨달음에 접근하는 방법이 된다. 또한 충격적일 정도로 아름다운 노을을 보거나 갑자기 사랑하는 이의 진가가 드러나는 경우, 혹은 좋은 향수의 향을 느끼게 되는 경우에도 자극을 받아 즉흥적으로 이 단계를 경험하게 된다. 만다라는 축복받는 경험에 대한 그 반응으로 즉흥적으로 솟아날 것이다.

> 이 공간은 폭발적인 은총의 황홀경과 같다. 따라서 여기서는 소극적으로 수용하기보다는 적극적으로 움직이게 된다. 절정으로 치달을 것이다. 그리고 빛이 투입되기보다는 빛이 생성되고 형성된다. 이처럼 여기서는 점차 경계의 확산이 이루어질 것이다.
> 조앤 켈로그

12단계의 의도

12단계는 좋은 죽음을 준비하는 우리의 본성에 대하여 이야기하는 것으로 보인다. 그러나 결국 이 죽음은 재생을 가리킨다. 이처럼 우리는 이 단계에서 순환의 정수를 경험하게 되는데, 이는 다음 일원상의 주기를 준비하는 씨앗이 될 것이다. 이 단계의 과업은 축복받기의 선물을 겸허하게 수용하는 일이다. 이 단계를 통해 위대한 일원상의 순환이 완성된다. 여기서 우리는 이 여정의 정수를 돌아보고 이해할 수 있게 될 것이다. 이 단계가 완성된다면, 이것은 또한 위대한 일원상의 다음 차례인 1단계와 다시 함께하는 새로운 시작의 준비 과정이 될 것이다. 이처럼 만다라의 위대한 순환이 계속되는 것이 우리의 삶이다.

12단계의 만다라

12단계의 만다라는 어두운 배경과 대비되는 단순하고 빛이 나는 형태를 띤다. 발광형 꽃이나 나무, 혹은 빛의 분수 등의 형태가 자주 출현한다. 성배나 빛으로 가득 찬 그릇도 볼 수 있다. 패티의 만다라([도판 33])

가 그 예다. 절정의 순간 팔을 넓게 벌린 사람의 몸이 나오기도 한다. 만다라 원을 유유히 가로지르는 새들의 모습이 전형적이다. 위에서 쏟아져 내리는 빛은 원 외부를 향한 강렬한 빛의 근원을 암시하는 또 다른 모티프다.

색상은 남색, 검정색, 보라색 등의 어두운 색과 분홍색, 복숭아색, 파란색, 노란색, 연한 청록색, 연보라색 등의 파스텔 색조를 띠는 경향이 있다. 빛나는 **진줏빛 흰색**도 많이 등장하는데, 켈로그에 의하면 이 색은 흔히 영적인 경험을 반영하는 만다라와 관련된다. 전체적으로 이 단계의 만다라는 아름답고 희망적이며 장엄하다.

((연습과제))

만다라 작업을 준비하는 차원에서 호흡을 통해 긴장을 풀고 부록에 제시된 명상 요가 동작[부록 B], p.365 참조을 한다. 창의적인 작업을 시작하기 전에 초를 밝히거나 향을 피우고 싶다면 그리해도 좋다. 만다라 연습과제를 천천히 해나가면서 **축복받기**의 경험을 맛보고 즐겨 보자. 작업일지에 이 단계의 만다라가 좋은지 싫은지 적는다. 이 단계에서 힘들거나 편안한 점은 무엇인가? 절정과 관련해서는 편안한가? 왜 그런가, 혹은 왜 그렇지 않은가?

❋ 축복받기 만다라
Mandala of Receiving Grace

기본 미술재료(p.57~58 참조) / 문양 만다라 12([부록 A], p.341 참조)

위대한 일원상의 12단계 중에 당신은 지혜의 잔을 마시게 된다. 당신은 극치미를 통해 인생의 패턴을 가늠할 수 있게 될 것이다. 과거와 미래가 이제 영원히 결합된다. 신의 은총으로 인해 의지나 노력에 의하지 않고도 삶의 신비에 관하여 알게 될 것이다. 이 만다라에 색을 칠할 때는 검은 배경에 대비되도록 무지갯빛 파스텔 색상을 사용해 보자. 만다라, 그리고 이것이 자신에게 의미하는 바가 무엇인지 작업일지에 적는다.

❋ 기도 만다라
Mandala of Offering Up

기본 미술재료

당신의 통제 너머에 있는 것을 진정으로 놓아줄 수 있다면 놓아주기와 무너지기 단계 후에는 평화로운 시간이 찾아올 것이다. 타인으로 인해 생기는 감정적인 부채감은 더는 없게 된다. 이제 우리가 이해할 수 없는 것은 초월적인 존재에게 맡길 수 있을 것이다. 우리가 어찌해 볼 도리가 없을 때 기도할 준비가 이루어진다.

    태어나면서부터 많이 누리고 살고 있다면, 당신은 세상의 많은 사람들이 얼마나 가난한지 들을 때 죄의식과도 같은 부담감을 느낄 것이다. 죄의식은 다른 사람들의 필요에 민감하게도 하고, 그들을 도울 동기를 주기도 한다. 하지만 때로는 죄의식으로 인해 무력감을 느끼거나 압도되어서 결정할 때 멈칫하게도 된다. (물론 우리가 이곳에 태어난 것이 우리 책임은 아니지만) 초월적인 존재에게 그러한 죄책감에 대해 기도하는 것은 옳은 일을 하는 데 마음을 열도록 에너지를 정화해 줄 것이다.

죄책감을 초월적인 존재에게 양도하고 보호를 요청하는 만다라로는, 무지갯빛(정화된 에너지)을 배경으로 날고 있는 하얀 새(초월적 존재의 상징)가 보라색 심장(죄책감)을 가져가고 있는 그림을 예로 들 수 있다. 이것은 그저 하나의 예에 불과하다. 이러한 연습과제에 개인적인 의미를 부여할 수 있는 당신만의 상징을 활용하자.

만다라가 완성되고 작업일지나 신뢰할 만한 사람과의 대화를 통해 이미지화하는 과정에 대해 충분한 시간을 가졌다면, 이제는 그것에 대해 기도하는 의식도 고려해 볼 만하다. 당신의 만다라를 기도의 깃발 형태로 변형시켜서 정원에 꽂아 두고, 그곳에서 천천히 기도 내용을 되새겨 보는 것도 좋겠다.

✲ 황홀경 만다라
Ecstatic Mandala

기본 미술재료 / 30×46cm가량의 검정색 도화지 / 반짝이

황홀경은 인간의 자연스러운 경험이다. 무아지경의 느낌으로 묘사되기도 하는데, 우주적인 의식 안에서 모든 것이 하나로 어우러지는 존재 감각을 가리킨다. 대부분의 사람들은 살면서 그러한 경험들을 몇 번은 하게 된다. 서구문화에서 묘사된 것들을 보면, 천국을 방문하거나 예수와 같은 숭배 대상이 현실에 나타나는 등의 황홀한 경험이 종교적인 영

역에서 이루어지는 경향이 있다. 그러나 운동선수들이 달릴 때의 절정감이나 치열한 비전탐구의 결과로, 혹은 자연분만과 관련되어 일어나기도 한다. 융 학파의 견지에서 볼 때, 황홀경은 자아ego와 자기Self 사이의 궁극적인 결합이다.

'황홀경 만다라'를 통해 당신은 개인적인 무아지경의 경험에 관하여 생각할 기회를 갖게 될 것이다. 원을 그려 보자. 검정색 도화지가 이 단계의 전형적인 색상인 파스텔 색상(분홍색, 파란색, 노란색, 초록색, 연보라색, 복숭아색)과 아름답게 대비가 될 것이다. 색분필과 파스텔이 재료로 가장 적합하다. 깊게 이완되도록 호흡하고, [부록 B]p.365 참조에 제시된 요가 동작을 한다.

살면서 어느 순간 있었던 자연스러운 황홀한 경험이 떠오르게 놓아두자. 그 경험은 아마도 힘들고, 어둡고, 고통스러운 기간 후에 찾아왔을 것이다. 혹은 충격적일 정도로 아름다운 석양을 보는 것 같은 은총의 순간에 즐거운 경이로움을 느꼈을 수도 있다. 어린 시절 그네를 타거나 언덕에서 미끄러져 내려올 때, 혹은 과음으로 인해 빙그르르 돌 때 그런 순간이 왔을 수도 있다. 「노래하게 하세Let It Sing」 [부록 C], p.384 참조를 부르는 것이 기억을 자극하는 데 도움이 된다는 점을 알게 될 것이다.

황홀한 경험의 밝기, 질감, 맛, 소리, 감정에 대해서 할 수 있는 한 많이 떠올려 보자. 아마도 경험에 대하여 탐구하기 위해서는 한동안 작업일지에 적는 작업을 해야 할지도 모르겠다. 시작점으로 이미지나 색상, 선을 황홀경 만다라에 결합시켜 보자. 이러한 시작을 통해 당신의 만다라가 드러나도록 한다. 만다라를 만들면서 반짝이, 단순한 그림들, 혹은 잡지에서 오린 이미지들이 필요한 순간도 있을 것이다. 만다라가 완성될 때까지 가능한 한 황홀함에 대한 감각적인 기억과 가깝게 머물며 작업을 계속한다. 뒤로 물러서서 만다라를 살펴보자. 지금 이 순간 당신의 삶에 영향을 미친 수많은 경험들에서 얻은 것이 무엇인지 곰곰

이 생각해 보자.

✳ 어둠의 중심에 불 밝히기 만다라
Mandala of Light at the Center of Darkness

기본 미술재료 / 4절지 크기의 검정색, 흰색, 혹은 색상 도화지 / 반짝이 또는 반짝이 풀

12단계는 축복을 받는 시간이다. 내면적인 갈등에 대한 더 깊은 해결은 자기의 후원 아래에서만 가능하다. 이 시간은 완성과 성취, 그리고 동시성의 시간이기도 하다. 신과의 진정한 만남에 관하여 묘사하는 서구 신비주의의 역설적인 표현은 이 단계의 속성을 말해 준다. 그들은 "빛 너머의 어둠"과 "눈부신 어둠", 그리고 "빛을 가져다주는 어두움"(그랜트, 1985)이라고 말한다. 이 '어둠의 중심에 불 밝히기 만다라'는 무아지경의 상태에서 신비로운 탐색을 하도록 우리를 이끌어 줄 것이다.

도화지를 선택해서 원을 그린다. 그 다음, 여유를 갖고 호흡을 한다. 상상을 통해 형태가 없는 완벽한 어둠에 집중한다. 원한다면 눈을 감아도 좋다. 계속 호흡하고 마음의 눈에 보이는 것에 집중하면서, 어둠 속에서 나타나는 작은 광원에 주목해 보자.

광원이 어둠 속에서 점점 커지면서 밝게 빛나도록 놓아두자. 빛이 식별이 가능한 형태가 될 때까지 지켜본다. 기억 속에 이 이미지를 각인시키고 천천히 눈을 뜬다. 빛의 이미지를 '어둠의 중심에 불 밝히기 만다라'에 가져온다. 그리기나 색칠하기를 통해 내면적인 빛의 이미지를 보여 주기 위하여 할 수 있는 한 최선을 다한다. (이 만다라를 그릴 때 선이나 물감이 원 바깥으로 나갔다는 사람들도 많다.) 완성되면 집 안의 제단에 만다라를 놓는다. 만다라와 이를 만드는 경험, 그리고 만다라가

제단에서 상기시킨 것이 무엇인지 작업일지에 적는다.

❋ 성배 만다라
Mandala of the Sacred Chalice

기본 미술재료

성스러운 잔이란 미사에서 술을 담고 따를 때 사용하거나 종교적인 제물의 피를 모으는, 굽다리 컵을 가리킨다. 성배는 예수가 최후의 만찬에서 제자들과 제의를 위하여 사용했다고 여겨지는, 아주 유명한 성스러운 잔이다. 잔을 자궁의 상징으로 여기는 사람들도 있다. 만다라와 마찬가지로, 잔 역시 성스러운 에너지를 담는 그릇이다. '성배 만다라'는 위대한 일원상의 경험의 정수를 담는 용기 역할을 할 것이다.

원을 그린 다음, 조용히 앉아서 이 책에서 지금까지 묘사된 순환의 과정 중에 겪었던 일들에 관하여 생각해 보자. 경험이 풍부했다는 사실을 감각적으로 깨달을 수 있는 시간을 갖도록 한다. 원 안에 잔의 이미지를 그린다. 이 책에 나와 있는 작업들을 통하여 얻은 위대한 일원상과 관련된 풍성한 경험을 사물이나 상징으로 바꾸어 이 잔 속에 담아냄으로써, 이것이 발견 과정 중에 당신이 한 가장 값진 경험을 나타내도록 해보자.

작업일지에 다음과 같은 질문에 답함으로써 작품에 응답한다. "이 만다라가 나 자신과 나의 가치, 그리고 삶의 여정에 관하여 말하고 있는 것은 무엇인가?" "내가 이 경험을 통해 위대한 일원상의 다음 순환으로 가져가려는 것은 무엇인가?"

✻ 순간의 아름다움 만다라
Mandala of Transient Beauty

기본 미술재료 / 색상이 들어 있는 밀가루(향신료, 허브, 커피, 가루로 된 마른 템페라 물감, 반짝이 등) / 여성의 주머니 만다라(선택사항; p.75 참조)

12단계는 순환의 완성에 대한 황홀한 깨달음의 시간이다. 이 단계에 우리는 모든 경험에 감사하기 위하여 전 단계를 돌아볼 것이다. 또한 순환은 계속될 것이며 모든 것이 영원하지 않다는 사실을 깨닫는 시간이기도 하다. 비록 진정으로 잃게 되는 것은 아무 것도 없을지라도 변화는 끝이 없이 계속될 것이다. '순간의 아름다움 만다라'는 계속적인 변화가 바로 삶이라는 사실을 탐색하는 작업이다.

도화지에 12단계 경험의 진수를 묘사하는 단어나 문구, 혹은 한두 문장을 적는다. 안전한 환경에서 불을 피운 후 단어가 적힌 도화지를 태운다. 재를 모은 다음 기분을 좋게 할 색상의 재료들, 즉 향신료, 가루로 된 마른 템페라 물감, 베이비파우더, 반짝이 등과 섞는다. 검정색 도화지에 섞은 것들을 올려놓는다.

오직 손만을 사용해, 재료들을 가지고 만다라 형상이 되도록 만든다. 만다라 안의 이미지가 빛의 분수나 날개 짓을 하는 새, 혹은 성스러운 불꽃과 닮도록 한다. 완성되면 뒤로 물러서서 이루어 낸 것들을 감상해 보자. 만다라를 만드는 과정과 이미지가 당신에게 상징하는 바에 관하여 글을 써 작업에 반응한다. 당신의 만다라가 순간적이며 지속되지 않음을 아는 것이 어떠한지에 관하여 적는다.

'순간의 아름다움 만다라'에 대한 작업을 완성하기 위하여 그것을 어떻게 변형시키고 싶은지 선택한다. 그것을 퇴비 쌓아둔 곳에 가져가서 그곳에다 섞을 수도 있다. 만다라를 보관하기 위하여 특별한 단지 안에 넣거나, 언덕 위에 두어서 바람에 모든 것이 다 날아가도록 할 수도 있다. 혹은 1단계에서 만든 '여성의 주머니 만다라'에 재가 된 것들을 넣을 수도 있다. 이러한 방식으로, '순간의 아름다움 만다라'를 통해 남은 것은 위대한 일원상의 단계를 지나는 다음 여정의 씨앗 역할을 하게 될 것이다.

※ **춤 만다라**
Dancing Your Body Mandala

황홀경을 표현하는 데 있어서 춤은 아주 오래 전부터 전해 내려오는 방법 중의 하나다. 춤이나 동작을 통해 황홀한 만다라를 만들 수 있다. 융은 춤 동작으로 만다라를 표현하기 원하는 환자들에 관하여 언급한 바 있다. '춤 만다라'는 창의적인 몸 중심 만다라를 탐색하는 하나의 방법이 될 것이다.

우선, 안전하다고 느껴지고 자유롭게 움직일 수 있을 만한 장소로 간다. 그리고 춤추고 싶게 자극할 만한 음악을 선택한다. 이 단계에 맞게 제안된 요가 동작[부록 B], p.365 참조으로 시작한다. 준비가 되었다고 느껴지면 음악을 튼다. 서 있는 동작을 취하고 배꼽 뒤쪽 약간 아래 있는 몸의 중심점에 집중한다.

자신을 재촉하지 말고, 중심 깊은 곳에서부터 동작이 우러나서 즉흥적으로 사지로 움직임이 흘러가도록 해보자. 만다라로서의 몸에 대한 느낌으로 옮겨 가서, 몸이 움직이기 원하는 대로 따라 움직인다. 중심과의 조율을 잃게 되면 멈추고, 긴장을 푼다. 다시 중심과 연결된다고 느낄 때까지 숨을 쉰다. 그 다음, 만다라로서의 자신과 조율해 나간다. 음악이 당신의 동작에 도움이 될 것이다. 즐겨라.

❋ 동지 만다라
Mandala of the Winter Solstice

기본 미술재료 / 포도넝쿨이나 상록수로 된 리스 / 축제용 장식물(선택사항) / 꽃꽂이 철사 / 철사 절단기

12단계는 12월과 상응한다. 일 년 중 낮이 가장 짧고 밤이 가장 긴 동지는 12월 23일경에 일어난다. 잠시 시간을 갖고 이 절기가 자신에게 무엇을 의미하는지에 관하여 생각한다. 아마도 지난해 이 절기와 관련된 기억을 다시 더듬게 될 것이다. 이 시기는 당신에게 바쁜 축제 기간의 시작이 될 수도 있을 것이다. 혹은 이맘때가 되면 영적인 사색을 위해 운둔하는 게 당신의 방식일지도 모르겠다. 그것도 아니면 단순하게, 동지 후에 낮이 더 길어진다는 빛의 약속을 받는 것이 기쁠 수도 있다.

자신에게 물어 보자. "이 절기에 살펴보거나 축하하거나 경배하기 원하는 것은 무엇인가?" "그것을 위해 할 수 있는 선택은 무엇인가?" "누구와 함께?" "언제?" 작업일지에 답을 적는다. 가족이나 친구들과 함께 [당신의 취향에 맞추어] 이 절기를 축하하는 방식을 결정하고 당신이 원하는 의미 있는 작업이 되도록 하기 위하여 해야 될 일이 무엇인지 의논해 보자.

이제 이 개인적인 발견을 '동지 만다라' 만들기의 기본으로 삼는다. 당신에게 중요한 것이 무엇인지 보여 주는 리스에 장식품을 붙인다. 장식품에는 사진이나 꽃, 리본, 좋아하는 시, 과일, 혹은 밀짚 기념품, 빵 반죽, 찰흙, 유리, 철사, 종이, 나무 등이 포함될 수 있을 것이다. 일 년 중 가장 어두운 날 자주 볼 수 있는 곳에 리스를 건다. 동짓날 밤에 불을 켜려고 초를 곁에 놓고 싶다면 리스를 탁자에 올려놓아도 좋다.

❋ 마음의 눈 만다라
Mind's Eye Mandala

'마음의 눈 만다라'에는 오직 당신의 상상력만이 필요하다. 이것은 아래에 제시된 심상 유도법imagery suggestion을 읽음으로써 마음 안에 만들어지는 만다라다. 심상 유도법을 스스로 읽어서 녹음하거나, 마음속에 그리는 동안 믿을 만한 친구를 초대해서 큰 소리로 읽어 달라고 해도 좋다. 명상이 잘 이루어질 수 있도록 문장과 문장 사이에는 쉰다. 동양의 종교에서는 그들의 중요한 영적인 수행의 한 부분으로 만다라 그림을 그린다. '마음의 눈 만다라'는 내가 독창적으로 만든 것으로, 신앙적인 전통과 관련된 영적 수행과는 어떤 연관도 없다.

편안한 자세로 앉으면서 준비를 시작한다. 몸을 편안하게 이완시킨다. 깊은 숨을 들이마시고 내쉰다. 숨을 내쉴 때마다 더 많이 이완될 것이다. '마음의 눈 만다라'를 제작하기 위하여 심상 유도법을 읽거나 들을 준비를 한다. 원한다면 눈을 감아도 좋다.

산 정상에 놓인 부드러운 방석 위에 편안히 앉아 있다고 상상한다. 어깨에는 따뜻한 숄이 걸쳐져 있다. 혀에서는 달콤한 향이 느껴진다. 숨을 들이마시고 내쉰다. 긴장을 풀고 주위를 환기하며 집중한다. 신선하고 차가운 공기가 뺨을 스치고 폐 안을 가득 메운다.

주위를 돌아본다. 초록이 풍성한 숲과 이끼 낀 바위들, 그리고 생생한 물줄기가 바위 골짜기를 타고 흐르는 산과 계곡이 멀리 보인다. 멀찌감치 지평선 위로 솟아오르고 있는 작은 점에 주목한다. 당신이 바라봄에 따라 점이 점점 커지면서 당신을 향해 움직일 것이다. 이제 점이 미색과 분홍색, 황금색 '평화의 장미'가 되어 벨벳 같은 봉우리가 벌어지면서 당신 가까이 떠다니는 것을 바라본다.

꽃이 품에 안을 수 있을 만큼 최대한 커지다가 얼굴 앞 조금 떨어진 곳에서 멈춘다. 우아한 향을 내뿜으면서 산들바람에 잎들이 부드럽게 흔들림에 따라, 황금빛 중심에서 빛이 나오기 시작한다. 숨을 들이마실 때마다 평화로운 느낌의 꽃향기가 몸 안으로 들어온다. 자연스럽게 계속 숨을 쉬면서, 숨을 들이마실 때 그 숨이 장미를 당신의 심장 가운데로 이끈다고 상상한다. 거기서 발그레한 꽃잎의 후광과 함께 장미가 빛의 형태로 사랑을 발산한다.

　이 빛이 들어가 편안해지면서 당신이 느끼고 있을 어떤 긴장이나 고통, 불편함이 사라진다. 이제 당신이 원한다면 빛 안에서 목욕을 하는 상상을 해도 좋다. 몸 안의 모든 기관들이 치유적인 광선 에너지 안에서 서로를 어루만지고, 몸 안의 모든 세포들은 당신을 건강하고 전체적으로 통합되도록 만든다. 한동안 이 평화로운 빛 안에서 휴식한다.

　이제 당신의 몸을 가득 채운 빛이 다시 한 번 심장의 중심으로 모여든다고 상상한다. 있는 그대로 함께할 때, 이것이 다채로운 색상의 만다라 형상이 되는 것임을 알아차린다. 이것이 형태를 갖춰 가는 것을 마음의 눈으로 관찰한다. 문양이 고정되어 있는가? 혹은 만화경처럼 문양이 계속 바뀌고 있는가? 옳고 그른 방법이 있는 것이 아니다. 이것이 바로 당신이 당신 자신을 위해 만든 만다라다.

　마음의 눈 만다라가 완성되었다고 느껴지는 순간, 만다라가 있었으면 하는 그곳을 상상한다. 다음에 가볼 수 있는 곳으로 만다라를 보내면 된다. 혹은 영원히 보내 버리는 쪽이 나을 수도 있을 것이다. 모든 것은 당신에게 달려 있다. 이것이 점차 시야에서 사라지는 것을 알아차린다. 이것이 눈앞에서 사라져 감에 따라 조용히 안녕이라고 말한다.

　이제 관심을 점차 몸으로 돌린다. 앉아 있는 자리의 바닥에 주목한다. 몸이 얼마나 단단히 지탱되고 있는지 느껴 보자. 부드럽게 어깨를 돌려 보고, 손발도 움직여 본다. 그리고 천천히 눈을 뜬다. 일상적으로 숨을 쉬면서 방을 둘러본다. '마음의 눈 만다라' 경험을 마칠 준비가 되었다면 박수를 치면서 정신을 차린다.

12단계 돌아보기

12단계는 축복으로 가득한 위대한 일원상의 결말을 뜻한다. 끝이자 다음 시작을 위한 준비를 상징한다. 황홀경과 조화, 전체성에 마음의 문을 여는 12단계의 과제는 순간의 선물을 받아들이는 것이다. 이 단계와 관련하여 기억할 만한 경험은 무엇인가? 이러한 경험을 '만다라 카드 12'로 발전시켜서 창의적으로 표현해 보자.

※ 만다라 카드 12

기본 미술재료 / 판지 / 콜라주용 그림이나 사진

원하는 형태와 크기로 카드를 오린다. 이 단계는 만다라 카드 시리즈 중의 마지막이다. 주제는 축복받기다. 콜라주용 이미지들을 이용하거나, 그리기 또는 색칠하기 작업을 통해 '만다라 카드 12'를 만든다. 카드에 잔이나 빛의 분수, 천상의 새가 포함된 만다라를 발전시킨다. 다른 이미지나 단어, 재질, 색상을 덧붙여 카드 문양을 완성한다. 카드를 평평하게 말린 다음, 안전한 곳에 보관한다.

여정의 끝

순환의 완성:
치유와 성장의 그곳, 중심으로 들어가라

지금까지 위대한 일원상의 12단계 만다라를 만들었다. 이제 만드는 과정과 만든 것들을 되돌아봄으로써 위대한 일원상의 통합적인 만다라를 완성할 시간이다. [화룡점정과 같이] 원에 중심점을 명확히 찍게 되면 원 안에 놀라운 질서가 생기고, 중심과 그 주변의 역동적인 관계가 형성될 것이다. 이처럼 그동안 단계별로 분리해 탐구했던 경험과 성찰들을 하나로 통합하는 활동을 제안하고자 한다. 이 작업을 통해 탐색과정을 마무리하는 순간 새로운 통찰을 얻게 될 것이다. 그럼으로써 '위대한 일원상 그 자체가 만다라'라는 사실을 인식하게 되리라 믿는다.

위대한 일원상의 과정을 완성하기 위하여 통합의 공간인 중심으로 들어가고자 한다. 여기서 만다라 안에 담긴 자신의 강점과 도전, 그리고 자신의 경험 패턴을 확인할 수 있다. 거기서 더 나아가 12단계 탐색 과정 전체를 무사히 마치게 된 것에 대해 감사하게 될 것이다. 아울러 그간의 경험을 표현하고 담을 수 있는 만다라 활동들도 몇 개 더 제안할 것이다. 아무쪼록 이 장에서 하는 작업이 미래의 위대한 일원상의 순환을 스스로 준비하는 씨앗이 될 수 있기를 기대한다.

((연습과제))

시작하기 전에 이 책의 안내에 따라 12장에 걸쳐 만든 만다라들을 모아 보자. 기본 미술재료들도 준비한다. 생각하고 탐색하며 창의력을 발휘할 시간을 시작한다는 의미에서 초나 향을 켜고 싶으면 그리해도 좋다. '위대한 일원상의 요가 만다라'[부록 B], P.367 참조를 하면서 긴장을 완화시키며 준비한다. 이 요가 만다라는 12단계에 맞추어 몸을 움직이는 데 도움이 될 것이다. 각 단계에 맞추어 동작을 하면서 12단계에 이르는 동안 위대한 일원상의 순환 전체를 숙고하고 반추하는 시간을 갖게 될 것이다. 이 또한 순환 과정 안에 있는 중요한 단계다. 경험을 성찰하는 과정을 통해 위대한 일원상을 완성할 수 있는 기회를 갖게 될 것이다. 다음의 연습과제를 수행하는 동안 작업일지를 가까이 두고 자신의 구체적인 반응을 글로 남기는 것도 좋을 것이다.

※ **되돌아보기 만다라**
Mandala of Looking Back

기본 미술재료(p.57~58 참조)

여정의 시작 지점부터 되돌아보자. 이 책의 12단계를 시작할 때의 포부와 두려움, 그리고 의도는 무엇이었나? 다음으로는 지금 자신이 어디쯤 있는지 생각해 보자. 그 다음 작업일지에 다음 질문에 대하여 반응하거나 믿을 만한 친구와 이야기를 나눈다.

- 이 과정을 시작할 때 예상했던 의도는 무엇이었나?

- 무엇에 놀랐나?
- 무엇에 실망했나?
- 상처가 된 것은 무엇이었나?
- 무엇이 기뻤나?
- 자기 자신에 관하여 무엇을 알게 되었나?
- 자신이나 타인에 관하여 알게 된 것은 무엇인가?
- 만다라에 관하여 알게 된 것은 무엇인가?
- 이 위대한 일원상의 탐색을 통해서 무엇을 얻을 수 있을까?

이 책의 안내에 따라 만다라를 만들면서 보낸 시간 동안 당신에게 주어진 중요한 선물이 무엇이었는지 작업일지에서 찾아보자. 이것들을 목록, 문장 또는 시 등으로 적는다. 이제 원을 그리고, 이 과정을 통해 받은 선물을 나타내는 단어나 시 또는 이미지와 관련된 만다라를 만든다.

※ 위대한 원 만다라
Mandala of the Great Round Mandala

위대한 일원상의 12단계 중에 얻은 만다라들 / 작업일지

위대한 일원상의 12단계 동안 완성한 만다라들을 모은다. 크기나 구성에 따라 만다라를 배열한다. 신중하게 만다라를 놓을 위치를 선택한다. 밝은 조명이 있는 방이나 정원 한쪽의 좋아하는 장소, 혹은 컴퓨터에 스캔이 되어 있다면 컴퓨터 기반 만다라 콜라주가 될 수도 있을 것이다.

큰 만다라 원의 왼쪽 가장 밑에 1단계를 놓은 다음, 시계 방향으로

2, 3, 4, 5, 6단계가 오도록 배열한다. 7단계는 1단계와 반대쪽에 놓는다. 8, 9, 10, 11, 12단계는 큰 만다라 원의 오른쪽을 따라 배열한다.

만다라에 나타나 있는 색상과 선, 상징들을 감상한다. 지난 만다라 중에 처음으로 모티프나 색상이 달라지기 시작한 지점이 어디인지, 그리고 조금 다른 형태가 어떻게 나타나고 있는지에 주목해 보자. 이것은 자신의 성장과정을 보여 주는 것이다. 작업일지에 적어도 좋고, 함께 과정을 지켜볼 친구나 친구들을 초대해 위대한 일원상의 만다라에 대한 반응을 나누자.

※ **대립 탐색 만다라**
Exploring your Opposites

위대한 일원상의 12단계 중에 얻은 만다라들 / 작업일지

앞의 연습과제에서 언급한 방식대로 만다라를 배열한다. 이제 위대한 일원상에서 반대 단계 사이의 역동적인 관계가 드러나도록 만다라를 배치해 볼 시간이다. 이러한 자리배치를 통해서 우리는 연속체(물체를 더 작은 요소로 무한히 나누어도 전체로서의 물질의 특성은 그대로 유지되는 성질—옮긴이)의 끝을 반영하는 반대 단계를 볼 수 있다. 예를 들어, 1단계는 어둠과 무의식, 그리고 형태가 없는 비자아non-ego 상태의 전형이다. 그 반대는 7단계로, 강렬한 빛과 의식, 개성의 경험이 들어 있다. 1단계와 7단계 사이의 축은 빛과 어둠, 의식과 무의식, 개성과 형태가 없는 비자아 상태의 연속체다.

이러한 연결은 각 단계가 그 대립을 포함하고 있음을 의미한다. 예를 들어, 10단계인 놓아주기에 대한 경험은 사실상 4단계 시작의 속성을 시사한다. 유사한 방법으로 볼 때, 봄철의 이미지는 어두운 가을날

의 경험을 통해 자극을 받는다.

자기는 단계가 지속되는 지속성의 근원이자 마지막 종착지다. 위대한 일원상의 단계를 지나는 동안 우리는 자아의 특성으로서의 단계들에 관하여 알게 된다. 연속체의 지속성을 아우르는 중심 지점은 자기다. 중심에 살게 되면 우리는 대립적인 단계에 대해 자각하면서도 현재의 자아 단계에 온전히 존재할 수 능력을 지니게 된다. 궁극적으로 우리는 이러한 이중성을 통해 자기를 아우르는 전체성을 알아보는 능력을 갖게 될 것이다.

12단계의 만다라를 각각 다음 6개 부분으로 나누어 배열한다.

1단계/7단계 (어둠/빛, 여성성/남성성, 몸/마음)
2단계/8단계 (잠재성/명백성, 형태가 없는/형태가 있는, 유동적인/단단한)
3단계/9단계 (움직임/멈춤, 바뀌는/고정된, 성장하는/성장한)
4단계/10단계 (시작/끝, 출생/죽음, 새로운 나/예전의 나)
5단계/11단계 (결합/분열, 단단한/느슨한, 중심이 있는/중심이 없는)
6단계/12단계 (투쟁/평정, 고뇌/황홀경, 시작/완성)

이러한 짝은 위대한 일원상에서 반대 단계를 의미한다. 당신의 만다라를 가지고 시험해 본 뒤, 다음과 같은 질문에 답해 보자.

- 짝짓기를 한 결과 어떤 만다라가 자신에게 가장 흥미로운가? 이 만다라들이 왜, 그리고 어떻게 자신에게 가장 의미가 있는지 설명해 보자.
- 이렇게 만다라 짝을 지어보는 동안 가장 놀라운 것은 무

- 엇인가?
- 이러한 만다라 배열을 보니 무엇을 알 수 있는가?
- 위에서 주어진 짝짓기 순서에 따라 만다라에 제목을 적는다. 이것을 "대립을 탐색하다"라는 제목의 시로 발전시켜 보자. 당신의 시를 크게 소리 내어 읽는다. 시를 읽으면서 알아차리게 된 것은 무엇인가? 아마도 만다라에 영감을 받아 그 반응을 적거나 시를 좀 더 짓게 될 수도 있을 것이다.
- 시험해 보고 싶은 또 다른 만다라 짝이 있나? 그것들은 무엇이이고, 당신 자신과 그 과정에 대하여 무엇을 말하고 있는가?

❋ 일 년의 위대한 순환 만다라
Mandala of the Great Round of the Year

기본 미술재료

일 년의 열두 달이 위대한 일원상을 구성한다. 고대 이래로 이러한 순환은 시간의 변화를 설명하고, 태양 빛의 변화를 추적하며, 식물이나 동물의 순환을 설명하는 데 활용된 하나의 만다라였다. 이러한 만다라 만들기는 연말에 하게 되는 '반성의 시간'에 매우 유용할 것이다. 이러한 반성은 지난해를 돌아보고 새해를 준비하는 데 도움이 된다.

큰 도화지에 원을 그린다. 각 달마다 한 개씩 12개로 나누기 원하면 그리해도 좋다. 지난해 삶에 대하여 생각해 본다. 달마다 지나가면서 중요한 사건이나 전환점, 이름의 변화, 성취, 상실, 후회, 감사, 지혜에 관하여 떠올려 보자. 만다라에서 지난해 동안 당신이 살아온 모든 것을 존중하는 방식을 찾는다. 믿을 만한 친구나 사랑하는 이들과 만다라에 대해 나눈다.

※ 교회력 만다라
Liturgical Year Mandala

기본 미술재료

'교회력 만다라'는 지난해의 영적인 경험에 집중할 수 있도록 해준다. 90×90cm가량의 도화지에 원을 그린다. 매달 또는 계절, 성일, 단식일, 종교적인 기념일, 성인의 날, 동지나 하지, 그리고 기타 계율 등 신앙의 전통에 따른 교회력을 표시해 만다라를 구성해 보자.

일 년 간 영적인 역사를 되돌아보고, 그 상징을 '교회력 만다라'에 표현한다. 그 기간 동안에 도전하고 보상받은 것, 그리고 통찰이 이루어진 것들이 포함될 것이다. 일 년 간의 생생한 경험을 통해 개인적인 안내자나 초월적인 존재에 대하여 이해했다면, 만다라 중앙에 그들의 상징을 표현한다. 명상을 위한 안내자로 만다라를 집 안의 제단에 놓아도 좋을 것이다.

※ 12개의 별자리 만다라
Mandala of the Twelve Astrological Sign

기본 미술재료 / 점성술에 관한 책들(선택사항)

12궁도는 하늘의 지도로 제작된 만다라다. 별의 배열을 관찰한 결과

12개의 별자리로 발전되었다. 이러한 우주의 원형적인 지도는 위대한 일원상의 근원의 하나다. '12개의 별자리 만다라' 만들기는 고대로부터 전해 내려온 잠재력에 대한 당신의 반응을 탐색하는 기회가 될 것이다.

90×90cm가량의 도화지에 원을 그린다. 구역을 12개로 나눈다. 각 구역에 별자리를 나타내고, 각 구역마다 별자리의 특성에 대한 자신의 느낌을 표현한다. 만다라를 위해서 점성술과 관련된 책을 참고해도 좋을 것이다. 유럽에서 전해진 별자리는 양자리, 황소자리, 쌍둥이자리, 게자리, 사자자리, 처녀자리, 천칭자리, 전갈자리, 궁수자리, 염소자리, 물병자리, 물고기자리 등이다.

만다라가 완성되면 자신이 별자리를 그림으로 표현한 방식에 관하여 생각해 보자. 위대한 일원상의 순환에 대한 숭고한 표현으로서의 12궁도에 대하여 떠올리면서, 각 자리에 대한 표현과 생각, 그리고 느낌에 대하여 탐색한다. 어떤 것이 당신의 주의를 끄는가? 어떤 것이 당신에게 혐오감을 주는가? 당신 자신과 여정에 관하여 이야기하는 것이 어떻게 느껴지는가? 작업일지에 적거나 믿을 만한 사람들과 논의한다.

✽ 치유의 바퀴 만다라
Medical Wheel Mandala

10~15cm가량의 돌 13개 / 깃털, 꽃, 색모래, 시, 초, 그 외 원하는 물건

인간 행위의 핵심 기축으로 작용해 온 네 방위 지향은 만다라를 만드는 데 있어서도 중요한 기반이 된다. 육체적 위상과 자리에 대한 이해는 그 사람의 심리적 성향을 가늠하는 데도 도움이 된다. 바로 지금 이 순간 어떤 육체적 공간을 지향하고 있는지를 파악하는 것은 자신을 보살피는 일이 될 수 있다.

미국 원주민의 관습에 영향을 받은 이 '치유의 바퀴 만다라'는 모든 계절에 지속적으로 할 수 있는 외부 활동 만다라다. 밖으로 나가 평평하고 한적한 넓은 공간을 선택한다. '치유의 바퀴 만다라'의 중심을 표시하는 돌을 놓는다. 나침반으로 북쪽이 어디인지를 가늠한다. 중심의 돌에 서서 북쪽을 보며, 중심에서 상하좌우로 한두 발짝 떨어진 곳에 돌을 놓는다.

당신이 중심에 서서 북쪽을 향해 있기 때문에 오른쪽과 왼쪽에 놓인 돌은 동쪽과 서쪽을 나타낼 것이다. 북쪽 반대쪽에 돌을 놓아서 남쪽을 표시한다. 네 방위 사이사이에 돌을 2개씩 놓는다. 이제 중심의 돌 주변에 돌 12개로 이루어진 하나의 원이 완성된다.

방위에 미국 원주민의 전통적인 방식을 적용해도 좋을 것이다. 동쪽은 봄을, 남쪽은 여름을, 서쪽은 가을을, 그리고 북쪽은 겨울을 뜻한다. 바퀴에서 당신의 생일이 있는 계절에 더 특별한 표시를 해도 좋다. 깃털이나 꽃, 색모래, 시, 혹은 초 등을 덧붙여 치유의 바퀴를 장식한다. 당신의 '치유의 바퀴 만다라'는 가족과 친구들의 생일을 기억하고 일 년 중의 계절의 변화를 알아차리는 특별한 공간이 될 것이다. 최근에 세상을 떠난 사람들을 위해 바퀴 위에 기일을 표시해 놓는 것도 의미 있는 의식이 될 수 있다.

'치유의 바퀴 만다라'는 명상을 위한 고요한 공간이자 육체적으로는 방위 감각을 분명하게 체험할 수 있는 틀이 되고, 심리적으로는 4방위 원에 의해 균형 잡힌 전체성을 이루도록 자신의 위치를 살피는 공간이 될 수 있다.

※ 카드 만다라
Mandala of Cards

기본 미술재료 / 위대한 일원상의 12단계 동안 제작한 카드들 / 만다라 카드를 담을 상자

위대한 일원상의 각 단계마다 만다라 카드를 만들어 왔다. 이제 카드 12장을 한 자리에 모아 완벽한 묶음 형태를 만든다. 더 빳빳하게 하기 위하여 얇은 필름을 붙이는 것도 고려해 볼 수 있다. 카드를 영구보관하기 위한 특별한 상자나 주머니, 혹은 서류함을 선택하여 어울리는 장식을 한다. 나중에 활용할 수 있도록 그 안에 만다라 카드를 넣는다. 여기에 몇 가지 사항을 제안하고 싶다.

1. 1단계를 맨 아래쪽에 놓고, 시계 방향으로 위대한 일원상의 주기에 따라 카드를 배열해 보자. 카드 만다라 안에서 무엇이 보이는지 염두에 둔다. 작업일지에 글을 적어 답한다.

2. 만다라 묶음에서 무작위로 카드를 한 장 선택한다. 카드가 그 단계에서 나타내는 것에 대하여 기억하다 보면 무언가 떠오르거나 창의적인 과정을 자극하게 될 것이다.

3. 집안의 명상 공간 안에 있는 제단이나 탁자 위에 만다라 카드를 엎어 놓는다. 의문 나는 점이나 걱정거리가 있으면 떠올리고, 카드 묶음에서 무작위로 카드를 집어 든다. 이는 답을 탐색하는 과정의 하나로, 생각과 상상에 도움이 될 것이다.

4. 명상에 집중하는 데 도움이 되게 만다라 묶음에서 카드를 뽑아 매일, 매주, 혹은 매월 다른 카드를 제단에 놓아둔다.

❋ 여성의 주머니 만다라 재작업
Womandala Bag, Reprise

우리는 1단계 중에 '여성의 주머니 만다라'를 만들었고, 그 안에 위대한 일원상의 여정에 대한 의도의 상징물을 집어넣었다. 이제 '여성의 주머니 만다라'를 열고 다음 중에 한 가지 작업을 한다.

1. 작업일지에 주머니와 그 내용물에 반응하는 글을 적는다. 의도를 다시 읽고, 의도가 어떻게 열매 맺을 수 있는지 생각해 본다.
2. '여성의 주머니 만다라'와 이것을 만들 때의 동기와 의도를 기반으로 하여 전체적인 여정을 표현하는 시를 적어 보자. 이 여정을 통해 무엇을 배웠나?
3. 다음번의 위대한 일원상 여정을 위한 씨앗으로, 주머니 안에 새로운 의도를 적어 넣는다.

❋ 그룹 찰흙 만다라
Group Clay Mandala

12kg 정도의 찰흙 / 종이, 볼펜이나 연필 / 두꺼운 종이를 깐 탁자 또는 판자

우리 만다라 그룹의 일원이자 미술치료사인 에드나 베이컨이 이 그룹 찰흙 만다라 경험을 소개했다. 이 만다라에 대한 영감은 예술가인 M. C. 리처드의 작품 활동에도 기여한 바 있다. 이 작업은 모두가 함께 공유할 수 있는, 즐겁고 신나는 일이었다. 어느 그룹에나 잘 맞을 것이다.

    탁자 앞에 앉아 한 사람당 두 덩이 정도씩 찰흙을 나누어 갖는다.

그룹 구성원 각자가 찰흙을 말아 뱀 형상을 만든다. 그 다음, 각자 만든 찰흙 뱀 끝을 모두 연결해 하나의 커다란 찰흙 원을 만든다. 자기 앞에 배정된 원에 손을 올려놓는다. 원하면 눈을 감아도 좋다.

이제 그룹의 일원으로 그동안 함께한 다양한 여정의 단계들을 되돌아보자. 여정의 초기에 당신은 어디 있었는지, 그리고 지금은 어디 있는지 떠올린다. 손으로 부드럽게 찰흙을 잡고, 에너지가 전달돼 손가락 자국이나 질감이 찰흙에 나타나도록 한다. 규칙은 오직 하나인데, 원 형태를 무너뜨리지 말라는 것이다. 이제 눈을 뜬다. 옆 사람과 어느 만큼이 자신의 것인지 경계를 의논한다.

이제 손을 닦고, 종이와 함께 볼펜이나 연필을 집어 든다. 종잇조각을 가져와도 좋고, 탁자를 덮고 있는 종이를 선택해도 괜찮다. 자신이 만들어 낸 형상을 묘사하는 단어나 문장을 떠올린다. 이제 이 단어나 문장을 종이에 적는다. 자신의 공간에 이 종이를 남겨 두고 왼쪽으로 한 칸 이동한다.

새로운 공간에서 다른 구성원이 만든 형상을 관찰한 후, 거기에 있는 종이에 그 형상에 대한 느낌을 단어나 문장으로 표현한다. 당신이 시작한 장소로 다시 돌아오게 될 때까지 계속 왼쪽으로 한 칸씩 이동하면서, 앞에 있는 찰흙의 형상을 살펴보고 그에 대한 반응으로 단어나 문장을 적는다. 이제 한 사람씩 돌아가면서 자신과 다른 사람들이 쓴 것을 소리 내어 읽는다. 이러한 낭송이 그룹의 구성원들 간에 이루어지는, 무한한 상호연결을 담은 즉흥시라고 여기며 귀 기울여 보자.

이제 그룹의 합의하에 찰흙으로 된 원의 한 지점을 끊어 낸다. 그 다음, 다 함께 일어서서 원을 휘감아 긴 뱀이 똬리를 튼 것처럼 굽어진 큰 나선형 조각품을 만든다. 탁자에 모여 감긴 뱀을 주무르는 동안 구성원들이 맡은 구간에 드러난 저마다의 개성을 최대한 존중하자. 일단 나선형 찰흙 만다라가 완성되고 나면 한동안 감상하는 시간을 갖는다.

이 나선형의 만다라를 가지고 무엇을 할지 함께 결정해 보자. 이것이 이 찰흙 만다라 만들기의 마지막 과정이 될 것이다. 그룹의 구성원 중에는 기념품으로 그들이 사용한 젖은 찰흙 만다라 조각을 가지고 싶어 하는 사람도 있을 것이다. 혹은 나중의 찰흙 작업 때 이용할 수 있도록 찰흙을 조심스럽게 그릇에 다시 담을 수도 있을 것이다.

우리 그룹은 겨울비에 찰흙이 땅에 녹아들 수 있도록 바깥의 특별한 장소에 '그룹 찰흙 만다라'를 운반하기로 결정했다. 커다란 참나무 아래에 찰흙 만다라를 놓은 다음, 소나무 가지와 막대, 그리고 약간의 풀로 장식을 하였다. 그 다음, 한 발짝 뒤로 물러나 만다라 주변에 둥그렇게 섰다. 손을 잡고 떠오르는 단어나 시구를 나누며 안녕을 고했다. 마지막으로 그룹을 종결하는 의미로 서로 포옹을 했다.

❋ 엔소
Enso

검정색 잉크나 물감 / 도화지 / 부드럽고 큰 붓

엔소Enso는 일본 말로 "원"을 뜻한다. 엔소 페인팅은 불교종파의 하나인 선종과 관련된다. 엔소는 깨달음과 우주, 그리고 인생의 순환을 나타낸다. 예전부터 엔소의 특성에는 그림을 그린 이의 품성이 반영된다고 여겨 왔다. 엔소는 결코 반복될 수 없는 어느 순간의 당신의 독특한 표현이라고 할 수 있다. 이것은 이 책의 결론과 잘 맞아 보인다.

작업을 위해 재료들을 준비한다. 스트레칭을 하고 몸을 이완시킨 다음, 앞에 있는 재료들과 함께 조용히 앉는다. 들숨과 날숨에 집중하면서 깊게 이완되도록 호흡을 한다. 준비가 되었다고 느껴지면 붓을 들어 잉크나 물감을 묻혀 단번에 원을 그린다. 이것이 당신의 엔소다.

엔소

위대한 일원상의 단계 되돌아보기

원을 완성하는 활동들을 통해 우리는 이 책에서 영감을 받은 만다라들을 더 깊이 탐색할 수 있었다. 개인마다 다르게 만들어진 만다라 카드 묶음을 활용하는 방법도 익혔다. 위대한 일원상 전체를 아우르는 만다라도 몇 가지 만들었다. 그리고 지금 이 순간 당신이 누구인지를 표현하는 빈 원인 엔소도 그렸다. 엔소를 그리는 과정은 1단계의 빈 원과 그 다음의 위대한 일원상의 순환과 연결된다. 이러한 전체적인 작업 과정을 통해 시간의 순환에 대한 새로운 성찰을 얻게 될 것이다. 당신은 어떠한가?

　이 책의 안내에 따라 성찰과 치유, 자기표현을 위한 만다라를 탐색해 왔다. 동서고금의 여러 문화권에서 풍성하고 다양하게 활용된 만다라에서 영감을 받아 고안된 연습과제들도 수행했다. 동작과 그리기, 색칠하기, 섬유예술, 모자이크, 찰흙작업, 요리, 노래 부르기, 상상 등을 통해 우리는 전체성의 이미지를 만들어 냈다. 위대한 일원상의 원형적인 12단계는 자기실현의 여정을 구조화한 것이며, 만다라 연습 자체가 위대한 만다라였다. 그리고 마침내 마지막 단락에 이르러, 우리는 '만다라 미술치료 워크북'이라는 하나의 만다라를 완성하게 되었다. 이 경험을 통해 당신과 나, 그리고 우리의 삶의 여정이 더욱 긍정적이고 소망스런 방향으로 전개될 수 있기를 기대한다.

부록

부록 A

만다라 견본 및 문양 만다라

이 부록에는 7, 8, 9, 10단계의 만다라 제작에 필요한 기본 크기의 격자 도안들이 들어 있다. 이 도안들은 본문에 있는 작은 도안들의 확대본이 필요한 경우를 위해 고안되었다. 그림 작업을 위해 필요하다면 참고자료로서 이 도안을 활용해도 좋다. 혹은 성격이 급한 독자라면 구조적인 만다라를 제작하는 데 있어서 첫 단계부터 여기에 나와 있는 격자 도안들을 베끼고 싶을 수도 있을 텐데, 그때 활용하면 좋을 것이다.

또한 여기에는 12단계 각각의 시작 과정을 위한 색칠용 문양 만다라들도 들어 있다.

원 안의 사각형

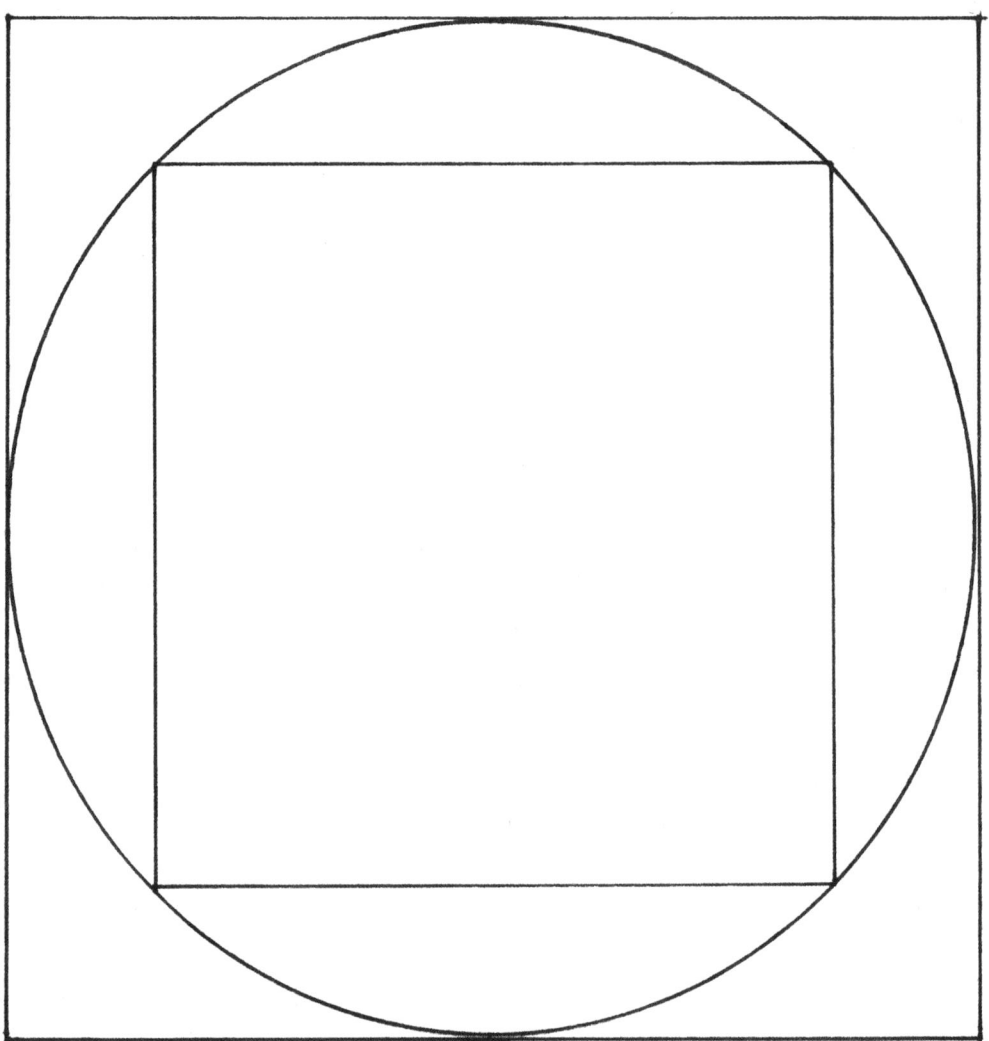

오각별

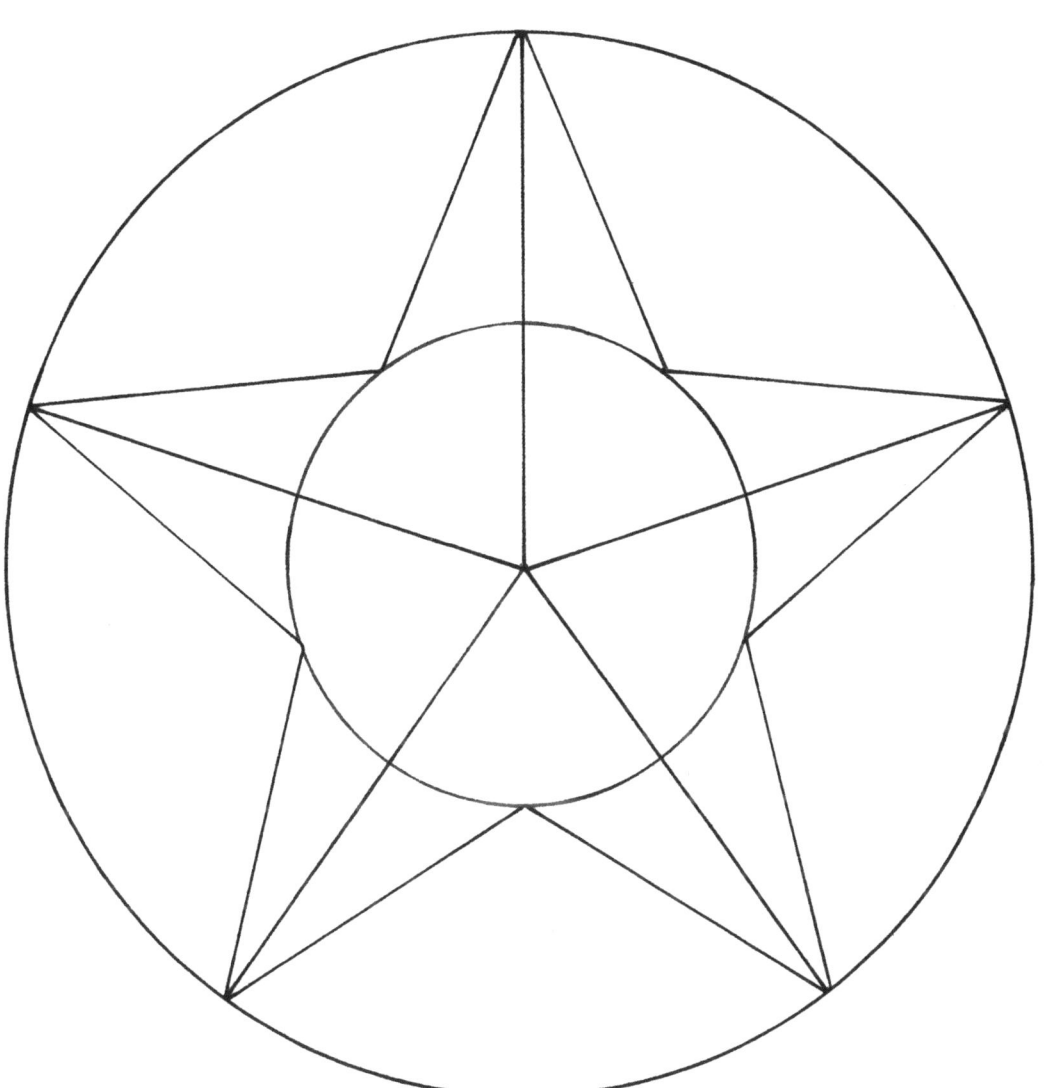

바람개비

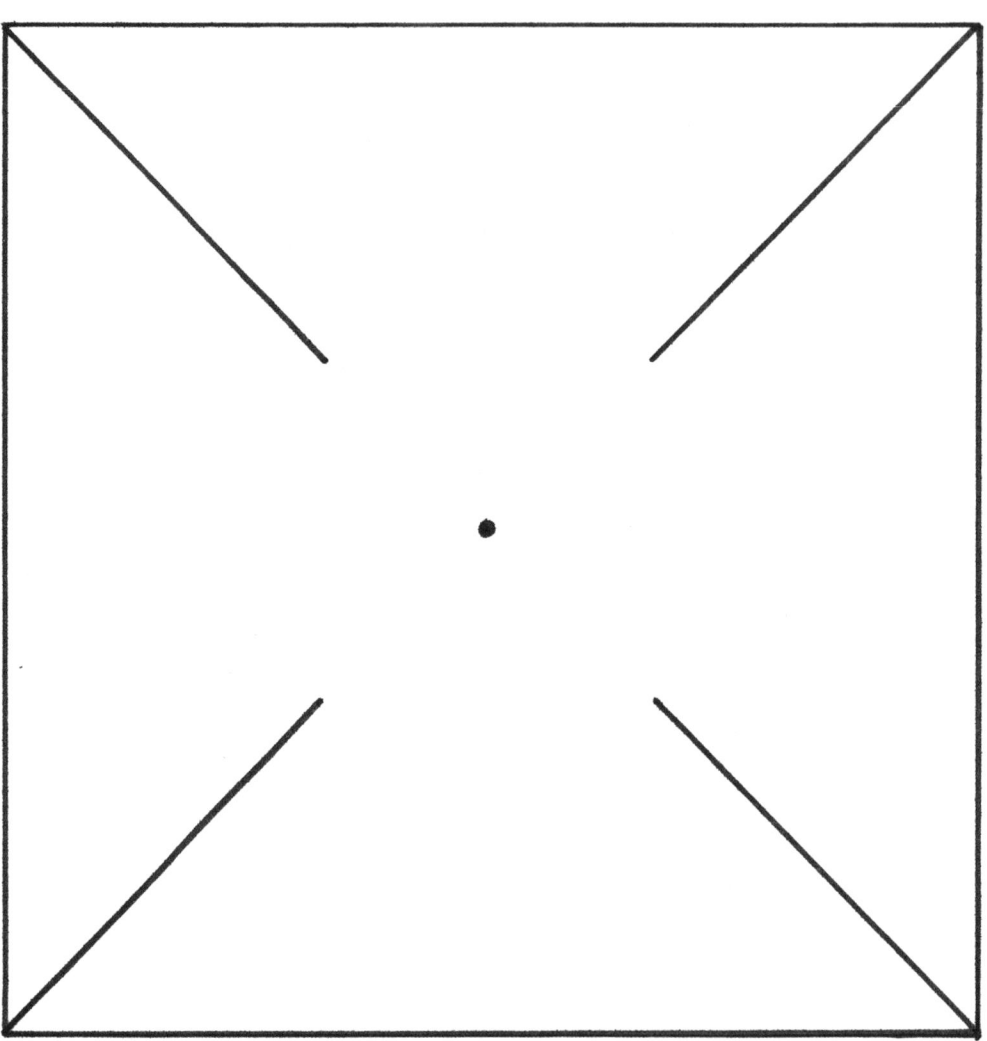

기본 만다라 격자

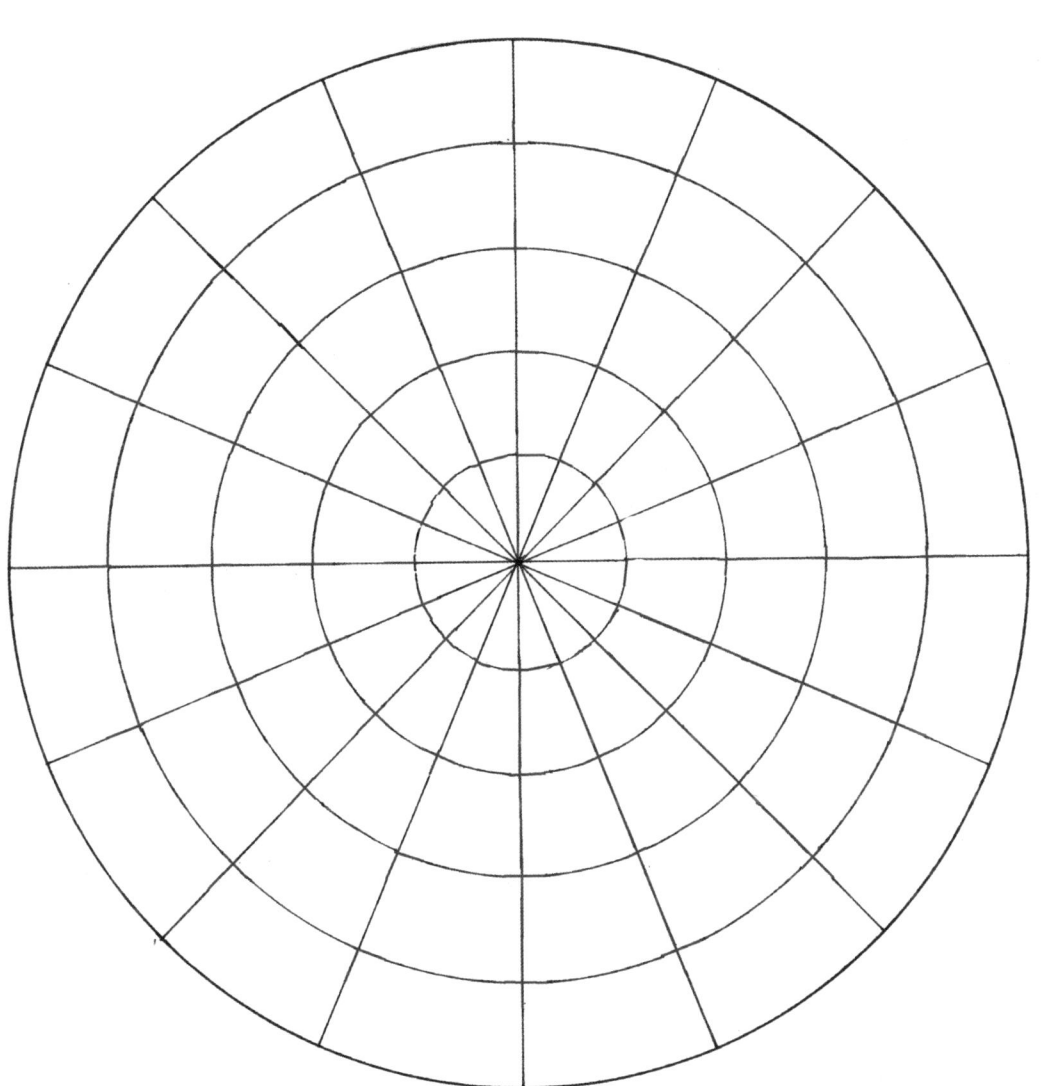

문양 만다라 1

문양 만다라 2

문양 만다라 3

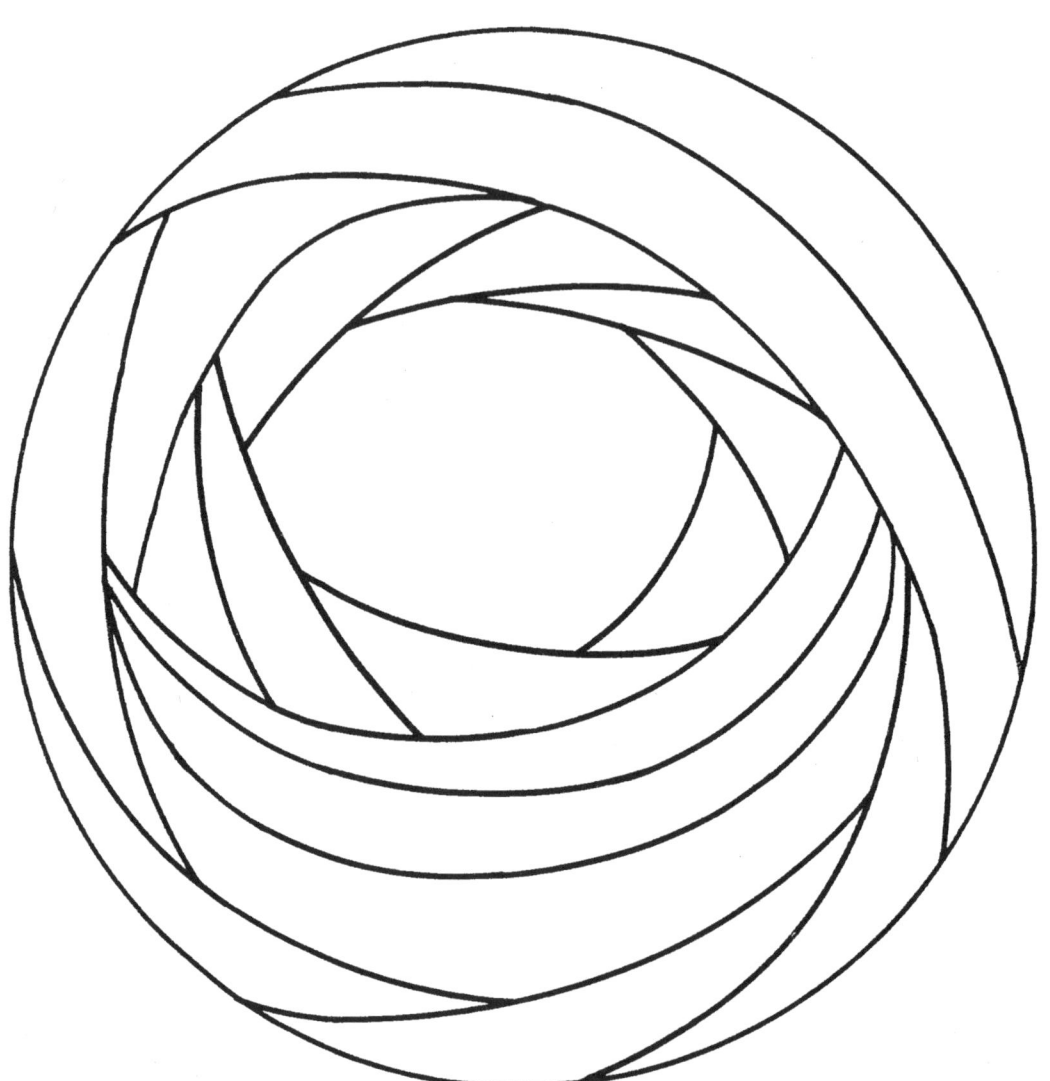

문양 만다라 4

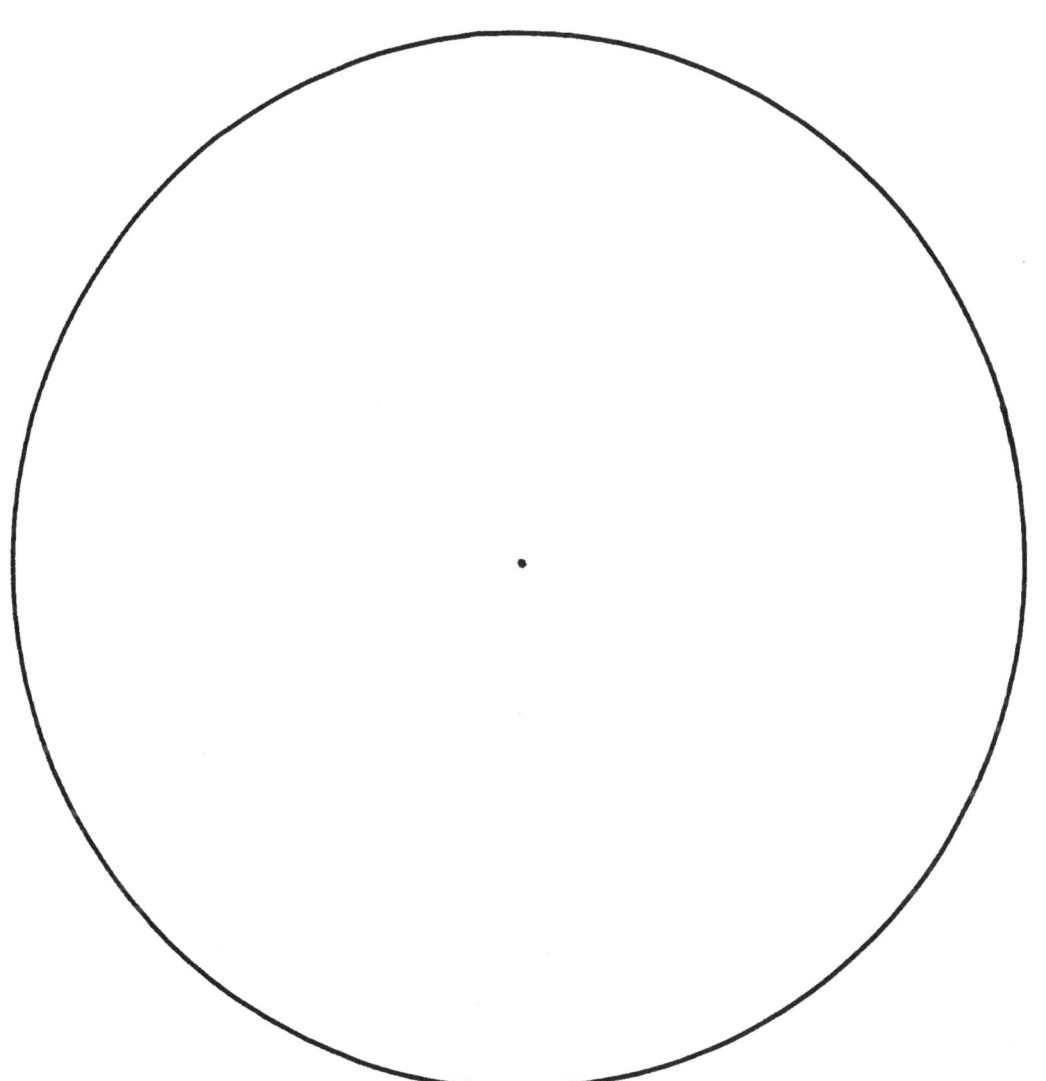

문양 만다라 5

문양 만다라 6

문양 만다라 7

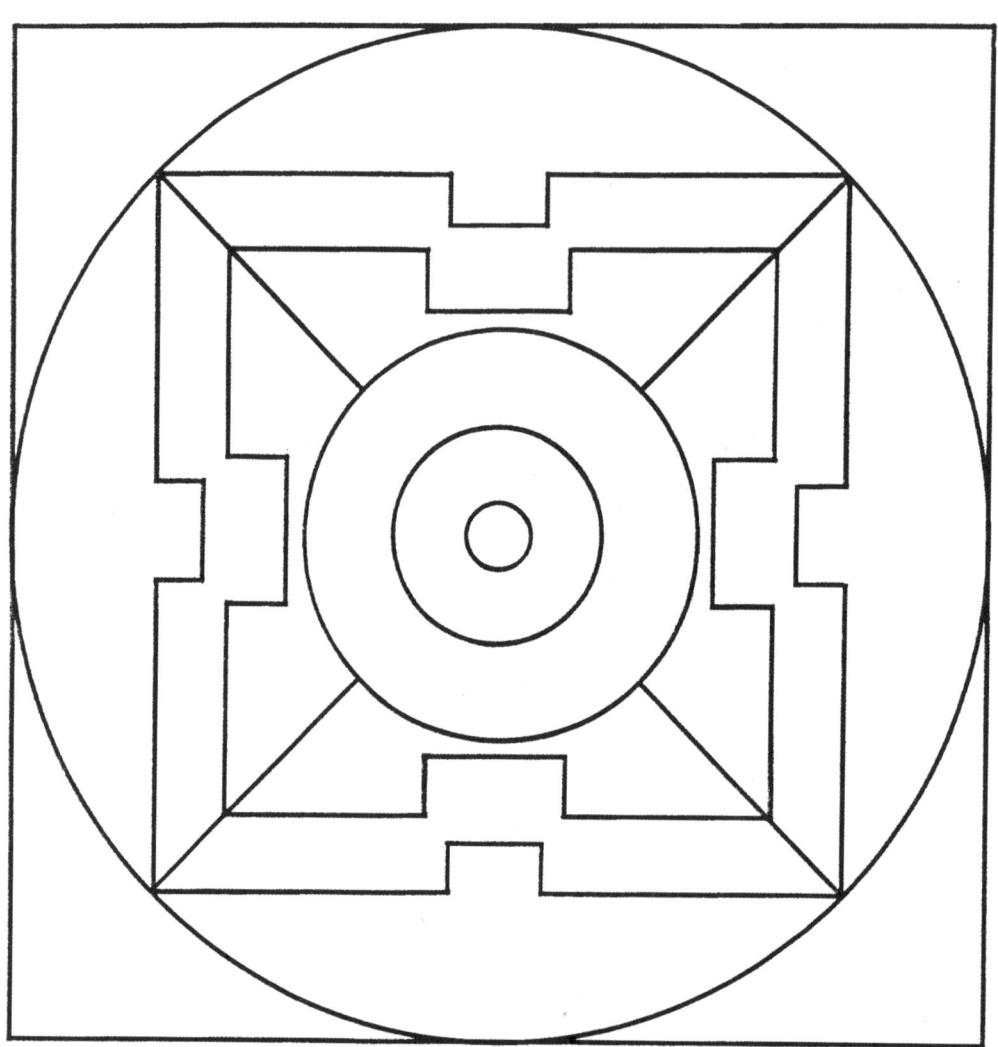

문양 만다라 8

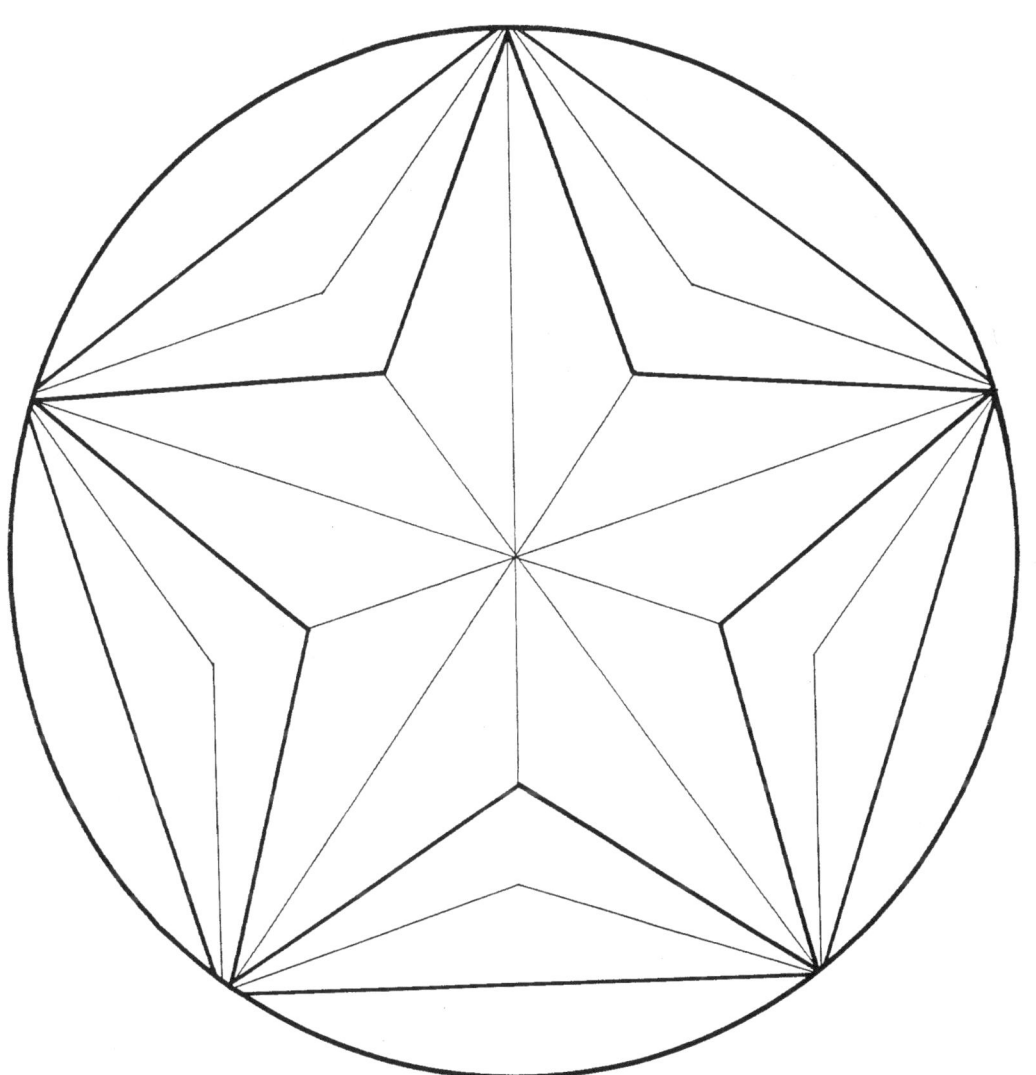

문양 만다라 9

문양 만다라 10

문양 만다라 11

문양 만다라 12

부록 B

위대한 일원상을
위한 요가

여기에서 소개되는 요가 동작들은 우리 만다라 그룹의 구성원인 패티 오키프 허턴에 의해 개발된 것이다. 이 동작들은 미술재료를 가지고 자기표현을 하기 전 긴장을 완화하고 집중과 균형을 잡는 데 도움이 된다. 또한 동작들이 각 단계와 관련된 에너지의 특성을 떠올리게 하므로 위대한 일원상을 탐색하는 데 유익한 첫 작업이 될 것이다. 그리고 이 요가 동작을 한다는 것은 신체감각적인 만다라를 창조하는 일이기도 한데, 이를 통해 우리는 만다라와 관련된 단계에 관하여 몸 중심으로 탐색할 수 있다.

만다라 만들기를 위한 준비에 앞서 요가 동작을 할 수 있기 때문에 미리 익혀 두는 게 좋다. 여기 나와 있는 그림들은 요가 동작을 묘사한 것이다. 그림과 함께 말로 된 순서도 제시할 것이다.

또한 뒷부분에는 요가 동작 모음인 '위대한 일원상의 요가 만다라'를 소개하고 있다. 이것을 통해 위대한 일원상의 12단계 전체를 매끄럽게 요가 동작으로 경험할 수 있다. 이러한 요가 만다라를 통해서 우리는 위대한 일원상을 신체감각적으로 경험할 뿐 아니라, 몸 안에서 이러한 원형적인 단계의 경험을 통합할 수 있을 것이다.

1단계, 공백:
휴식의 시간, 어둠 속에서 기다려라

아이 자세
Child Pose

[가부좌 자세를 하고 앉아서] 한동안 자신의 호흡과 연결되는 시간을 갖는다. 이제 손과 무릎에 집중하며 요가를 시작한다. 머리를 바닥을 향해 서서히 숙이면서 숨을 깊이 들이마셨다가, 내쉴 때 엉덩이를 다리 쪽으로 낮춘다. [그림 a] 참조 이것은 휴식하는 동작이므로 편안하게 느껴지는 데 도움이 될 만한 변형동작을 해도 좋다. (무릎을 넓게 벌리거나 이마를 손이나 주먹, 베개, 방석 등으로 받칠 수도 있고 혹은 의자에 앉아서 허벅지 위에 베개를 놓고 이 동작을 할 수도 있다.) 일단 자리를 잡고 나면 눈을 감고 어둠 속에서 휴식하기를 시작한다.

　자신의 호흡을 느낀다. 그림과 같이 몸을 말았을 때 어디가 어땠는지의 느낌에 주목해 보자. 숨이 척추에서 느껴졌는가? 숨이 몸 전체로 퍼져 나갔는가? 호흡을 활용해 긴장을 풀고 편안하게 태아 자세로 더 깊이 들어간다. 호흡이 주는 선물로 당신 자신을 감싼다고 상상하면서 이제 심호흡을 12번 한다.

　1단계의 특성을 탐색하는 동안 호흡과의 연결을 잃지 말자. 이제 기다림이나 수용, 휴식기, 혹은 아직 형성되지는 않았지만 잠재 상태에 놓이는 것이 어떠한지에 대해 명상한다. 자신을 하나의 씨앗으로 상상해도 좋다. 이 안에는 조용히 견디며 웅축하는 에너지가 들어 있다. 이러한 에너지들을 가지고 당신의 내면을 충만하게 하는 시간을 가져 보자.

　준비가 되면 아이 자세를 취한 상태에서 (흔들의자를 흔드는 것처럼) 아주 천천히 조금씩 몸을 흔들기 시작한다. 엉덩이를 옆으로도 흔

[그림 a]
아이 자세

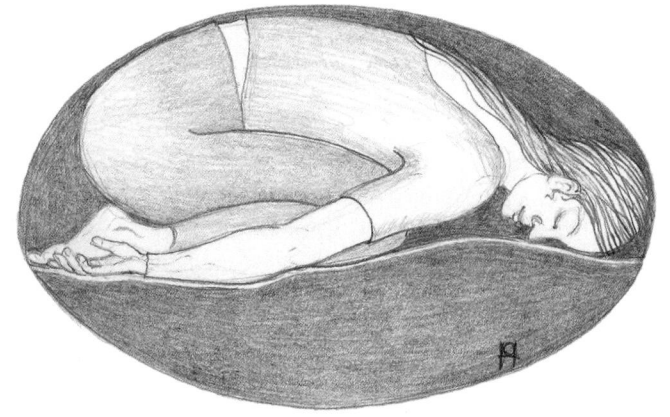

들어 본다. 몇 번 더 이 동작을 한다. 적당히 반복한 후에는 심호흡을 하면서 한쪽 엉덩이를 대고 옆으로 눕는다. 이렇게 하면 다음 단계의 태아 자세와 매끄럽게 연결될 수 있다. 이 자세로 필요한 만큼 충분한 시간을 보낸 다음, 준비가 되었다고 느끼면 천천히 앉은 자세로 돌아온다.

2단계, 낙원: 빛의 흐름에 몸을 맡겨라

행복한 아기 자세
Happy Baby Pose

아이 자세[그림 a] 참조로 시작해 부드럽게 왼쪽으로 몸을 돌려 옆으로 눕는다. 무릎을 가슴 가까이 모으고 손은 베개처럼 머리 아래 받쳐 편안하게 태아 자세[그림 b] 참조를 취한다. (이 자세를 더 편안히 하기 위해서 머리나 무릎 사이에 베개를 받쳐도 좋다.) 자신에게 가장 휴식이 되는 자세를 발견했다면 그 자세에 숨을 불어 넣는다. 그 자세를 하는 동안 호흡을 통해 당신이 어떻게 움직이는지 살펴보자.

만다라 미술치료 워크북

[그림 b]
행복한 아기 자세

과거의 언젠가처럼 꿈에서 완전히 깨어나기 전 침대에 누워 비몽사몽간에 몸으로 느껴지는 느낌을 편안하게 즐기고 있는 자신을 상상한다. 이것이 바로 2단계에서 말하는 느낌이다. 이제 준비가 되면 나른하게 등을 대고 눕는다.

다음에는 할 수 있는 만큼 허벅지를 가슴 가까이 당기고, 다리를 하늘을 향해 들어 올린다. 이제 기지개를 켠 다음, 손으로 발을 잡는다. (이 동작을 수정해, 수건을 말아 사용해도 좋다. 양손으로 수건의 끝을 잡고, 거꾸로 줄넘기를 하는 것과 같이 발로 타월을 밀어 올린다.) 손의 힘을 이용해 힘차게 발을 내리 눌러서 무릎 사이가 점차 넓어지면서 다시 전체가 몸 쪽으로 당겨지는, 행복한 아기 자세[그림 b]의 가운데 참조가 만들어지도록 한다. 마치 실제 아기가 된 것처럼 느끼면서 숨을 12번 쉰다. 숨이 점차 느려지고 깊어지도록 그대로 믿고 맡긴다. 2단계의 특성, 즉 유동성과 열림, 평화로움, 자연과 더불어 살기, 축복받기, 사랑하기, 낙관성, 호기심을 자신 안에서 느껴 보자. 부드러운 물의 세계에서 물결을 따라 유영하는 당신이 느껴지는가?

시간이 충분히 흘렀다고 생각되는 시점이 되면 태아 자세[그림 b]의 아래 참조가 되도록 부드럽게 몸을 오른쪽으로 돌린다. 그 자세로 한동안 휴식을 취하며 자연스럽게 가부좌 자세로 일어나 앉을 준비가 될 때까지 휴식을 기다린다. 사랑하고 무한히 사랑받는 존재로서의 자신을 깨닫고, 이제 호흡을 빛 속을 떠다니는 2단계의 무한한 가능성을 생각하는 작업으로 연결해 보자.

[그림 c]
엉덩이 돌리기

3단계, 미로:
내면을 향하여, 길을 떠나라

엉덩이 돌리기
Hip Rotation

이 동작을 시작하기 위해서는 아이 자세^{[그림 a] 참조}로 편히 있다가, 옆으로 누워 잠시 태아 자세를 취한다. 그 다음 등을 대고 편히 눕는다. 움직이고 싶은 마음이 들 때까지 자신을 그대로 둔다. 이 지점이 바로 3단계 여정이 시작되는 곳이다.

[누워서] 두 손을 깍지 끼어서 머리 뒤로 가져간다. 깊게 숨을 들이마신 다음, 내쉴 때 오른쪽 다리는 쭉 뻗어서 바닥을 딛게 하고 왼쪽 무릎을 가슴까지 들어 올린다. (들어 올린 다리 밑에 베개를 끼우게 되면 허리 아래쪽 압박감을 더는 데 도움이 된다.) 들어 올린 무릎을 작은 원 모양이 되도록 시계 방향으로 돌리기 시작한다. [그림 0] 참조

호흡으로 동작을 조절하면서, 무릎으로 나선형을 그리는데 천천히 바깥쪽으로 원이 점차 커지게 한다. 이 동작은 무릎으로 크고 넓은 원을 만들게 될 때까지 한다. 이렇게 무릎으로 원을 6번 그린다. (엉덩이에서 '탁' 하는 소리가 나더라도 걱정하지 마시길. 심하게 아프지 않는 한 지극히 정상이다.) 이제 다리 전체를 들어 나선형으로 점차 크게 벌리는 동작을, 가장 큰 원이 만들어질 때까지 6번 한다. 얼마나 에너지의 흐름이 활발해지는지 느껴 보자.

활기가 생기고 점차 고양되는 에너지나 생명력, 고양된 의식에 대하여 깨달음의 눈을 뜨게 되는 3단계의 속성은 이 동작과 매우 유사하다. 이렇게 움직이며 바다 한가운데서 떠다니는 자신을 상상할 수 있는가?

일단 한 쪽 다리를 들고 원을 그리는 동작을 6번 다 했으면, 점차로 동작의 속도를 늦춰 회전 방향을 바꿀 준비를 한다. 반대쪽 동작도 6번 한다. 그 다음에는 천천히 발을 몸 가까이로 가져와 다시 무릎으로 회전하는 동작을 준비한다. 그 다음, 가장 작은 원이라고 생각될 때까지 무릎으로 점점 작은 원을 그린 다음 멈춘다. 왼발을 바닥에 내려 천천히 오른발 옆에 놓는다. 오른쪽 엉덩이와 왼쪽 엉덩이의 느낌이 어떻게 다른지 느껴지는가? 그러한 차이를 느끼는 것 역시 3단계의 속성이다.

이제 오른쪽 무릎을 가슴까지 들고 지금까지의 요가 동작을 반복한다. 동작을 마치고 나면 양쪽 다리를 다 부드럽게 바닥에 내리고, 한

쪽씩 차례로 스트레칭을 한 다음 휴식한다. 쉬는 동안 당신의 동작으로 이미 만들어진 강렬한 회전 만다라와 당신 주변을 감싸고 있는 생각들을 마음속으로 그려 보자.

4단계, 시작: 따뜻한 가슴으로 새로움을 맞이하라

영웅 자세와 척추 유연성 요가
Hero Pose and Upper Spiral Flex

아이 자세[그림 a] 참조로 시작해 숨을 들이마시면서 척추 하나하나를 말아 올려 무릎을 꿇고 앉는다. (만일 무릎이나 발목에서 긴장이 느껴지면 허벅지 아래나 다리 사이, 혹은 발목 아래에 베개를 끼워도 좋다. 만일 이러한 변형 작업이 필요 없다면 그냥 편하다고 느낄 수 있는 앉은 자세를 취해도 좋다.) 몸무게를 발과 발목에 지탱하기 위해서는 지속적으로 발가락이 뒤쪽을 향하도록 노력해야 한다. 손은 허벅지 위에 놓는다. 긴장을 풀고, 가슴을 들어 올리고, 어깨를 내려, 정수리에서 꼬리뼈까지 일직선이 되도록 척추를 길게 늘인다.[그림 d] 참조

이처럼 요가 동작을 시작하기에 좋은 영웅 자세가 완성되었다. 이제 숨을 들이마시면서 가슴을 바깥을 향하여 확장시키고, 숨을 내쉬면서 아랫배를 등 가까이 안으로 잡아당긴다. 호흡과 함께 활기가 느껴지고 척추도 아주 조금씩 유연해지기 시작할 것이다. 마음을 열고 척추 안에서 새로운 무언가가 활성화되도록, 천천히 의식을 하며 심호흡을 12번 한다. 당신의 중심 안에 부드럽고 새로운 무언가를 품고 있다고 상상해 보자. 지금은 새로운 것이 무엇인지 알 필요조차 없다. 지금까지는 안에서 자라고 있는 것이 무엇이든 양육하고, 연대하며, 보호

[그림 d]
영웅 자세

하고, 긍정하고, 수용하는 것만으로도 충분할 것이다. 지금 당신은 가슴 바로 아래 자리한, 감미롭고 귀한 무언가에 숨결을 불어 넣고 있다.

준비가 되면 긴장을 이완시키는 호흡을 계속하면서, 척추를 유연하게 하는 이 동작이 점차 작아지다가 중단될 때까지 계속 한다. 이제 당신은 자신의 중심 안에 머물게 되었다. 정적을 애정 어린 마음으로 받아들이며 호흡하는 시간을 갖는다.

5단계, 과녁:
두려움에 맞서 자기다움을 외쳐라

전굴 자세, 산 자세, 팔 돌리기
Forward Bend, Mountain Pose, and Arm Circles

영웅 자세[그림 d]로 시작해 손바닥과 무릎을 바닥에 대고 엎드린 자세를 취했다가 점차 무릎을 들어 발바닥이 바닥에 닿도록 한다. 그 다음, 가능하면 손은 계속 바닥에 댄 채로 천천히 다리를 뻗는다. (만일 허리 아래쪽에 조금의 불편이라도 느끼면, 다리를 더 넓히거나 무릎을 굽히고 발목이나 종아리를 손으로 잡아도 좋다.) 이 자세가 상체를 앞으로 숙이는 전굴 자세다. 긴장을 이완시키며 5단계의 경험에서 필요하지 않는 것은 무엇이든 놓아줄 기회를 갖는다.

이제 숨을 들이마시면서, 등을 말아 올리며 척추 하나하나를 편다. 서 있는 자세를 유지하며 숨을 내쉬는 동안 팔은 편안히 흔들리게 놓아두고, 어깨를 위로, 뒤로, 그리고 아래로, 순서대로 돌린다. 여기서 산 자세(머리는 하늘을 향하게 하고 땅 위에 힘차게 서 있는다)를 하고 잠시 심호흡한다. 서 있는 지점에서 완전히 균형을 이루면서 과녁의 중심에 있는 자신을 그려 보자. 이제 심장의 중심에서 과녁이 점차 밖으로 커지는 상상을 한다.

그 다음 숨을 들이마실 때 주먹을 쥐고 팔을 양쪽으로 뻗어 땅과 평행이 되도록 한다. 숨을 내쉬면서 양손의 새끼손가락을 양쪽으로 뻗는다.[그림 e 참조] 이것은 용기의 근원이 되는 심장 경락을 활성화할 것이다. 새끼손가락을 크레파스 삼아 황소 눈동자에 색칠을 하는 것처럼, 양손의 새끼손가락을 쭉 뻗어 팔 전체로 아주 작은 원을 그리기 시작한다. 이제 그 다음 과녁 모양을 만드는 것처럼 원을 조금 더 키운다. 원을 2개 더 만드는데, 각각 조금씩 더 크게 만든다. 이제 가장 큰 원을

[그림 e]
산 자세와 팔 돌리기

만든 다음, 색칠하기 동작을 6번 더 한다. 움직임 속도를 조금 늦춘 다음, 방향을 바꾸어 색칠하기 동작을 6번 더 한다. 그런 다음에 원을 점점 더 작게 그리다 보면 마침내 황소의 눈이 완성될 것이다. 여기서 몸의 중심 쪽으로 숨을 깊게 들이마셨다가 내쉬면서 팔을 뒤쪽으로 편하게 내려놓는다.

5단계 중에 호흡과 다시 연결되는 시간을 갖는다. 자기다움을 주장하고 정체성이 형성된 당신의 그 자리에 당당히 서자. 만일 여기서 어떤 압박감을 느끼게 되더라도, 이 단계가 당신이 성장하도록 돕는 단계라는 점을 잊지 말자. 용기를 내자!

6단계, 용과의 투쟁: 대립을 이겨 낼 내면의 불을 지펴라

산 자세와 천사의 날개
Mountain Pose and Angel Wings

발을 모으고 팔을 양옆으로 뻗은 채 서 있는 산 자세로 시작한다. 발을 통해 땅으로 에너지가 연결되고, 정수리를 통해 하늘에 닿게 될 것이다. (만일 허리 아래쪽에 문제가 있다면, 편안하게 느껴질 때까지 다리를 어깨 넓이나 그보다 조금 더 넓게 벌린다.) 어깨를 내리고 몸 안의 생동감에 대하여 느끼는 시간을 갖는다. 호흡을 자각하자. 숨을 들이마실 때 몸이 어떻게 느끼는지, 그리고 다시 숨을 내쉴 때 어떻게 느끼는지 살핀다.

손은 의식적으로 기도하는 자세(손바닥끼리 마주보게 하고, 손가락 끝이 가슴에 닿게 한다)를 취한다. 여기서 잠시 심호흡을 하면서 내면으로 들어간다. 호흡과 함께 가슴이 확장되도록 가슴의 한가운데를 열어 놓으면서, 숨을 들이마시고 손을 하늘을 향해 뻗는다. 숨을 내쉬며 손을 넓게 벌려서 가슴 근처에서 큰 원을 그린다. 원의 아래쪽에서 점차 두 손을 모아 다시 기도하는 자세를 취한다. 숨을 들이마시며 기도하는 자세로 모은 손을 몸의 중심에서 위쪽으로 들어 올린 다음, 다시 숨을 내쉬면서 바깥쪽으로 넓은 원을 그린다.^{[그림 f] 참조}

이것이 천사의 날개 돌리기다. 물이 흐르듯 부드럽게 이 동작을 6

[그림 f]
산 자세와 천사의 날개

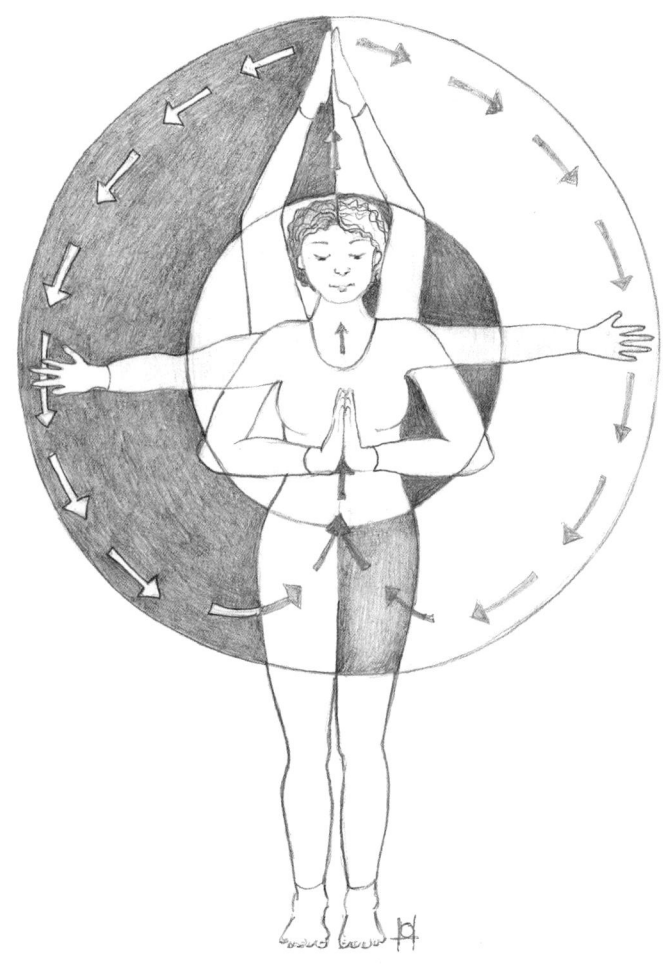

번 반복하고, 가슴 앞에 손을 모으는 동작으로 끝낸다. 이제 원의 방향을 바꾸어, 숨을 내쉬면서 손을 아래로 내리고 숨을 들이마시면서 안쪽으로 크게 원을 그린다. 이 방향으로 다시 한 번 천사의 날개 돌리기를 6번 한다.

당신 안에 있는 왼쪽/오른쪽, 위/아래, 들숨/날숨, 딱딱함/부드러움, 열림/닫힘, 음/양 등 대극적인 것들을 반영하는 이러한 동작에 숨을 불어 넣는다. 이제 갈등이 느껴지는 문제가 있으면 떠올려 보자. 이 문제의 양편을 당신 중심으로 불러들이기 위하여 동작을 하면서 호흡한다. 이렇게 하면서 내면적으로 부드럽게 그 딜레마를 부드럽게 품어주고 그 모순을 경험해 보자. 숨을 들이마실 때 마음을 열고 수용하게 된다. 숨을 내쉴 때 그것이 무엇이든 그 자체로 존재하는 것을 허락하게 된다.

손을 가슴 앞에 기도하는 자세로 모으면서 동작을 마친다. 자신의 진실을 딛고 서서 자신의 길을 스스로 만들어 가는, 당신이 얼마나 복합적이고 놀라운 존재인지 깨닫는다. 침묵의 시간을 갖는다.

7단계, 원 속의 사각형: 가치를 꽃피울 자신의 자리를 찾아라

세 마디 치유호흡
Three-Part Healing Breath

머리는 위로 올리고, 발바닥은 땅에 딛고 서서, 손과 어깨는 편안하게 아래쪽으로 내리는 산 자세 [6단계의 산 자세와 천사의 날개 자세 참조]로 시작한다. 균형과 힘의 공간에 있는 자신을 느껴 보자. 마치 세계의 정상에 있는 것처럼 발을 단단히 딛고, 위대한 일원상의 정상에 있는 자신의 모습을 상상하는 시간을 갖는다. 자신이 바닥에 단단히 뿌리내렸다고 느껴지면 세 마디 치유호흡을 시작한다.

이 요가 동작에는 동작과 연결된 호흡 작업이 포함된다. 호흡은 3번의 깊고 강렬한 들숨과 1번의 날숨으로 구성된다. 처음 들이마시는 숨에서 팔을 들어 [앞으로 나란히 하듯이] 몸 앞쪽으로 뻗는다. 숨을 내쉬지 않고 두 번째 숨으로 옮겨 가 숨을 들이마시면서 팔을 양쪽으로 뻗는다. 여전히 숨을 내쉬지 않고, 한 번 더 들이마시며 팔을 머리 위로

[그림 g]
산 자세와 세 마디 호흡

뻗는다. 이제 당신의 폐는 좋은 에너지로 가득 찼을 것이다. 여기서 잠시 균형을 유지한다. 그 다음 완전히 숨을 내쉬면서, 팔을 앞으로 뻗었다 내린 다음 상체를 앞으로 굽히면서 팔을 자연스럽게 아래로 떨어뜨려서 손가락이 거의 바닥에 닿게 한다. (숨을 내쉴 때 소리를 크게 내라고 권하고 싶다.) 그 다음, 숨을 들이마시면서 몸을 세운 다음 편안하게 느껴지는 정도로 등을 똑바로 편다. 그리고 다시 첫 번째 들숨과 함께 손을 앞으로 뻗는 동작을 시작한다.[그림 C 참조] 계속해서 이 전체 과정을 순서대로 12번 반복한다.

이러한 과정으로 움직이고 숨을 쉬면서, 숨을 통해 당신의 용기가 활성화되고 에너지가 한낮의 태양처럼 밝고 강렬해진다고 상상해 보자. 자신이 확고하게 균형 잡힌 힘으로 가득 차 있다고 느껴 보자. 당신이 지닌 무언가 배우고, 계획하고, 사랑할 줄 아는 능력을 인식한다. 이러한 관점에서 볼 때 당신은 이제 자신 안에서 진실해지기 위하여 무엇이 필요한지를 안다는 사실[입장]을 천명할 준비와 의지를 갖게 되었다. 당신이 필요한 도구와 기술을 갖추고 있다는 사실을 앎으로써 찾아오는 자신감도 느껴 보자. 이러한 치유호흡을 활용해 인생의 여정에 필요치 않은 것은 날려 버리고, 당신의 가치에 따라 삶을 사는 데 필요한 것은 무엇이든 받아들이는 마음의 문을 열자.

8단계, 기능하는 자아: 세상을 헤쳐 나갈 능력을 발휘하라

산 자세와 별 자세
Mountain Pose and Star Pose

산 자세(6단계의 산 자세와 천사의 날개 자세 참조)로 서서 몸을 통해 땅과 하늘이 연결되도록 한다. 발을 땅에 단단히 디디고, 잠시 이러한 중요한 연결 상태에 집중한다. 이제 허리에서 느껴지는 중력을 다리로 내리고, 허리에서 느껴지는 별의 느낌은 머리 위로 올린다. 잠시 심호흡을 하면서 이 자세가 지닌 의도와 에너지에 머물러 보자.

숨을 깊게 들이마셨다가 내쉬면서, 오른쪽 다리를 벌릴 수 있는 만큼 옆으로 벌린다. 최대한 넓고 편안한 자세로 서서 발끝이 서로 마주보게 한다. 이제 숨을 들이마셨다가 내쉬면서 손바닥이 아래를 향하게 하여 팔을 양 옆으로 뻗어 땅과 수평이 되도록 한다. 턱을 조금 집어넣은 채 안정된 자세로 서서 앞쪽을 응시한다. [그림 h] 참조

[그림 h]
산 자세와 별 자세

이제 별 자세가 완성되었다. 12번 정도 심호흡을 하면서, 몸이 5개의 서로 다른 방향으로 뻗어 나가는 것을 느낀다. 숨이 두 다리를 따라 내려가고, 두 팔을 타고 나가며, 정수리를 타고 올라간다. 8단계 동안 세상을 잡기 위하여 두 팔을 뻗고 두 다리로 안정되고 당당하게 서 있는 자신을 발견하게 될 것이다. 자신감을 갖고 타인에게 다가가며 협력하는 작업을 즐겨 보자. 이 놀라운 자세에 숨결을 불어 넣으며, 삶에 자신을 열어 보임에 따라 몸과 존재감이 확장되는 것을 느껴 보자. 이 자세는 테라 여신을 숭배하기 위한 것이라고 한다. 티베트 불교와 힌두교에 의하면, 테라 여신은 중생들이 지나는 길에서 마주치는 모든 장애물을 제거해 준다고 한다. 이 자세로 서 있으면서 당신 자신이 지닌 밝은 별을 소중히 여기는 시간을 갖자.

[그림 i]
서서 하는 전굴 자세

9단계, 투명화: 깨달음의 창에 깃든 보상을 받아라

서서 하는 전굴 자세
the Great Stretch with Wide-angle Forward Bend

손은 기도하는 자세(손바닥을 마주 대고 손가락 끝은 가슴에 닿게 한다)

를 취하면서, 산 자세(6단계의 산 자세와 천사의 날개 자세 참조)로 시작한다. 긴장이 풀어지고 균형이 잡히며 정신이 맑아질 때까지 잠시 눈을 감고 심호흡을 한다. 이제 숨을 들이마시면서 손바닥을 서로 마주대고 하늘 위로 할 수 있는 만큼 멀리 팔을 뻗는다.[그림 1] 참조 땅에 꼿꼿이 선 채, 이 자세에 숨을 불어 넣으면서 몸 안의 활동과 생동감을 느껴 보자. 이제 오른 다리를 옆으로 벌리고, 팔은 땅과 평행이 되도록 양옆으로 뻗는다. 이제 숨을 내쉬면서 상체를 숙여 전굴 자세를 취한다. 손가락이 거의 바닥에 닿을 만큼 손을 아래로 내린다. 다시 발을 모으고 숨을 들이마셔서 폐에 숨이 가득 차도록 한 다음, 몸을 들어 위로 손을 뻗는 자세로 돌아온다. 움직임과 호흡을 일치시키면서 이 동작을 12번 계속한다.

　움직이는 동안 이 단계의 **보상받기** 에너지가 구현된다고 상상해 보자. 이 복잡하지만 조화로운 동작은 하늘에 닿았다가 땅을 향해 절을 하는 만큼 당신에게 균형감을 줄 것이다. 당신이 위로 뻗을 때 절정에 서 있는 당신을, 그리고 아래로 절을 하는 동안 모든 집착을 내려놓는 자신을 상상해 보자. 끝낼 준비가 됐다고 느껴지면 이 동작을 만족감을 주는 마무리 동작으로 삼는다. 침묵 속에서 휴식하면서, 작업을 잘해낸 데 따르는 성취와 완성의 경험, 그리고 높아진 자존감을 느껴 보자.

10단계, 죽음의 문: 상실과 이별의 시간, 다 놓아주어라

댄서 자세
The Dancer

10단계에서는 그동안 편안하다고 느껴졌던 공간 너머에, 심지어 균형

[그림 j]
댄서 자세

을 잃어 불안감까지 느껴지는 길에 들어선 자신을 발견하게 될 것이다. 요가를 통해 이러한 상태를 경험해 보자. 산 자세로 시작해서 댄서 자세라고 불리는, 균형에 도전하는 자세로 옮겨 간다. (지지를 위해서 벽이나 의자 가까이에서 자세를 취하기 원한다면 그리해도 좋다. 그러나 균형을 잃거나 조금 흔들리는 것이야말로 이 단계에 가장 어울리는 동작임을 잊지 말아라.)

산 자세에서 무게 중심을 왼발로 옮겨 균형을 찾는다. 숨을 들이마시고 오른쪽 다리를 들어 올려서 뒤쪽으로 보낸다(여기가 손으로 잡을 수 있는 의자가 필요한 지점이다). 그리고 오른손으로 (가능하다면) 오른발의 안쪽을 잡는다. 이때 균형을 잃지 말자. 편안함을 느끼면서도 몸을 더 많이 뻗는 도전을 하고 싶다면, 왼손을 앞으로 뻗어서 손바닥은 아래를 향하게 하고 땅과 평행이 되도록 유지한다. 가슴을 열고 뒤에 있는 손과 발을 더 들어서 우아한 아치 형상이 이루어져 상체도 아치를 그릴 수 있도록 한다. [그림 J] 참조

어느 정도 집중을 유지할 수 있는 자세를 발견하면 그대로 유지하면서 호흡을 6번 한다. 그 다음, 숨을 들이마시면서 뒤에 있는 발을 낮추어 척추를 더 꼿꼿하게 들어 올리고 양손은 공중에 그대로 둔다. 발을 조금씩 움직여 보면서 오른쪽 다리가 균형을 이루도록 한다. 숨을 들이마시면서 왼쪽 발을 높이 들어 뒤로 보내는, 이 반대 자세로 호흡을 6번 한다. 그 다음, 부드럽게 서는 자세로 되돌아온다.

10단계에서는 모든 것이 가능하다. 당신은 "지금은 어떻지?" 혹은 "거기 있는 것이 이게 다일까?" 하며 걱정을 할런지도 모르겠다. 늘 그래 왔던 존재 방식은 공허감과 무의미함을 느끼게 할 뿐이다. 모험은 새로운 시작을 의미한다. 누가 알겠는가? 당신이 영적인 안내자나 동화 속에 나오는 것처럼 길을 막아서는 어둡고 무섭고 위험한 존재와 만나게 될지. 그 존재로부터 희생을 요구받게 될까? 그럴 때 당신은 아마도 균형을 잃어버리는 것을 편하게 받아들이게 될 것이다. 심지어 놓아주기를 선택할지도 모른다.

11단계, 분열:
혼돈의 밤, 무너짐을 두려워 마라

자유 요가 혹은 무너지는 자세
Free Form Yoga or Things Fall Apart Pose

11단계는 뭔가 조금 다른 것을 요구한다. 따라서 허물어진 자세를 허

[그림 k]
자유 요가

용하는, 요가답지 않은 요가를 하게 될 것이다. 먼저, 움직일 수 있는 공간을 만든다. 가능하면 패드나 담요, 혹은 베개 등을 주변에 놓아둔다. 앉거나 바닥에 누워서, 형태가 없거나 중심이 전혀 없는 상태로 자유로워지는 자신을 상상하기 시작한다. 어떤 동작이 그 상상을 구현하는 동작일까?

이 단계는 분열을 경험하고, 의미 상실과 마주하며, 자신의 그림자와 조우하게 되는 지점임을 잊지 말자. 당신이 만들어 낸 동작들은 특별한 방식으로 보여야 할 필요도 없고, 특별히 아름답게 보여야 할 필요도 없다. 이 동작은 오직 당신 혼자만을 위한 것이다. 11단계의 어지러운 퀼트에 집중했던 것처럼, 동작이 자연스럽게 드러나도록 해야 한다. 이러한 움직임 명상을 통하여 분열의 변형적인 에너지에 대하여 명상하는 시간을 가져 보자.[그림 k] 참조

동작을 마칠 준비가 되면 어떤 것이든 편안함을 주는 동작으로 마무리를 한다. 심호흡을 하고 당신이 이제 더는 뭔가를 붙들고 있을 필요가 없다는 것을 자신에게 상기시킨다. 놓아주고 여전히 뭔가 붙들고 있으려는 어떤 근육의 긴장도 푼다. 심호흡을 하면서, 영혼의 어두운 밤이 오히려 기적적으로 삶의 재생을 가능하게 한다는 사실을 조용히 부드럽게 상기시키는 이 정화의 공간을 충분히 경험하자.

12단계, 신성력의 무아지경: 축복의 성배를 들어라

팔 벌린 편안한 자세와 비틀기
Easy Pose with Open Arms and Twist

두 다리로 편안하게 가부좌를 틀거나 원하는 자세로 앉는다. 의식적으로 호흡을 하는 시간을 갖는다. 숨이 몸 안에서 어디로 움직이는지를 알아차리면서 손은 부드럽게 기도하는 자세를 취한다. 당신만의 독특하고 믿음직한 심장의 고동소리에 경건하게 머리를 숙인다. 손을 위로 들어서 성배 모양의 자세를 취한다.[그림 l] 참조 당신 위의 어떤 근원적인 곳으로부터 쏟아지는, 형언할 수 없는 빛으로 당신이라는 존재가 충만해지는 것을 상상해 보자. 자신이 빛을 받는 존재임을 느끼면서, 당신의 의식이 얼마나 민감하고 활동적이며 확산될 수 있는지 느껴 보자.

숨을 들이마시며 몸을 앞으로 숙인 다음, 숨을 내쉬며 부드럽게 천천히 왼쪽으로 몸을 비트는 동작을 계속 한다. 천천히 숨을 들이마시면서 중심으로 돌아온 다음, 숨을 내쉬면서 부드럽게 오른쪽으로 몸을 튼

[그림 I]
팔 벌린 편안한 자세와 비틀기

다. 왼쪽과 오른쪽으로 계속해서 몸을 비튼다. 우주의 진실성에 대하여 깊게 알게 되면서 당신은 원 너머에 닿을 수 있게 되고, 자유롭게 흐르는 에너지에 마음을 열게 된다. 모든 것이 합치되고, 행복하며, 기쁨과 조화, 그리고 존경의 느낌으로 가득 찼다는 것을 감지할 수 있을 것이다. 팔을 위로 든 채로 부드럽게 비틀게 되면, 이것은 마치 말이 끄는 마차나 곤돌라, 혹은 검정색 오픈카의 입구를 만드는 것과 같게 된다. 귀향! 당신은 부드럽게 허리를 돌리면서 위대한 일원상의 순환을 완성한 데서 오는 지혜의 선물에 마음의 문을 활짝 열게 될 것이다.

당신이 중심을 찾는 방법을 알게 되면 동작을 점차 작게 한다. 숨을 내쉬며 팔을 양쪽으로 편히 내렸다가, 팔을 모아 다시 가슴 앞에 기도하는 자세를 취한다. 여기서 잠시 심호흡을 한다. 축복을 받아들일 진정한 중심의 공간을 갖게 되었음을 인정하고, 당신 자신뿐만 아니라 당신이 수행한 자기발견의 여정에 경의를 표하자.

위대한 일원상의 요가 만다라

위대한 일원상의 12단계에 걸쳐 수행하는 이 요가 동작의 흐름에 맞추어 당신의 여정을 돌아보자. 늘 그렇듯이, 자신에게 해가 되거나 편안함과 안정감이 느껴지지 않는 동작에 대해서는 자신에 맞게 조절하거나 도구를 활용해도 좋고, 생략도 가능하다. 동작에 관한 정보를 더 얻기 원한다면 앞쪽으로 되돌아가서, 나와 있는 상세한 설명을 참고한다.

먼저, 다리는 편안하게 가부좌를 틀고 손은 기도하듯이 가슴 앞에 합장한다. 의식을 지금 여기로 가져오고 호흡과 연결한다. 호흡을 깊게 하고 몸 안의 생기에 집중한다. 이렇게 함으로써 요가 만다라 수행을 하고자 하는 의도를 다잡을 수 있을 것이다.

1단계, 공백: 휴식의 시간, 어둠 속에서 기다려라

깊이 숨을 들이마신다. 숨을 내쉬면서 손을 내리고 몸을 무릎 쪽으로 숙인다. 편안하게 느껴지도록 몸 매무새를 조정한다. 다음 숨을 내쉬면서 무릎을 꿇는 자세가 되도록 엉덩이를 뒤로 빼 발꿈치 위에 앉는다. 머리는 아기 자세가 되도록 부드럽게 바닥 쪽으로 숙인다. 여기서 심호흡을 12번 한다.

2단계, 낙원: 빛의 흐름에 몸을 맡겨라

매우 유연하고 조심스럽게 아이 자세에서 몸을 돌려 태아 자세가 되게 한다. 깊게 이완되도록 숨을 3번 쉬고, 다음 숨을 내쉴 때 등을 대고 눕는다. 매무새를 정리하고 무릎을 가슴 가까이로 가져가 행복한 아기 자세가 되도록 양손으로 양발을 잡는다. 여기서 심호흡을 12번 한다. 마지막 숨을 내쉴 때 태아 자세를 취하면서 오른쪽으로 몸을 돌린다. 이완되는 호흡을 3번 한다.

3단계, 미로: 내면을 향하여 길을 떠나라

오른쪽으로 눕는 태아 자세로 시작하여 다시 등을 대고 눕는다. 머리 뒤로 깍지를 낀다. 오른 다리는 바닥에 대고, 왼쪽 무릎을 가슴 있는 곳까지 들어 올린다. 왼쪽 무릎으로 작은 원을 그리기 시작한다. 천천히 회전 크기를 늘려 가면서 원이 점차 바깥쪽으로 나선형을 그리기 시작할 때까지 동작을 점차 확장시켜 보자. 나선형이 가장 크게 되었다고 여겨질 때 무릎을 돌리는 동작을 6번 한 다음, 방향을 바꾸어 안쪽으로 무릎을 돌리는 동작을 6번 한다. 그 다음에는 무릎이 나선형의 중간 정도에 이르게 될 때까지 점점 작게 안쪽 방향으로 무릎을 돌린다. 이제 왼쪽 다리를 아래쪽으로 뻗은 다음, 오른쪽 무릎을 들어 올린 후 무릎 회전을 반복한다. 마치고 나면 왼쪽을 향해 옆으로 누워 태아 자세를 취한다. 여기서 심호흡을 한 후에 아이 자세로 돌아간다.

4단계, 시작: 따뜻한 가슴으로 새로움을 맞이하라

아이 자세부터 시작하여 숨을 들이쉬면서 손과 무릎 쪽으로 전해지게 한다. 여기서 숨을 다시 한 번 깊게 들이마시고 내쉬면서 발목 위로 앉아 영웅 자세를 만든다. 심호흡을 하면서 손을 허벅지 위에 놓는다. 절묘한 척추 유연 동작을 시작한다. 숨을 들이마시면서 가슴을 밖으로 내밀고, 숨을 내쉬면서 척추를 구부려 복근과 닿을 수 있을 만큼 아랫배를 안으로 잡아당긴다. 동작을 호흡과 연결하면서 이 유연성 동작을 12번 반복한다. 이 동작을 마칠 즈음, 당신의 중심에서 균형을 발견하고 몸 전체에 흐르는 에너지에 숨결이 스며드는 것을 느낄 수 있을 것이다.

5단계, 과녁: 두려움에 맞서 자기다움을 외쳐라

이제 손과 무릎을 바닥에 대고 엎드린다. 굽혀진 무릎 아래 다리를 부드럽게 펴기 시작한다. 숨을 깊게 들이마시고 내쉬면서 상체는 앞으로 숙이고 다리는 쭉 뻗는다. 이제 상체를 굽혀 가슴이 허벅지에 닿게 한다. 여기서 호흡을 3번 하고, 다음 숨을 들이마실 때 등을 말아 올려 척추 하나하나를 편다. 그 다음 숨을 내쉬며 선다. 선 자세가 제대로 됐는지 살핀다. 주먹을 쥐고 팔을 양쪽으로 뻗어서 바닥과 평행이 되도록 한다. 팔을 뻗고 새끼손가락은 편 채로 팔 전체를 움직여 새끼손가락으로 양쪽에 과녁을 그리기 시작한다. 과녁의 둘레가 가장 커질 때까지 새끼손가락을 바깥쪽으로 돌리기를 6번 한 다음, 방향을 바꾸어 또 돌리기를 6번 한다. 그 다음에는 중심에서 황소의 눈을 다시 발견하게 될 때까지 원을 점차 작게 그린다. 손을 풀고 숨을 내쉬면서 팔을 뒤쪽으로 편하게 내려놓는다. 이제 산 자세를 취한다.

6단계, 용과의 투쟁: 대립을 이겨 낼 내면의 불을 밝혀라

손을 가슴 앞에 기도하는 자세로 모으고 심호흡을 3번 한다. 숨을 들이마시며 기도하는 자세에서 고개를 들고 팔을 넓게 벌려 원을 그린 다음, 숨을 내쉬며 팔을 내린다. 이 가슴을 여는 동작을 6번 반복한 다음 방향을 바꾼다. 숨을 내쉬면서 몸의 중심선으로 손을 모아 내렸다가, 숨을 들이마시면서 밖에서 안쪽으로 원을 그린다. 마치고 나면 손을 다시 가슴 앞에 기도하는 자세로 모으고, 이완이 되도록 심호흡을 3번 한다.

7단계, 원 속의 사각형: 가치를 꽃피울 자신의 자리를 찾아라

숨을 내쉬면서 팔을 내렸다가 옆으로 벌린다. 여기에서 숨을 내쉬는 동안 3번의 강력한 호흡을 하는, 세 마디 치유적인 호흡을 시작할 것이다. 첫 번째 숨을 들이마실 때 손바닥을 아래로 향하게 하여 팔을 앞으로 뻗는다. 두 번째 숨을 들이마실 때, 손바닥을 아래로 향하게 하여 팔을 양쪽으로 벌린다. 세 번째 숨을 들이마실 때 손바닥을 서로 마주 보도록 하며 머리와 평행이 되도록 머리 위로 들어 올린다. 여기서 잠시 동안 쉰다. 숨이 당신을 채운다고 느껴 보자. 그 다음, 숨을 내쉬면서 상체를 앞으로 굽힌다. 이때 에너지를 발산하며 큰 소리를 낸다. 이러한 과정을 12번 반복한다. 마지막으로 상체를 숙이고 멈춘다. 여기서 심호흡을 3번 한 다음, 숨을 들이마시면서 등을 말아 올려 서 있는 자세를 취한다. 이제 점차 산 자세를 취한다.

8단계, 기능하는 자아: 세상을 헤쳐 나갈 능력을 발휘하라

산 자세에서 오른발을 옆으로 편안하다고 느껴지는 넓이로 벌리고 선다. 머리는 위로 들어 올리고, 발끝은 서로 마주보게 한다. 숨을 들이마실 때 팔을 바닥과 평행이 되도록 든다. 별 자세의 다섯 방향으로 에너지가 움직이는 것을 느껴 보자. 이 자세를 하고 12번 숨을 쉰다. 그 다음 숨을 내쉬면서 팔을 늘어뜨리고, 숨을 들이마시면서 의식하며 오른발을 뒤로 뺀다. 이러한 동작이 가져다주는 확장감을 느끼면서 산 자세로 잠시 호흡한다.

9단계, 투명화: 깨달음의 창에 깃든 보상을 받아라

기도하는 자세로 손을 가슴 앞에 모은다. 숨을 들이마시면서 편안하게 느껴질 만큼 크게 스트레칭이 되도록 기도하는 자세의 손을 편안한 높이만큼 든다. 절을 하듯 앞으로 몸을 숙이면서 숨을 내쉴 때 왼발을 옆으로 뻗은 다음, 손을 옆으로 뻗어서 바닥과 평행이 되도록 한다. 숨을 내쉬면서 크게 위로 뻗쳤다가 앞으로 몸을 숙이는 전굴 자세를 12번 한다. 이때 동작과 호흡의 연결이 끊어지지 않도록 한다. 앞으로 숙이는 자세가 되도록 발을 모으면서 몸을 숙이는 전굴 자세를 마친다. 여기서 심호흡을 3번 한 다음, 숨을 들이마시면서 척추를 말아 올려 등을 펴고 가장 꼿꼿하게 섰다고 느껴질 때 어깨를 크게 돌린다.

10단계, 죽음의 문: 상실과 이별의 시간, 다 놓아주어라

산 자세에서 균형을 유지한 다음, 무게 중심을 왼발로 바꾼다. 숨을 들이마시면서 오른발을 들어 뒤로 보낸 다음, 오른손으로 오른발의 안쪽을 붙잡는다. 이 균형 있는 자세에 숨을 불어 넣는다. 숨을 들이마시며 왼손을 앞으로 뻗어 아치를 만들고, 뒤에 있는 발과 손을 위로 더 들어 올린다. 이 자세를 유지한 채 호흡을 6번 한다. 준비가 되면 숨을 내쉬면서 뒤의 발을 내려놓고 척추를 곧추세운다. 양팔은 편안하게 내건다. 거리게 놓아둔다. 발은 스트레칭을 조금 한 다음 무게를 오른쪽 다리에 두었다가, 다시 다른 쪽으로 옮기는 동작을 반복한다. 그 자세를 유지하면서 다시 호흡을 6번 한다. 일단 산 자세로 다시 돌아가서 잠시 심호흡을 한 다음, 새로운 방식으로 몸을 움직인 결과로 얻게 된 활기를 느껴 보자.

11단계, 분열: 혼돈의 밤, 무너짐을 두려워 마라

산 자세에서 시작해서 안전하게 조금씩 무너지면서 앉은 다음, 거기서부터 매트 위에 눕게 될 때까지 다시 가능한 한 아주 조금씩 더 무너져 본다. 어디서(앉거나, 눕거나, 혹은 둘 다거나) 시작하든 이 단계의 무너짐을 동작으로 경험한다. 상상력을 활용하여 당신 몸의 소리를 듣는다. 형태가 없거나, 분열되거나, 혹은 혼돈스러움을 표현하는 동작들을 즐겨 보자. 이러한 상태를 내면적으로 인식하기 위하여 점차 내면으로 들어가 보자. 동작들이 자연스럽게 종결되는 지점에서 오른쪽으로 몸을 돌려 태아 자세를 하고 호흡을 3번 한다. 그 다음, 숨을 들이마시고 몸을 일으켜 세워 자리에 앉는다.

12단계, 신성력의 무아지경: 축복의 성배를 들어라

편하게 느껴지는 앉은 자세를 찾은 다음, 잠시 호흡을 한다. 균형과 평형, 그리고 이완이 되는 장소인 몸의 중심이 어디인지 찾아본다. 그 다음, 숨을 들이마시면서 팔을 머리 위로 들어 올려 성배를 연상시키는, 은총이 깃든 곡선을 그린다. 가슴을 열면서 팔을 힘차게 들어 올린다. 준비가 되면 부드럽게 천천히 양옆으로 몸을 비튼다. 숨을 들이마시면서 정면을 보고, 숨을 내쉬면서 다른 쪽을 바라본다. 양쪽으로 몸을 비트는 동작을 12번 반복한다. 동작을 마칠 때 손을 무릎에 편하게 내려놓는다. 여기서 잠시 축복을 겸허하게 받아들이고 감사하면서 호흡을 한다.

이제 이 요가 만다라의 순환을 마무리하기 위하여 부드럽게 등을 대고 눕는다. 손은 손바닥이 위를 향하게 하여 몸 옆으로 약간의 간격(약 15cm)을 두고 놓은 다음, 발은 편하게 옆으로 벌린다. 이것이 송장자세Corpse Pose로서, 몸이 일련의 동작들을 통합할 수 있도록 돕는 역할을 한다. 여기서는 그저 숨을 들이마시고 내쉰다. 몸과 호흡을 통해 위대한 일원상의 정수를 취하기 위한 노력은 이제 그만하고 휴식하는 시간을 갖자.

이것이 위대한 일원상의 요가 동작의 끝이다. 창의적인 자기표현 전에 이 단순한 동작들을 한 동작 혹은 전부를 수행하게 되면 긴장이 이완되고, 육체적인 행복이 증진되며, 집중력이 강화될 수 있다. 어쩌면 당신은 정기적인 자기보호의 방법으로 이러한 단순 동작들을 취하는 일을 즐기게까지 될지도 모르겠다. 이 같은 몸동작 만다라 만들기는 당신의 삶을 보다 윤택하게 할 것이다.

부록 C

위대한 일원상을 위한 노래

우리 만다라 그룹의 일원인 모린 셸턴은 위대한 일원상의 각 단계에서 했던 자신탐구의 과정에서 응답을 얻어 이 노래들을 만들었다. 만날 때마다 그녀는 새로운 노래를 가르쳐 주었고, 우리는 모임을 시작할 때 노래를 불렀다. 노래를 부르는 일은 당신이 탐색하고 있는 단계와 에너지를 조율하는 데 도움이 될 것이다. 각 단계에서 자기탐구의 시간 전이나 과정 중에 이 노래들을 부르거나 듣기를 제안한다. CD에 담긴 그녀의 노래들은 www.mandalaCD.com에서 들을 수 있다. 아마도 그녀의 목소리가 지닌 순수한 치유적인 음색에 놀라게 될 것이다.

    만다라 작업뿐 아니라 일상에서 이 노래를 불러도 재미있을 것이다. 이 노래가 삶의 단계 중에 자신감을 갖도록 당신을 격려하는 역할을 하리라고 믿는다.

1단계
깊은 어둠 속에서 In the Darkness Deep

나를 환대해 주네 앞으로 될 모든 것이 / 나를 환대해 주네 그동안의 모든 사랑이 / 나는 쉬고 있네 깊은 어둠 속에서 / 나를 환대해 주네 지혜의 소용돌이가 / 나를 환대해 주네 잠자는 별의 경이로움이 / 나는 쉬고 있네 깊은 어둠 속에서 / 나를 환대해 주네 은총의 성령이 / 나를 환대해 주네 모든 것이 잘 되리라는 속삭임이 / 나는 쉬고 있네 깊은 어둠 속에서 / 나는 나타나리라 때가 되면 / 나는 나타나리라 때가 되면 / 어둠 속에서 나와 빛으로

2단계
우리는 하나 We are One

모든 것이 잘 되리라 / 모든 것이 잘 되리라 / 잘 되는 것은 깊은 우물 / 그대의 잔을 채우고 마셔 보세 / 하나 / 우리는 하나 / 하나 / 우리는 하나

3단계
신의 숨결 Breathe of God

신의 숨결이여 물 위를 지나시는 그대 / 신의 숨결이여 물 위를 지나시는 그대 / 저를 인도하소서 / 저를 인도하소서 / 그 다음 여정의 물길로

4단계
은총의 비망록 Grace Note

저기 내 마음 속에서 / 나는 보네 작은 꽃봉오리를 / 저기 내 마음 속에서 / 나는 보네 작은 꽃봉오리를 / 저기 나를 둘러싼 아름다운 음악 / 나는 듣네 은총의 비망록

부록 C | 위대한 일원상을 위한 노래

5단계
나의 길을 가리 Make My Way

꿋꿋이 서리라 나의 자리에서 / 그리고 나의 길을 가리 / 꿋꿋이 서리라 나의 자리에서 / 그리고 나의 길을 가리 / 주변의 모든 길이 곧 나의 길 / 꿋꿋이 서리라 나의 자리에서 / 그리고 나의 길을 가리 / 주변의 모든 길이 곧 나의 길 / 힘에 힘을 더하여 / 꿋꿋이 서리라 나의 자리에서 / 그리고 나의 길을 가리

6단계
하늘의 소망 Hope of Sky

내 영혼에 불을 밝혀 주오 / 나에게 빛을 비춰 주오 / 나를 도와주오 깊은 곳의 뿌리를 잡을 수 있게 / 그리고 하늘의 소망을 이룰 수 있게 / 그리고 하늘의 소망 / 내 영혼에 불을 밝혀 주오 / 나에게 빛을 비춰 주오 / 나를 도와주오 깊은 곳의 뿌리를 잡을 수 있게 / 그리고 하늘의 소망을 이룰 수 있게 / 그리고 하늘의 소망

7단계
영혼이여 깨어나라 Soul Awake

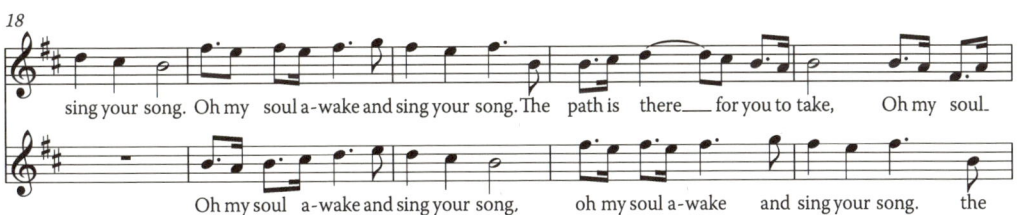

오 나의 영혼이여 깨어나 그대의 노래를 부르오 / 오 나의 영혼이여 깨어나 그대의 노래를 부르오 / 그대가 가야 할 길은 바로 거기 / 오 나의 영혼이여 깨어나오 / 오 나의 영혼이여 깨어나 그대의 노래를 부르오 / 오 나의 영혼이여 깨어나 그대의 노래를 부르오 / 그대가 가야 할 길은 바로 거기 / 오 나의 영혼이여 깨어나오 / 오 나의 영혼이여 깨어나 그대의 노래를 부르오 / 오 나의 영혼이여 깨어나 그대의 노래를 부르오 / 그대가 가야 할 길은 바로 거기 / 오 나의 영혼이여 깨어나오 / 오 나의 영혼이여 깨어나 그대의 노래를 부르오 / 오 나의 영혼이여 깨어나 그대의 노래를 부르오 / 그대가 가야 할 길은 바로 거기 / 오 나의 영혼이여 깨어나오 / 오 나의 영혼이여

8단계
노래에 빠져 보세 Deep in the Song

노래에 빠져 보세 / 강렬한 리듬이 있는 그곳 / 노래에 빠져 보세 / 박자가 있는 그곳 / 내 노래의 심장으로 나를 인도해 주오 / 박자에 나를 맞추리라

9단계
바로 여기에 It Is Here

그것이 바로 여기에 / 그것이 바로 여기에 / 나는 느낄 수 있다네 향기로움이 내게 돌아온 것을 / 아름다움과 치유가 가까이서 나를 사로잡네 / 그것이 바로 여기에 / 그것이 바로 여기에

10단계
놓아주리라 I Will Let Go

I will let go, I will set free, Calling on all the angels to surround me. As I let go, As I set

나는 놓아주리라 / 나는 보내 주리라 / 모든 천사들을 부르리라 나를 에워싸 주소서 / 내가 먼저 놓아줄 때 / 내가 먼저 보내 줄 때 / 날아오르기에 필요한 바로 그것을

11단계
무너지네 Falling Apart

무너지고 / 또 무너지네 / 더는 확신할 수 없네 중심이 있는 그곳 / 중심은 어디에 있는가 / 무너지고 / 또 무너지네 / 나를 나아가게 할 힘은 어디에 있는가 / 무너지고 / 또 무너지네 / 아

12단계
노래하게 하세 Let It Sing

나 그대를 환영하리 기쁨의 이름으로 / 큰 기쁨 / 나 그대를 환영하리 기쁨의 이름으로 / 큰 기쁨 / 여기 노래가 있네 / 오 여기에 있네 / 노래하게 하세

부록 D 이 책을 그룹에서 활용하기

그룹으로 창의적인 작업을 하는 것이 재미있는 이유는 수없이 많다. 개인 구성원들이 자신들의 창의적인 자기표현에 집중하는 데 도움이 될 수 있도록 절충하고 시간을 구조화해서 그룹 활동을 해보자. 그룹 활동을 통해서 구성원들은 자신과 비슷한 타인의 경험을 공유하게 되고, 그럼으로써 동료애를 느낄 수 있다. 또한 다른 구성원들의 경험과 창의성, 그리고 개인적인 성장을 지켜보면서 서로를 격려할 수도 있을 것이다.

존중하는 마음으로 들어주는 사람이 있다는 것은 각 개인들이 만다라 만들기의 경험과 관련된 의미 있는 논의와 통찰에 이르게 한다. 다른 구성원들의 작업 과정을 지켜보는 일 만으로도 우리는 영감을 얻고, 도움을 받으며, 삶의 도전에 반응하는 다양한 잠재성을 지켜볼 수 있는 기회를 갖게 된다. 따라서 구성원들은 서로 함께 나누는 경험과 창의성, 그리고 집단의 지혜를 통해 많은 것을 얻게 될 것이다. 그룹 자체가 탐색해 봄 직한 또 하나의 만다라가 되는 것이다.

이 책은 그룹이 모여서 작업하는 데 있어서 구조적인 방법을 제공한다고 할 수 있다. 11단계의 '피자 만다라'나 12단계의 '그룹 찰흙 만다라'와 같이, 그룹을 위한 몇 가지 만다라 연습과제들이 들어 있다. 그룹 시간에 개인적인 만다라 연습과제를 함께 하는 것 역시 가치가 있는 일이라고 본다.

우리 그룹이 그랬던 것처럼, 당신의 그룹도 일주일 혹은 한 달에 한 장을 탐색하는 데 합의하고 집에서 책을 먼저 읽은 후에 개인적인 만다라 만들기를 위해 모여도 좋을 것이다. 혹은 구성원 중에 누군가가 개인적으로 여행이라는 모험을 떠난다면, 7단계의 '자기 방패 만다라' 작업과 같이, 특정 시기에 맞는 특별한 만다라 작업을 선택해도 좋다. 만일 당신의 그룹이 내면아이 작업에 집중하고 있다면, 4, 5단계의 '내면아이 만다라'와 '어린 나 만다라'도 작업해 볼 만하다.

이 책의 활용 여부와 상관없이, 그룹을 시작하기 전에 그룹의 구조화에 관심을 갖는 것도 도움이 된다. 그룹의 리더나 촉진자facilitator를 정해 보자. (혹은 위원회를 결성하거나, 단순히 자신이나 다른 이들을 위해 당신이 먼저 그룹을 시작할 수도 있다.) 절충적인 방법으로, 리더의 역할을 돌아가면서 해도 좋다.

리더는 다음과 같은 그룹의 조직적인 필요를 돌볼 책임이 있다.

만날 날짜를 제안한다.
만날 장소와 시간을 조정한다.
만일 그룹이 원한다면 그룹 명단을 제공한다.
각 장의 결과물에 대한 시연/논의/공유 방식을 준비한다. (원하는 사람이 있는지 묻거나 혹은 순서를 정한다.)
이 그룹 지침의 일부 또는 전부를 따를 것을 제안한다.
지침에 대한 논의를 요청한다.

그룹 지침

- 그룹의 일원으로 원하는 지침을 채택하고 따를 것을 결정한다.
- 그룹 활동에 참여할 때 모든 만남에 참석하여 서로 신뢰감을 형성하기 위하여 노력한다.

- 모임에 참석할 수 없을 때에는 시간 전에 그룹의 리더에게 알린다.
- 작품에 이름, 날짜, 제목을 적는 것을 잊지 않는다. (시간이 허락한다면 작업일지에 적는다.)
- 미술작품의 정리방법(집으로 가져가기, 보관함에 넣기, 폴더에 담기, 사진 찍기 등)에 관하여 결정한다.
- 경험에 대하여 이야기하고 만다라를 공유하고 싶어 하는 사람들을 위하여 그룹 작업 끝에는 시간을 남겨 둔다.
- 그룹 구성원에 대한 비밀보장을 중시한다. 그룹 밖에 나가서 그룹원이나 그들의 창작품에 관하여 이야기해서는 안 된다.
- 그룹 안에서 당신이 원하는 것을 얻기 위해 책임을 다한다. 더 많이 기여하고, 당신이 원하고 필요로 하는 것을 다른 구성원들에게 명확히 전달할수록 경험을 통해 얻는 것이 더 많아질 것이다.
- 그룹에 이야기할 때는 "이것은 뭐죠?"나 "그 의미는 ___이겠죠" 대신에, "나는 이 상징(색상, 재료 등)에 호기심이 생기는데요" 혹은 "나는 이것이 당신에게 어떤 의미인지 궁금하군요" 등과 같이 "나"로 시작하는 문장을 사용하도록 한다.
- 다른 구성원들의 작품에 자신을 투영시킬 때는 "그것은 확실히 화가 나 보이네요"나 "당신은 지금 슬픈 게 틀림없어요" 대신에, "이것이 만약 나의 만다라라면 나는 ___라고 지금 나에게 말하는 것 같아요"라고 말하도록 한다.

이 지침은 강제적인 것은 아니다. 어떤 것이 그룹 구성원들에게 최선일지를 함께 결정하는 데 달려 있다. 다른 이들과 이 책을 함께 탐색해 나가는 일은 풍요롭고, 가치 있으며, 즐거운 일이 될 것이다. 당신의 그룹 자체가 사랑이 넘치는 하나의 만다라가 되길 바란다.

감사의 말

일 년 동안 우리의 만다라 그룹에 참여하고 이 책에 자신들의 만다라를 싣도록 허락해 준 여성들에게 무한한 감사의 뜻을 전한다. 다이애나 그레고리 박사를 비롯해 에드나 베이컨, 카렌 노위키, 패티 오키프 허턴, 모린 셸턴, 쉬 칸, 애니 켈라한, 아네테 레이놀즈가 우리 멤버였다. 나의 창의성에 영감을 준 수많은 친구들에게도 감사하고 싶다.

자신의 작품을 이 책에 실을 수 있도록 허락한 도널드 쿠퍼(Sandler Hudso Gallery, Atlanta)와 조슈아 로즈(ZaneBenett Gallery), 킹 색스톤의 만다라를 싣도록 허락해 준 조너선 러너, 그리고 프랜시스코 로아의 그림을 싣도록 허락해 준 오글소프 대학교 박물관에도 감사의 뜻을 전한다.

『꿈을 통한 안내: 유방암과 꿈, 그리고 변형*Guided by Dreams: Breast Cancer, Dreams, and Transformation*』(2006)이라는 저서에서 레이철 노먼트의 그림을 이 책에 실을 수 있도록 허락해 준 브랜디래인 출판사(www.brandylanepublishers.com)에도 감사한다. 자신의 만다라를 공유하고 치유의 바퀴를 소개해 준 엘리자베스 러커도 고맙다.

만다라 그룹을 위해서 음악과 관련된 지원과 수고를 아끼지 않은 메릴린 클라크, 그리고 만다라 작업에 영감을 주는 독창적인 음악을 만들어 준 모린 셸턴에게도 진심으로 감사의 뜻을 전하고 싶다. 매튜 셸턴의 기술적인 조언과 도움도 참으로 고맙다.

마지막으로 만다라와 요가 그림, 그리고 요가 순서를 작성해 준 허턴의 헌신적인 공헌에 특별히 더 감사의 마음을 전하고 싶다.

참고문헌

Arnheim, Rudolf. *The Power of the Center: A study of Composition in the Visual Arts.* Berkeley and Los Angeles: University of California Press, 1986

Artress, Lauren. *Walking a Sacred Path.* New York: Riverhead Books, 1995.

Brauen, martin. *The Mandala: Sacred Circle in Tibetan Buddhism. Translated by Martin Willson.* Boston: Shambhala Publications, 1997.

Campbell, Joseph. *The Hero with a Thousand Faces.* New York: World Publishing Company, 1971.

Cash, Thomas F., and Thomas Pruzinsky, eds. *Body Image: A handbook of Theory, Research, and Clinical Practice.* New York: Guilford Press, 2002.

Chicago, Judy. *Through the Flower: My Struggles as a Woman Artist.* Rev. ed. Garden City, N. Y.: Anchor Books, 1982.

Cleary, Thomas. *I Ching Mandalas: A Program of Study for the Book of Changes.* Boston: Shamhala Publications, 1989.

Cooper, Donald. Personal communication with author, 2008.

Cornell, Judith. *Mandala: Luminous Symbols for Healing.* Wheaton, Ill.: Quest Books, 1994.

Craighead, Meinrad. *Crow Mother and the Dog God: A Retrospective.* Petaluma, Calif.: Pomegranate Communications, 2003.

Cyiaque, Jeanne, ed. "Shoutin' in Briar Patch." *Reflections: Georgia African american Historic Preservation Network 4,* no.1 (2003): 2-3.

Eliade, Mircea. *Rites and Symbols of Initiation.* 2nd. ed. Translated by Willard R. Trask. Dallas: Spring Publications, 1994.

Fincher, Susanne F. *Creating Mandalas: For Insight, Healing, and Self-Expression.* Boston: Shambhala Publications, 1991.

_____ *Coloring Mandalas 3: Circles of the Sacred Feminine.* Boston: Shambhala Publications, 2006.

_____ "Mandalas and the Gestalt of Self." *The International Gestalt Journal* 30, no 2 (2007): 65-78.

Fox, Matthew, ed. *Illuminations of Hildegard of Bingen.* Santa Fe: Bear and Company, 1985

Frazer, James George. *The Golden Bough: A Study in Magic and Religion.* New York: Macmillan Publishing, 1950.

Gibson J.J. *The Ecological Approach to Visual Perception.* Hillsdale, N.H.: Lawrence Erlbaum Assoiciation, 1986.

Gimbutas, Marija. *The Language of the Goddess.* San Francisco: Harper & Row, 1989.

Goldwater, Robert, and Marco Treves, eds. *Artists on Art: From the XIV to the XX Century.* New York: Pantheon Books, 1945.

Grant, Patrick, ed. *A Dazzling Darkness: An Anthology of Western Mysticism.* Grand Rapids, Mich.: William B. Eerdmans Publishing Company, 1985.

Harding, M. Ester. *Psychic Energy: Its Source and Its Transformation.* 2d ed. Princeton, N.J.: Princeton University Press, 1973.

Hilsinger, Serena Sue, and Lois Brynes, eds. *Selected Poems of May Sarton.* New York: W.W. Norton & Company, 1978.

Holy Bible: *Containing the Old and New Testaments.* Cleveland: The World Publishing Company, n.d.

James, William. *The Varieties of Religious Experience.* New York: Macmillan Publishing, 1961.

Jayakar, Pupul. *The Earth Mother: Legends, Goddesses, and Ritual Arts of India.* San Francisco: Harper & Row, 1990.

Johnson, Mark. *The Body in the Mind: The Bodily Basis of Meaning, Imagination, and Reason.* Chicago: The University of Chicago Press, 1987.

Jung, C.G. *Memories, Dreams, Reflections.* New York: Random House, 1965.

_____ *The Archetypes and the Collective Unconscious.* 2d. ed. Princeton, N.J.: Princeton University Press, 1969a.

_____ *Four Archetypes.* Princeton, N.J.: Princeton University Press, 1969b.

_____ *Mysterium Coniunctionis.* Princeton, N.J.: Princeton University Press, 1970.

_____ *Mandala Symbolism.* Princeton, N.J.: Princeton University Press, 1973.

_____ *Dreams.* Princeton, N.J.: Princeton University Press, 1974.

_____ *Psychology and the East.* Princeton, N.J.: Princeton University Press, 1978.

Kagan, Jerome. *The Second Year: The Emergence of Self-Awareness.* Cambridge, Mass.: Harvard University Press, 1981.

Kast, Verena. *The Dynamics of Symbols: Fundamentals of Junigan Psychotherapy.* Translated by Susan A. Schwarz. New York: Fromm International Publishing Corporation, 1992.

Kellogg, Joan. Lecture at Atlanta Art Therapy Institute, Atlanta, Georgia, 1983.

_____ *Mandala: Path of Beauty.* Williamsburg, Va.: Mandala Assessment and REsearch Institute, 1984.

_____ "Color Theory from the Perspective of the Great Round of Mandala." Unpublished manuscript, 1986.

_____ and F.B. DiLeo. "Archetypal Stages of the Great Round of Mandala." *Journal of Religion and Psychical Research* 5, 38-49.

Kluckhohn, Clyde, and Dorothea Leighton. *The Navaho*. Rev. ed. Garden City, N.Y.: Doubleday & Company, 1962.

Lawal, Babatunde. "Embodying the Sacred in Yoruba Art." In the exhibition catalog for High Museum of Art in Atlanta, Ga., and Newark Museum in Newark, N.J., 2008.

Lerner, Jonathan. Personal Communication with author, 2008.

Lonegren, Sig. *Labyrinths: Ancient Myths and Modern Uses*. Glastonbury, Somerset: Gothic Image Publications, 1991.

Neumann, Erich. *Art and the Creative Unconscious*. Princeton, N.J.: Princeton University Press, 1974.

Norment, Rachel. *Guided by Dreams: Breast Cancer, Dreams, and Transformation*. Richmond, Va.: Brandylane Publishers, 2006.

Patterson, Alex. *A Field Guide to Rock Art Symbols of the Greater Southwest*. Boulder: Johnson Books, 1992.

Perera, Sylvia Brinton. *Descent to the Goddess: A Way of Initiation for Women*. Toronto: Inner City Books, 1981.

Richards, M. C. *Centering: In Pottery, Poetry, and the Person*. Middletown, Conn.: Wesleyan University Press, 1964.

Rose, Joshua. "Full Circle." Exhibit at Zane Bennett Contemporary Art, Santa Fe, N.M. Artist's statement posted at www.zamebennetgallery.com, 2008.

Seftel, Laura. *Grief Unseen: Healing Pregnancy Loss Through the Arts*. London: Jessica Kingsley, 2006.

Stein, Murray. *Jung's Map of the Soul: An Introduction*. Chicago and LaSalle, Ill.: Open Court, 1998.

Steindl-Rast, David, and Sharon Lebell. *The Music of Silence: Entering the Sacred Space of Monastic Experience*. New York: HarperCollins Publishers. 1995.

Storm, Hyemeyohsts. *Seven Arrows*. New York: Ballantine Books, 1972.

Tucci, Giuseppe. *Theory and Practice of the Mandala*. London: Rider & Company, 1961.

Wosien, Maria-Gabriele. *Sacred Dance: Encounter with the Gods*. New York: Thames & Hudson, Inc., 1974.

만다라
미술치료
워크북

처음 펴낸 날
2011년 9월 30일

4쇄 펴낸 날
2018년 12월 31일

지은이
수잔 핀처

옮긴이
오연주

펴낸이
주일우

책임편집
고하영

편집
김현주 홍원기

디자인
김형재

펴낸곳
이음

등록번호
제313-2005-000137호

등록일자
2005년 6월 27일

주소
서울시 마포구
월드컵북로1길 52, 3층

전화
(02) 3141-6126

팩스
(02) 6455-4207

전자우편
editor@eumbooks.com

홈페이지
www.eumbooks.com

인쇄
삼성인쇄

ISBN
978-89-93166-37-8 03180

값
20,000원

* 이 도서의 국립중앙도서관 출판시도서목록(CIP)은 e-CIP 홈페이지(http://www.nl.go.kr/ecip)와 국가자료공동목록시스템(http://www.nl.go.kr/kolisnet)에서 이용하실 수 있습니다.(CIP제어번호: CIP2011003689)

* 잘못된 책은 구입하신 곳에서 바꿔드립니다.

The Mandala Workbook

ⓒ 2009 Susanne F. Fincher
Music on pages 278~285
ⓒ 2009 Maureen Jenci Shelton.
All rights reserved. Used with permission of the author.

Korean translation rights
ⓒ E-um, 2011

This Korean edition is published by arrangement with Shambhala Publications through Sibylle Books Literary Agency, Seoul.

이 책의 한국어판 저작권은 시빌에이전시를 통해 Shambhala 출판사와 독점 계약한 이음에 있습니다. 저작권법에 의해 한국 내에서 보호를 받는 저작물이므로 무단 전재 및 무단 복제를 금합니다.